万象新知大课堂

探 索 与 发现

《科学奥秘》周刊◎编著 姜庆和

MISANDE XIAOYAN

弥散的硝烟

不可不知的72个兵家猎秘

BUKEBUZHIDE
72GE
BINGJIALIEMI

京华出版社

图书在版编目(CIP)数据

弥漫的硝烟/《科学奥秘》周刊编著．—北京：京华出版社，2006

ISBN 7 – 80724 – 288 – 4

Ⅰ．弥...　Ⅱ．科...　Ⅲ．战争史－世界－普及读物
Ⅳ．E19 – 49

中国版本图书馆 CIP 数据核字(2006)第 132183 号

弥漫的硝烟

——不可不知的 72 个兵家猎秘

著　　者□《科学奥秘》周刊
出版发行□京华出版社
　　　　　（北京市朝阳区安华西里一区 13 楼 2 层 100011）
　　　　　（010）64258473　64255036　84241642　（发行部）
　　　　　（010）64259577（邮购、零售）
　　　　　（010）64251790　64258472　64255606　（编辑部）
　　　　　E – mail：jinghuafaxing@ sina. com
印　　刷□三河市华晨印务有限公司
开　　本□787mm×960mm　1/16
字　　数□280 千字
印　　张□16. 625 印张
印　　数□1 – 6000
出版日期□2006 年 12 月第 1 版　第 1 次印刷
书　　号□ISBN 7 – 80724 – 288 – 4
定　　价□26. 80 元

总　序

　　我们居住的这个星球，是一个充满生机活力和诡秘的星球。她降临宇宙不久，生命就接踵而来，漫长的岁月，无数的轮回，迥异的变化，演绎了多少璀璨、斑斓、惨烈、怪异的篇章。面对浩瀚的奇观，只有百余万年历史的年轻人类，或惊诧，或敬畏，或高歌，或搏击，或求索……，艰难执著地走上了无穷无尽的生存、发展、探寻之路，力图打开那宇宙之谜，地球之谜，生物之谜，自然之谜，万象之谜。

　　中国科协主办的《科学奥秘》周刊，编著了《万象新知大课堂系列丛书》，精选了近年来关于人类、自然和宇宙诸多奇观、奥秘的发现和探索事例，有几十亿年的生物奇观，有浩淼无垠的太空探索，有引人遐想的史前文明，有动人心魄的考古发现，有令人难解的神秘悬疑，有金戈铁马的兵家猎秘，有绚丽多彩的文化奇观，有生活百科的健康秘籍，涉足数十个领域，用科学严谨、生动活泼的画面向人们展现了新的"万象新知"。

　　《万象新知大课堂系列丛书》以广大青少年和学生为主要对象，并兼顾各不同层次和领域读者需要，该丛书图文并茂，选材新颖，语言流畅，读来既增长知识、陶冶情操，又解谜释疑、引人入胜。它的陆续出版，对构建和谐社会的文化建设，对提高全民族的科学素质，将起到积极作用。

编　者

2006 年 10 月

目 录

弥散的硝烟

不可不知的72个兵家猎秘

三、古战新探:最新角度解读古代战争

弥散的硝烟

不可不知的72个兵家猎秘

名战回眸

再现威武雄壮的战争话剧

MING ZHAN HUI MOU

战争史上,有过许多经典战役,这些战役或者可歌可泣,或者悲壮激烈,或者意义深远。它们在战争史上写下了浓重的一笔。再次回顾这些精彩的战例,我们仍然为之震动、惊叹不已。

克里木战争中的"空城计"

为了争夺土耳其海峡和君士坦丁堡,1853 年 10 月,沙皇尼古拉统治下的俄国同土耳其之间爆发了长达 3 年的克里木战争。战争同时在陆地和海上打响。战争爆发后,英国、法国坚决支持土耳其,并与土耳其结成同盟国。不久,同盟国海军与俄国海军先后在黑海、波罗的海、大西洋和远东地区进行了激战。

当时,同盟国在太平洋的海军力量远超于俄国,俄国在当地能投入战斗的陆上部队也不过 1000 人。但是,统率这支军队的俄国东西伯利亚总督穆拉维约伯爵是一个优秀的领导者,谋略过人,善于用兵。面对敌众我寡的局面,总督决定缩短战线,把有限的兵力集中守卫战略要地堪察加半岛、阿穆尔河口和萨哈林岛。

1854 年 8 月 29 日,英、法海军组成的国际特遣舰队到达堪察加半岛,并开进海湾准备寻找俄军舰队与之决战。总督看到敌人来势汹汹,又了解到英、法海军远道而来,补给困难,急于速战速决,于是,下令俄海军全部撤入海港,不与敌人主动交战。同时从远处运来大炮,加强军港的防御。

同盟国海军找不到俄国军舰,又急于作战,只好决定强攻俄国海军基地彼得罗巴甫洛夫斯港。8 月 30 日,英、法舰队猛烈炮击该港,俄国防御该基地的大炮大多被炸毁。但是,俄军连夜抢修受损的大炮,以最快速度重新布置好了炮火。

英、法军队没能从海上攻占俄国海军基地。这时,3 个自称从一艘捕鲸船上逃出来的美国人来到英国军队指挥部,告诉他们说,从陆地进攻该基地更容易些。英、法军队的指挥官如获至宝,迅速派出 700 人登陆,突袭俄军基地。但是他们随后发现,美国人指给他们的那条山路崎岖陡峭,很难行走,而且道路两边地形裸露无遮,没有可以供人隐蔽的地方。显然,这条道路不适合前进。果然,他们很快就陷入了俄军预先设好的埋伏圈。330 名早已隐蔽待命的俄国士兵突然向英、法军队开火。顿时,英、法军队溃不成军,狼狈逃窜。撤到船上后,发现人员已死伤过半。英、法海军无可奈何,只好退回北美的温哥华和旧金山,整顿待命。

1855 年 4 月，一支实力更雄厚的英、法舰队驰抵堪察加半岛外，用猛烈的炮火轰击彼得罗巴甫洛夫斯克港，好久之后才发现炮击的只不过是一个空港。随后几个月，英、法军队都在空旷浩瀚的海洋上漫无目标地搜索着俄国舰队。直到 10 月份，他们才终于发现俄国船只在阿穆尔河口集中了很多。但是在这里，他们的登陆部队又遭到了哥萨克移民的痛击。这样，庞大雄厚的英、法舰队面对弱小的俄国海军始终毫无作为，反而几次奔波于北美补给基地和堪察加半岛之间，疲于奔命，屡次受挫，始终未达到预期目的。（张秀忠）

平型关大捷揭秘

"首战平型关，威名天下扬!"这是《八路军军歌》中的一句歌词。

平型关战斗是全国抗战爆发以来中国军队的第一个大胜仗，极大地鼓舞了全国人民的抗日斗志，意义重大、影响深远。

但很多人不知道的是，平型关大捷是在当时八路军前线指挥员大胆"抗上"的情况下机断专行的结果。

八路军决策相机出击

在八路军 1937 年 9 月中旬到晋北前线之前，共产党领导人周恩来、彭德怀、徐向前 9 月 7 日与国民党第二战区司令长官阎锡山协商联合作战抗日。阎锡山提出在平型关、沙河、繁峙一线与日军作战的计划，要求八路军予以配合。彭德怀提出八路军的配合方案："以友军坚守平型关正面，八路军 115 师隐蔽集结于敌前进道路侧面，

▲ 在平型关战斗中的 115 师指挥所

夹击进攻平型关之敌。"阎锡山表示同意。

9月23日,朱德和彭德怀命"115师在平型关外侧选择地形,进入伏击状态,相机出击"。但朱德和彭德怀只是让林彪"相机出击",打不打完全由林彪决定。

在此之前,115师师长林彪多次踏勘平型关的地形,准备集中兵力打个伏击战。9月24日,林彪侦悉到日军第二天有大举进攻平型关的迹象。根据

▲ 115师官兵带着战利品凯旋

当时任115师宣传部部长萧向荣将军《平型关战斗前后的日记》的记载,9月24日"黄昏后,第六集团军总司令部专员送来了一封信,信封里面装着一份'二十五日平型关出击计划'的图,图上有红蓝二色铅笔所画的粗线标记,并注明二十五日拂晓后开始实行。还看见在二十六日五路出击的计划中,希望我军担任东河南镇及蔡家峪的两路。师长和副师长(引者注:林彪和聂荣臻)在蜡烛下研究着,桌上铺着五万分之一的军用地图,图上的每一根线差不多都被看过了。最后下定了决心,立即在电话中下达了命令:'于本晚二十四时出发,向白崖台开进'。"

也就是说,八路军115师25日的出击是应国民革命军第六集团军司令杨爱源的请求,林彪是在24日黄昏后才接到这份"请求"的,根本没时间向总部请示,只能机断专行。

善于捕捉战机的林彪陈述了5条主要理由:

1.目前敌军正在前进中、运动中、作战中,是我进行运动战的良好机会,我友军目前尚有抗击敌人之相当力量,为能得到友军作战之良好机会,现地域为山地,乃求山地战之良好机会。倘过此时机,敌已击破友军通过山地,并进占诸主要城市时,即较难求运动战山地战及友军配合之作战。

2.目前军民正在看我军直接参战,如我参战兵力过少,则有失众望。

3.兵力过少,则不能以绝对优势兵力消灭敌之一部。

4.目前须打胜仗,捉俘虏,提高军民抗战信心,提高党与红军威信,打了胜仗更容易动员群众与扩大红军。

5.目前如集中一师以上兵力于窄狭区域求战,当然是不妥的,用不开的。目前这一仗应以集中约1师的兵力为好,待今后客观情况上已失去1师兵力作运动战之可能时,再分散做群众工作和游击。

聂荣臻于9月23日这一天带115师的另一个旅(344旅,旅长徐海东)到达前线同林彪会合,他赞同林彪的看法。

从萧向荣当时的日记看,林彪的看法深入军心,115师士气高昂。他几天来"正在研究着,这个仗究竟要如何打法",现在他要大打出手了!

9月24日夜,天下起了倾盆大雨,115师的干部战士们既无雨衣,又缺御寒的服装,但他们沿着崎岖的山沟前进,任凭秋雨湿透征衣。

9月25日清晨,经过一夜风雨侵袭的115师指战员,忍受着饥饿和寒冷,趴在冰凉的阵地上,等待着敌军进入伏击圈……

平型关战斗,115师歼日军坂垣师团第21旅团1000余人,毁汽车100余辆,大车200多辆,缴获武器辎重甚多,包括九二式步兵炮1门,炮弹2000多发,机枪20余挺,步枪千余支,战马50余匹,还缴获日军作战用的一批地图和文书。

全国各界人士给共产党八路军发来大量贺电、贺信,甚至连蒋介石也来电表示祝贺。

开战前,林彪并没请示军委和总部,所以毛泽东等人并不知道。

平型关大捷的喜讯传到延安后,毛泽东十分高兴,立即致电前方,盛赞115师为中国人民打了一个争气仗。毛泽东根据平型关战斗的经验,在1937年9月29日重新提出八路军的作战方针:在这个总方针下,实行有条件的集中作战。(《毛泽东年谱》,中卷26页)

平型关大捷一个月后的10月25日,毛泽东同英国记者贝特兰谈话时说:"现在八路军采用的,我们名之为独立自主的游击战和运动战。"

1938年5月,毛泽东在《论持久战》中,将八路军的战略方针概括为:"基本是游击战,但不放松有利条件下的运动战。"

与洛川会议相比,毛泽东关于战略方针的新提法,标志着中国共产党坚持一切从实际出发的思想路线,及时汲取实战经验,上升为理论反过来指导实践,使在抗战初期提出的八路军军事战略趋于成熟。(蒋　健)

一江山岛战役之谜

1955 年 1 月 18 日,中国人民解放军华东军区陆、海、空三军指挥员,在张爱萍将军统一指挥下,对盘踞一江山岛的国民党军发起联合渡海登陆作战。经过 10 多个小时的激战,取得了全歼守敌、占领全岛的重大胜利。一江山岛登陆作战,是我军历史上首次进行的陆、海、空三军联合渡海登陆作战。由于指挥得当、组织严密,陆、海、空三军高度协调统一、英勇善战,一改世界有史以来夜间渡海的常规,破天荒地白天渡海作战,一举解放了曾为美军大力支持、蒋介石赞为"固若金汤"的一江山岛,全歼国民党军守备司令以下 1086 人,其中击毙 519 人,生擒了国民党军驻一江山岛最高长官、第四突击队队长王辅弼。也正是一江山岛的一战,"毕其功于一役",迫使近两万名蒋军从大陈诸岛仓惶撤逃,大陈列岛战役随后很快胜利结束,浙、闽沿海岛屿也遂之解放,达到了"不战而屈人之兵"的最佳效果。此战粉碎了蒋介石妄图以大陈岛为跳板、反攻大陆的美梦,对美、蒋所谓的"共同防御条约"是一个沉重的打击。毛泽东曾称赞:"一江山岛登陆战,打得很好!"一江山岛登陆作战的胜利,显示了我三军联合作战的强大威力,取得了三军联合渡海登陆作战的宝贵经验。此战尽管规模有限、参战兵力不多,但其政治意义非常深远。一江山岛登陆作战的胜利,极大地震慑了美、蒋"反攻大陆"的阴谋,并迫使国民党军最终放弃大陈列岛,从而在国际上产生了重大政治影响。一江山岛登陆作战虽然带有一定的特殊性,但探析其成功的奥秘,对搞好现代登陆作战仍具有积极的启示作用。

弥散的硝烟 不可不知的72个兵家猎秘

关键是慎选登陆地点

登陆地点的选择正确和恰当与否,将直接关系到登陆作战的成败,影响到战役乃至战略的全局。一江山岛作为战役首先和主要的攻击目标,是经过充分周密的权衡分析才审慎地确定的。一江山岛四周悬崖陡壁,没有可供登陆滩头的特定地形。该地形登陆条件差,怪石嶙峋,又有岩头浪,多漩涡,不易靠岸。当时极大多数人主张先打大陈岛,认为该岛是敌人的指挥中心和要害部位,在敌我兵力的对比上,我方也占据着相当大的优势,只要给敌人当胸一拳,夺取大

▲ 解放一江山岛烈士纪念塔

陈岛,其他岛屿便能唾手可得。后来,战役指挥部经过考虑,把登陆地点选在一江山岛西北角的突出部——黄岸礁和海门礁作为主要突击队的登陆地点。这主要是考虑到此地虽然登陆条件比较差,但也是敌人容易忽视的地方,况且敌人火力配系较弱,而这里离190高地最近,只要利用满潮时节,不用涉水,就能出其不意地直接而迅速地登上岛岸各主要阵地,割裂敌方防御体系,各个歼敌,并可迅速接近和夺取190高地。登陆地点没有按一般原则选在滩头的具体原因是因为一江山岛也有几个小滩头,但非常狭小,部队登陆时施展不开,而且容易受到敌人三面火力的封锁与杀伤。另外从隐蔽战役企图、拣弱敌打、陷大陈岛守敌于孤立等因素考虑,战役指挥部确定将登陆地点选在一江山岛也是非常合适的。后来的情况证明,这种选择是非常合理的,达到了出其不意的目的。

从一江山岛登陆作战成功的经验来看,要搞好登陆作战,登陆地点一般应选择在:对方意料不到的和防御相对薄弱的方向和地段,以便于出其不意地实施登陆和突破,达成战役战斗上的突然性,打敌措手不及,以减弱登陆上岸时敌人的抵抗程度,

▲ 海军指战员进行战前宣誓

加快进攻部队的上陆速度。

不可忽视的前提

　　隐蔽突袭和出其不意地实施登陆,既可发挥我军优势兵力的作用,又能以小的代价迅速夺取登陆作战的胜利,因而成为登陆作战重要的行动之一。一江山岛战役是我军三军首次联合作战,需要准备的时间相对较长,容易暴露战役企图。为避免被敌发现,当时采取了如下措施:一是对一江山岛及附近岛屿进行不规则的轰炸,使敌人弄不清我之真实登陆的岛屿及企图;二是在远离作战地区的穿山半岛进行登陆准备,以隐蔽我之真实登陆地点;三是以佯作接防的姿态进入待机地域(石浦港)和进攻出发阵地(头门山、金门岛),以实现登陆的突然性;四是以浙江省军区的部队对披山岛(位于一江山岛西南)实施佯攻作战,以欺骗和迷惑敌人;五是战前严格控制无线电通信,以及加强防奸保密措施,等等,直到我军实施

▲ 解放一江山岛的陆军部队

登陆前的火力准备时,敌人还以为我方是一般的轰炸和炮击,直至我舰艇由头门山进攻出发阵地向一江山岛起渡时,敌人始明我方进攻该岛的动向。我部队登陆成功后,台湾当局还蒙在鼓里。直到 1955 年 1 月 19 日,台湾两架侦察机来侦察,才知道我军已占领了一江山岛。以致于台湾的新闻报道中,都误说我军是 19 日进攻一江山岛的。由此可见,当时我军隐蔽战役企图是非常成功的。

　　在现代登陆作战中,特别是大兵团和战役规模的登陆作战,参战兵力多,涉及空间广,行动目标大,加上登陆部队的大规模集结准备和渡海越洋进攻,以及现代条件下侦察、监视和情报截获能力的提高,从而对隐蔽登陆战役企图,带来的难度更大。为此,在隐蔽登陆战役企图上,我军应注意以下几点:一是要采取

一切行之有效的措施,切实隐蔽我军行动的企图,要尽量避开登陆目标,在远离作战地区的地方进行战前练兵,练兵时应采取分头准备,分散进行的办法,严密封锁消息。二是要巧妙地实施伪装、欺骗和佯动行动,实施"封而不登,登而不封",致敌判断错误和发生过失。三是要善于乘敌之隙,在敌人意想不到的时间、地点实施登陆;当无"隙"可乘时,应通过战场造势,创造有利的登陆条件。四是要尽量缩短登陆准备的时间,致敌不及反应或来不及完成登陆的防御准备。隐蔽登陆战役企图,在整体上应打乱和破坏对方的"观察一判断一定下决心一付诸行动"的作战反应周期,置对方于不及反应的境地,从而确保我军登陆作战行动的突然性。

夺取制空、制海权

一江山岛战役在海、空军夺取制空和制海权的斗争中,当时主要是运用雷达严密掌握敌情,对敌人的海、空情况了如指掌。特别是门头山的隐蔽雷达,采取昼伏夜出的办法,把战区海面和大陈港湾内的敌舰及其活动情况,掌握得清清楚楚,为我海、空军捕捉和确定打击目标创造了极为有利的条件。从1954年11月初至1955

▲ 战前演练空战的空军指战员

年1月中旬的近80天时间内,我海、空军和炮兵部队对大陈岛、披山岛、一江山岛之敌进行了较长时间的打击、封锁和围困行动,击沉击伤敌舰数艘,击落击伤敌机多架,迫使国民党的海军舰艇白天不敢在大陈岛锚地停泊,飞机不敢飞抵大陈岛上空,从而掌握了预定战区的制空制海权,为我军顺利进行一江山岛渡海登陆作战提供了重要保证。

实践证明,在登陆作战中,在我军海、空军及远战兵器的作战能力受限,高技术兵器不多的情况下,应注意集中使用海、空军及远战兵器的远程打击力量,并重点使用于要害目标、重要部位和关键时机，巧用战术战法，善于乘敌之隙，不失时机地组织海、空战役，力求歼敌于驻泊之地、起飞和发射之前，以及不意之中。力争大量歼灭敌海空军主力及其远战兵器、摧毁或封锁敌基地和港口、破坏敌人指挥系统、扫除敌方防登陆障碍、削弱敌后勤补给能力等。我方要确保"制空、制海权"的尽快达成，必须以压倒优势的海、空力量对我突击上陆部队在航渡、换乘、上陆等各个阶段实施有力的海空支援。（吴义龙）

珍珠港——美军永远的伤心地

1941年12月8日，日军偷袭珍珠港获得成功，重创美国太平洋舰队，太平洋战争爆发。60多年来，世界各国军事家、史学家对日本偷袭珍珠港进行过广泛、深入的研究，各种各样的回忆也层出不穷。美国海军通信情报处最近解密的一份档案证实：是日本人的无线电释放大量假信号，掩护了航母打击编队的行动，最终确保了著名的珍珠港事件成功上演。

中国曾破译日军偷袭珍珠港的密码

近年来，一些当年国民党情报部门的军人，纷纷撰写回忆文章，谈到中国曾经在珍珠港事件爆发前破译了日军的密电码，得知日军将偷袭珍珠港并告知了美国，但未能引起美国的重视，才导致了惨剧的发生。

▲ 日本飞机正向珍珠港飞去

有人写道："1941年12月珍珠港事变前5天，重庆无线电机构侦破到日本大东亚省发给驻美大使馆野村的密电，得知日本空军准备偷袭珍珠港，当即将此情报转给美国，但他们不相信，以致遭受严重损失。"（《中华文史资料文库第八卷》）

也有人回忆大致相同的内容："太平洋事变发生一星期前，我们从日本海军军舰通信联络中了解

到它们相互靠拢的调动情况,并破译了一份海军密电,得到了他们即将偷袭珍珠港,准备出动空军轰炸的情报。我们立即将此情报转送待从室。过了两三天,又同样截获破译了一份海军即将偷袭珍珠港的密电,我们也立即送出。我们确信日军将发动太平洋战争了。不出两三日,日军果然偷袭了珍珠港。美国毫无准备,措手不及,损失惨重。"(《漩涡沉浮——亲历近现代重大历史事件》,中国文史出版社 2001 年版 227 页)

据最近出版的《中国秘密战》一书透露,1941 年 11 月,中国共产党的日本情报小组,从满铁绝密通报中得知,日本将在 12 月 8 日向美国发动攻击,经过中共地下党负责人潘汉年同意,吴纪光将这个情报转给国民党军统上海站。潜藏在这里的一个中国共产党地下党员"21"号,又将其转报军统总部,戴笠再转报……于是,这个准确预报日本袭击珍珠港的情报,就由中共情报组织通过国民党情报组织,转给了美国情报组织!

纵观整个抗日战争,中国国民党政府的情报部门少有因为破译了日军的密电码,确切掌握了日军的动向,从而取得过重大战役的胜利的战例。而情报不

▲ 一意孤行的山本五十六

灵,连吃败仗的战例却不少。最典型的莫过于世界反法西斯战争即将胜利的1944 年日本发动从北到南打通中国大陆的"一号"作战,中国国民党政府的情报机构对日本的这次大规模军事行动并没有提供多少有价值的情报,中国最高统帅部对日本的行动判断屡屡失误,导致了中国军队在战场上被打得一败涂地。中国国民党政府的情报机构连关系本国战场的情报收集都做得并不出色,那么,它又怎么可能掌握日军偷袭珍珠港的情报呢?但广泛流传的当年中国情报部门破译了日本偷袭珍珠港的电码之事原来是中国共产党的情报人员所为,这件旷世奇功,中共方面至今仍是深深隐藏。难怪世间传闻,只是国民党军统如何获得日本奇袭珍珠港的情报,厌恶军统的人们当然要怀疑它的真实性了。

密档再证日军成功进行电子欺骗的史实

美国海军通信情报处是二战期间专门负责收储轴心国军队特别是海军无线电通信、密码破译的情报单位。它所涉及的领域技术含量比较高，因此一些急不可待的专家往往容易断章取义，片面地引用一些数据、材料。他们所作出的结论往往是对事实的曲解、误导甚至是无知。

通过最近几年对国家档案馆内海军通信情报处档案进行的广泛研究，现在已经完全清楚了当时这些人所引用官方报告中有关高频定向仪示向度数据，实际上并不是日本机动舰队发出的无线电信号，相反，它们是狡猾的日本人整个无线电欺骗战术中的一个组成部分。这些欺骗信号再加上日本打击编队严格遵守了无线电静默的命令，成功地使美国海军情报官员相信日本航母编队当时仍然待在日本本土。

日本历史学家根据当年参加珍珠港行动的海军官兵的口述和对他们写的文章所作的研究也再次证实了以上的观点。当时，日军山本五十六大将命令机动舰队所有舰艇和飞机保持严格的无线电静默，直到从"筑摩"号和"利根"号巡洋舰上起飞的侦察机在珍珠港拉海纳锚区附近发送侦察报告以及实际攻击前，山本的命令才被撤消。

▲ 珍珠港美军挨炸后方知"这不是军事演习"

弥散的硝烟

■ 不可不知的72个
兵家猎秘

现在有越来越多的报告证实,日本人当时确实实施了无线电欺骗。二战期间日本海军第2航母舰队的情报通信官说:"每一天,都会从九州方向传来大量假信号,在相同的时间和相同的频率上,就像在演习期间一样。这会使偷听者如美国海军约瑟夫将军的作战情报单位误以为我们的第1航空战队一直待在那里进行例行训练。除此之外,机动舰队所有舰船还将它们以前的无线电话报员留在了岸上。这些人的任务就是每天照例进行无线电校波,以证明他们所属军舰就在日本本土,因为这些话报员的发报手法就如同一个人笔迹一样,美国情报监听人员对他们的声音或手法非常熟悉,他们一个人代表的就是一艘军舰。"

日本一位大佐也说:"在日本海的主力部队和陆基航空部队一直在实施通信欺骗,暗示日本航母编队一直待在九州进行训练。"日本海军在横须贺、吴港和佐世堡3个主要基地当时也频繁实施了大量的通信,极大地迷惑了美国海军。

🖋 日军耍了声东击西的把戏

日本还在制造开战假象方面做足了文章。1941年7月,在中国东北的关东军十几万人举行代号为"关特演"的大规模军事演习,制造进攻苏联的假象。11月下旬,当偷袭珍珠港的舰队出发后,日本海军还在日本本土瀬户内海港湾组织登陆演习,并邀请各国驻日武官观看。参战部队的舰载机前脚刚一离开九州训练基地,其他部队的舰载机后脚就进驻,照常进行训练,以造成舰载机部队还在九州训练的假象。同一天,联合舰队更改密码和所有军舰的呼叫代号,以干扰迷惑美军的无线电监听。12月5日至12月7日,正是偷袭珍珠港的前三天,在九州的舰艇部队和航空兵频繁进行无线电联络,还特意用数艘驱逐舰伪装航空母舰进行无线电监听。箭已离弦,刀已出鞘,但华盛顿的日美谈判还在装模作样地进行。日军还派出大量舰机在日本本土活动,并模拟航空母舰编队,频繁进行无线电联络,以给美国造成"其主力舰队仍在本土活动"的错觉。

集结开进极其诡秘。参战部队训练地点在日本南部的鹿儿岛和佐伯港,而集结地点则在日本北方的择捉岛单冠湾。参战部队以"木户部队"为代号开始向单冠湾集结,各舰在集结过程中,收发报机一律加上铅封,实行严格的无线电静默。各舰在向单冠湾航行途中,都选择远离一般商船航线的偏僻航线,而且分别按不同航线、不规则时间间隔前往,有的先南后北,取道小笠原群岛。当参战部队一进入单冠湾,海防部队就立即切断择捉岛与外界的一切联系,连岛上居民的粮食等生活必需品都由海军的补给舰运送,对参战官兵的私人信件一律进行检查,并一直扣压到开战那天再发出。部队向珍珠港开进途中,整个编队实施 24 小时的严密对潜、对空警戒,同时严格保持着无线电静默,只收不发,密切注意日美谈判进展和有关的开战指令。12 月 2 日,正当南云机动部队刚刚越过东西经日期变更线,进入中途岛以北的西经海域时,山本才用新密码给南云发令:"攀登新高峰 1208",意即按原计划在 12 月 8 日(夏威夷时间 12 月 7 日)发起攻击。南云随即下令各舰长熄灯行驶,并把"Z 作战"行动向全体官兵传达,随时做好战斗准备。

日本的种种迷惑措施的确把美国给蒙住了,直到战争爆发的前一天美国也没搞清楚日本的航母战斗群在何位置。美国的注意力完全被日本引向了南方,做梦也没想到南云率庞大的航母舰队向珍珠港扑来。

日本人精心实施的无线电欺骗战术使得美国海军情报官员确信并上报了日本航母在本土的本州岛或九州岛外进行演练的这一"重要情报",并且麻痹了美国人,使得他们根本没有慎重考虑日本大胆采用冒险东进,袭击美国太平洋舰队这一战术的可能性,况且当时美

▲ 受袭后的美国军舰

弥散的
硝烟

■ 不可不知的72个
兵家揭秘

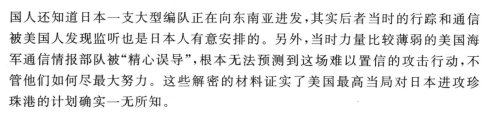

国人还知道日本一支大型编队正在向东南亚进发,其实后者当时的行踪和通信被美国人发现监听也是日本人有意安排的。另外,当时力量比较薄弱的美国海军通信情报部队被"精心误导",根本无法预测到这场难以置信的攻击行动,不管他们如何尽最大努力。这些解密的材料证实了美国最高当局对日本进攻珍珠港的计划确实一无所知。

日本偷袭珍珠港就这样得手,击毁了美国部署在那里的全部战列舰(击沉 4 艘,击伤 4 艘)、6 艘巡洋舰、1 艘驱逐舰和 272 架飞机。美军伤亡 3400 人。日本损失 29 架飞机,1 艘潜艇和 5 艘超小潜艇。美军如此惨败的主要原因是中了日军的"声东击西"和电子欺骗之计,美军太平洋舰队指挥部未能有效地组织侦察和基地防御,疏忽大意,缺乏海上战争的经验。对日本而言,珍珠港战役在战术上无疑是非常成功的,其掌握制海权、制空权、制信息权以"先发制人"的具体经验至今不乏借鉴意义;但从战略上分析,日本的不宣而战激怒了美国人,从而使美国提前介入了第二次世界大战。由于美国的参战,从某种程度上加速了日本的衰亡。所以,从战略上看,日本偷袭珍珠港是虽胜犹败,得不偿失。(金岩林)

 ## 苏军率先攻占柏林之谜

在纪念反法西斯战争胜利 60 周年的时候,世界媒体盛传斯大林又"重返"莫斯科,俄罗斯总统普京顺应民心,正率领成千上万的苏联老战士和广大民众,以不亚于去年西方纪念盟军在诺曼底登陆 60 周年的规模,纪念苏联红军攻克柏林 60 周年,因为这是反法西斯战争彻底胜利的标志。俄罗斯的老战士们在庆祝自己的"胜利日"时,以不容置疑的口吻称颂斯大林把马列主义的军事思想发展到了极致,英明果断地指挥苏联军民一举攻占了希特勒的老巢。而西方媒体坚持一些奇谈怪论,说苏军先于盟军攻下柏林是斯大林要阴谋的结果,还说什么盟军完全有实力先攻下柏林,只是因为盟军统帅胸怀宽广,顾全大局,才把先占柏林的荣耀让给了苏军。究竟是什么原因使苏军率先攻入柏林,把红旗插上了德国国会大厦的顶楼?从军事科学的角度分析,这里有什么奥妙?中外军史专家在纪念反法西斯战争胜利 60 周年之际,运用最新研究成果对此重新作了解读。

六大原因,使盟军十分无奈地让苏军捧走了攻克柏林的桂冠

1944年夏季,在急如星火地发起了诺曼底登陆战之后,美、英的庞大兵力终于踏上了欧洲的土地。此时,苏军主力正在白俄罗斯与德军对峙。从地图上看,从白俄罗斯首府明斯克到柏林,与从诺曼底到柏林的直线距离大致相当。双方在同等距离上展开了奔向德国首都的竞赛。苏联和英、美都力图抢在对方之前攻占柏林,以证明自己的社会制度在战胜法西斯中所起的巨大作用。对双方的军人来说,攻克柏林也是这场战争中的最大目标。

▲ 苏联红旗插上柏林帝国大厦

但随后事态的发展,使盟军统帅艾森豪威尔发现盟军想先于苏军攻进柏林是不可能的,于是十分无奈地放弃了先占柏林的目标,并很艰难地逼使英军主将蒙哥马利停止躁动,服从自己的决定。现在分析起来,当时艾森豪威尔这样做,有六大原因:

一是德军妄图拖延战争的情报让盟军统帅产生了疑虑。盟军最高统帅艾森豪威尔此前得到消息说,由于柏林受到苏军严重威胁,德国政府已准备撤出柏林,政府机关迁至南德山区的可能性极大,并且狂热的党卫军、盖世太保以及忠于希特勒的分子将集结在德国南部的巴伐利亚地区,包括阿尔卑斯山、奥得河西部和意大利北部山区,重新组织力量顽抗。如果真是这样,那么柏林作为"地理目标"的军事意义就大大下降了。盟军情报人员还指出,纳粹分子一旦占领上述山区,便可利用有利地形和新发明的"秘密武器"进行坚守,构筑地下设施发展军火和储备大量粮食,训练大批青年组织地下军,进行游击战,这样就可以把战争坚持下去,甚至可能"光复"整个德国。艾森豪威尔认为,如果德国的这一阴谋得逞,就会使美国陷入旷日持久的战争,这不仅意味着盟军将付会出

更大的代价,而且对于达到军事上迅速取胜、尽快结束战争的战略目的极为不利。因此,盟军在德国中部地区及早前出到易北河与苏军会师十分重要。这一方面可以切断德国政府南撤的道路,另一方面也可以把德军分割成南北两大部分,使之失去相互联系,有利于粉碎德国继续拖延战争的企图。

但是,盟军统帅艾森豪威尔基于此情况的军事计划遭到了英国人的反对。出于垄断资本主义对红色共产主义本能的恐惧,英国政界和军界要员强调务必抢先占领柏林,因而对统帅部的战略计划提出了疑问。因为按照艾森豪威尔的计划,在战术上,英军要把起先以柏林作为主要进攻方向改为通过莱比锡到德累斯顿方向,并且抽调走了美国第9集团军,使21集团军群战线拉长而失去进攻力量,这就排除了英美联军先于苏军进入柏林的可能。

二是为了遵守盟国在雅尔塔会议上对苏联的承诺。1945年2月,苏、美、英三巨头召开了雅尔塔会议。在会上,斯大林提出,由于苏联在对德战争中首当其冲,付出了最大牺牲,作出了最大贡献,柏林理所当然应由苏军占领。对此,美、英首脑都没有

▲ 今日,参与攻占柏林的苏军老战士回访当年战地

异议。即便是一向好大喜功的英国首相丘吉尔,此时也只有沉默的份。他们清楚,此时的苏军距柏林只有60公里,而自己的军队还在600公里开外,争夺柏林显然无望,何必去得罪俄国人呢!在美国当时的政策中,还有一个要加强对战后意大利的控制问题。为了保住战后管理意大利的有利地位,不让苏联插足亚平宁半岛,美国有意承认苏联对东欧的控制权。于是,这次会议,划分了美、英、苏三国占领德国的范围,柏林自然被划在苏占区内。也就是说,即使美英军队流血牺牲打下了柏林,也要交给苏军来进占,对于这样得不偿失的事情,作为精于算计的大资产阶级代表的盟军统帅自然不想"犯傻"。

三是希特勒的突然反扑打碎了盟军妄图背着苏联与德军单独媾和的梦想。面对苏军和盟军的两面夹击,希特勒采取的防御原则是"东拼西让"和固守柏

林,即在英美联军到达之前,竭力阻止苏军的前进速度,把战争拖延下去,实在不得已时把柏林交给美英联军,向同是资本主义世界的西方投降。因此,当盟军从西部向德国腹地推进的时候,沿途的德军纷纷向后溃逃。同样仇视共产主义和共产党人的德军将领们更希望由美英联军占领德国首都。他们与苏军打了四年恶战,怨极仇深,害怕遭到苏联人的惩罚,因此宁愿对美英联军让路放行。盟军中不少将领特别是英军首脑丘吉尔和蒙哥马利等人对此沾沾自喜,恨不得马上让德军将士"认祖归宗"、联为一体,共同来对付社会主义苏联这一"洪水猛兽"。但他们低估了希特勒的疯狂性。当

▲ 苏军攻入柏林市区

盟军进抵卢森堡、比利时和德国交界的阿登地区时,希特勒拼凑了 20 个师的兵力,于 1944 年 12 月 16 日晨 5 时 30 分,突然向盟军发动了进攻,盟军猝不及防,仅一周时间,德军就向西纵深推进 96 公里多。1945 年 1 月初,双方发生激战,盟军形势不妙,丘吉尔不得不向斯大林求援。苏联为了支援西线盟军,把原计划 1 月 20 日进攻维斯瓦河—奥德河的战役提前了 8 天。苏军的进攻,迫使希特勒不得不把 13 个战斗力最强的师从西线调往东线,从而减轻了西线盟军的压力。西线盟军于 1 月 28 日把法西斯侵略军赶回德国边境,恢复了原来的战线。在阿登战役中,盟军伤亡 7.7 万多人;德军付出的代价更大,伤亡 8.2 万人。这场战役打乱了盟军进军柏林的时间表,使他们的计划推迟了 6 个星期,从而使美英军队抢在苏军之前到达柏林的计划成为泡影。这时盟军距柏林尚有 480 公里,而苏军距柏林只有 60 公里左右,并已做好了攻打柏林的准备。盟军鞭长莫及,只能徒唤奈何。

　　四是盟军缺乏后勤支撑,明显缺乏先于苏军攻克柏林的实力。美军主将布莱德雷认为:要攻取柏林,必须以重兵长驱北进,强渡易北河杀向柏林,如此漫长的距离将使盟军后勤供应异常紧张。全部机械化的美英军队对汽油的消耗巨大,为此将不得不停止盟军在德国的绝大部分攻势,腾出大部分汽油供给向北进军的部队。而苏军距柏林已近在咫尺,在美军到达柏林之前,这座城市恐

弥散的硝烟

■ 不可不知的72个兵家猜秘

怕早已落入俄国人的手中。退一步说，即使苏军不能占领柏林，盟军要长驱直入攻占柏林，也绝非易事。德军肯定会在柏林方向集结重兵进行最后顽抗，而易北河到柏林之间的地形非常不利于盟军进攻。为攻克柏林，盟军的伤亡恐怕将非常大。因此布莱德雷认为进攻柏林是"以高昂的代价去沽名钓誉"，盟军不值得去冒这个险。

五是美军想保存实力对付日本，并想讨好苏联争取苏军也来对日开战。珍珠港事件使美国人对日本法西斯集团恨之入骨，此仇非报不可。因此艾森豪威尔在对德开战时没有忘记，由于美国的后备力量不足，兵力动员已很困难，对日作战补充兵员只能从欧洲战场来解决，因此，他率领的美军还要东赴太平洋对日作战。在与凶悍顽强的日军的浴血苦战中，美国大兵不知还要死多少人，因此迫切需要苏军在歼灭日军的大战中助美军一臂之力，而为先占柏林同苏军闹翻显然不值得。

六是一向怕死人的美军首领担心主攻柏林"伤亡太大"。4月15日，艾森豪威尔在易北河畔问美军主将布莱德雷："攻克柏林需要多大伤亡?"布说："至少需要牺牲10万人!"艾森豪威尔一听就心里发毛：自诺曼底登陆以来，美军一共阵亡13.5万人，而攻占柏林又要阵亡10万人，付出的代价实在太大。况且，此时美军到达易北河的只是先头部队，大队人马还远远落在后面，兵力并不足以强攻柏林。因此，他决定先按兵不动。至于英国人的反对，他不怕，因为在对德作战的远征军中，英国的军队只占1/4，美军占3/4，美国的意见终究起着至关重要的决定作用。（陈 刚 子 锦 王渔舟）

斯大林高瞻远瞩，运筹帷幄，有理有节地把先攻柏林的胜果揽入怀中

其实，早在1944年11月，苏军最高统帅部就基本确定了柏林战役的企图，以后根据战争的进程日益明确。随着红军离柏林越来越近，希特勒当局考虑到毫无出路的处境，有可能在西部战场停止抵抗，给美英军队放开通往柏林的道路，以避免把柏林交给苏军。因此，必须尽快发起攻打柏林的战役。

1945年3月29日晚上，应斯大林的召唤，苏联最高统帅部副统帅兼白俄罗斯第1方面军司令员朱可夫元帅，带着白俄罗斯第1方面军的柏林战役计划来到了克里姆林宫。

同往常一样，斯大林默默地同朱可夫握了握手，似乎是继续不久前中断的谈话似地说："德国的西方战线已彻底崩溃了，看来希特勒军队并不想阻止美英

联军的推进。然而在同我们作战的各个重要方向上,德军却在加紧部署兵力。你看看这张图上关于德军的最新情况。"

斯大林抽着烟斗,盯着地图,猛吸一口烟,沉重地说:"我看,将会有一场恶战。"

斯大林的分析是正确的。他一方面发动外交斗争,督促盟军加强在西线的进攻力度,牵制德军,防止德军把主要剩余力量全部集中到东线来,并一再及时地揭露和反对盟军妄图背着苏联与希特勒单独媾和先占柏林的阴谋,一再提醒盟军首脑们务必遵守雅尔塔协议;另一方面,他把苏军的两大主力——朱可夫的白俄罗斯方面军和科涅夫的乌克兰方面军全集中到柏林会战上来,并对这两大主力进行了合理分工。苏军在东线发动了气壮山河、席卷千里的"巴格拉季昂"战役,以雷霆万钧之势将德军赫赫有名的"中央"集团军一举击溃。同美英军队缓慢平推的笨拙打法相比,久青,强大的坦克兵团风驰电掣,在茫茫雪原上滚滚向前。在各路大军中,直捣德国腹心的是朱可夫和科涅夫的两个最强大方面军。这两路大军的 220 万雄兵势不可挡地前进,7000 辆坦克和自行火炮迅猛辗过波德平原。苏军前锋很快抵达奥得河,柏林遥遥在望。苏军在这场人类历史上最壮观的进攻战中神速进展,再一次令美英军队目瞪口呆,使他们感到在这场竞赛中大势已去。正如统率美军主力的布莱德雷将军所说:"苏联的攻势之所以令人敬畏,不仅在于有效歼灭敌人和进军速度。从 1945 年 1 月 12 日至 2 月 24 日,仅 6 个星期,苏军势如破

弥散的
硝烟

■不可不知的72个
兵家揭秘

竹,所向披靡,以秋风扫落叶之势,直抵奥得河,在南部直抵尼斯河……鉴于苏军在军事上取得了这么辉煌的胜利,从严格的军事观点看,我们想在占领鲁尔

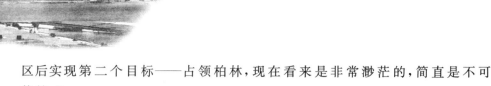

区后实现第二个目标——占领柏林,现在看来是非常渺茫的,简直是不可能的。"

1945年4月25日,苏联白俄罗斯第一方面军和乌克兰第一方面军在柏林西边的波茨坦胜利会师,终于完成了合围德军的战略任务。美英军队进入柏林的道路已被截断,希特勒想与西方盟军单独媾和的阴谋彻底破产了。

红军将士精彩上演"龙虎斗",高扬革命英雄主义旗帜,画上了苏德战争的句号

▲ 朱可夫元帅视察刚占领的德国国会大厦

斯大林手下有两员最心爱的猛将:朱可夫和科涅夫。在策划柏林会战的关键时刻,他接到了这两员名将的请战报告:都要求担任攻克柏林的主攻。知将莫如帅,他知道,朱可夫和科涅夫一直互相不服,在打败法西斯德国的最后一战中,都想来抢头功。面对这种互不相让的僵持局面,总参谋部的一些成员建议,由两个方面军共同担任主攻,发动对柏林的钳形攻势。如出一辙,朱可夫和科涅夫都把4月16日——列宁诞辰75周年纪念日作为柏林战役的发起日。

4月3日,两位方面军司令再次来到斯大林面前,各自陈述了自己的计划和理由。听完他们的汇报,斯

大林慢慢地走到柏林地图前,拿起笔在乌克兰第 1 方面军和白俄罗斯第 1 方面军之间重重地划了一条线。这条线的起点是这两个部队的驻地分界处,终点是在柏林东南约 60 公里的吕本。从吕本到柏林还有约 60 公里的距离,斯大林却没有继续划下去,他转过身来郑重地宣布:"谁最先到达柏林,就让谁占领柏林。"

攻占柏林的最后战斗就要打响了。在作战会议上,朱可夫用十分激动的声音宣布:"让世界人民早日看到我们胜利的红旗在柏林飘扬吧!"

这一天,正是希特勒的生日,尽管苏联红军已经兵临城下,希特勒依然以军事奇迹创造者的身份自居。为了鼓舞士气,他利用祝寿的机会,反复对他的高级将领说:"我仍相信,俄国人将在柏林遭到最惨重的失败。"他企图依靠20 万卫戍部队和市内坚固复杂的防御工事拖延战争,等待外援,甚至幻想挑起美英联军和苏联红军的冲突,从中找到生机。然而这只是一枕黄粱。

总攻开始了,苏军几万门大炮同时轰鸣,把大地也震得颤抖起来,炮火之猛烈使德军在半个小时内未能回击一发炮弹。这天早晨 5 点半,苏联坦克和步兵发起冲击,140 多部大功率的探照灯把进攻的地面照得如同白昼,德军在强光的照射下,睁不开眼睛,苏军乘机迅速前进。在柏林市郊的苏联红军展开了一场竞赛:每个攻入柏林的作战师都获得在德国国会大厦的顶上升起苏联国旗的荣誉,这被当成苏联取得最后胜利的象征。

▲谁最先到达柏林,就让谁占领柏林

弥散的
硝烟

■不可不知的72个
兵家揭秘

苏军对企图突围的德军使用坚决歼灭的手段,另外,还特别在敌军可能突围的道路上加强防御,不让德军逃跑。苏军进入柏林市区后,出现白刃格斗。4月29日,战斗达到了高潮,苏军开始进攻象征德国最高权力机构的国会大厦。4月30日,苏军战士叶戈罗和坎塔里亚冲到希特勒的国会大厦主楼的圆顶上升起了胜利的红旗。下午3时,困守在深达15米多的总理府地下室内的法西斯头子希特勒看见大势已去,开枪自杀,结束了罪恶的一生。另外一个法西斯头子戈培尔和他的老婆在毒死自己的6个孩子后,命令士兵从身后开枪把他们打死,然后火化。

在16个昼夜的柏林战役中,苏军集中大量兵力和大炮、坦克、飞机等先进武器,共歼灭德军70个步兵师、23个坦克师和摩托化师,俘虏德军官兵48万人,缴获坦克和强击火炮1500余辆、飞机4500架,苏军也付出了伤亡30万人的重大代价。

5月8日24时,在柏林举行了德国投降签字仪式,参加签字的苏方代表是朱可夫元帅和外交部部长维辛斯基,盟军最高统帅部代表是英国空军上将泰德、美国战略空军司令斯巴兹和法军总司令德·塔西尼。代表德国在投降书上签字的是陆军元帅凯特尔、海军上将弗雷德堡和空军上将什图姆普弗。签字仪式由朱可夫主持。投降书从1945年5月9日零时开始生效,法西斯德国宣告彻底灭亡。

莫斯科保卫战之谜

在第二次世界大战中,攻占莫斯科是希特勒发动对苏侵略战争的主要目标,但莫斯科不仅到底也没被德军攻占,甚至连闯进莫斯科上空的德军飞机也没有实施过一次有效的轰炸。而同时期的英国首都伦敦却屡次被德国的轰炸机群炸得七零八落。这是为什么?这里究竟有什么奥秘?

 事关苏德战争结局的关键一战

莫斯科位于苏德战线的中央位置,北通列宁格勒,南通斯大林格勒,往东则掩护着乌拉尔后方基地。莫斯科的战略重要性还在于,它是苏联最重要的交通枢纽,铁路网四通八达,连接全国各个重要的政治、经济中心和军事基地;它也是苏联主要的工业基地和军火生产中心;此外,它还是苏联的政治中心,失去莫斯科将对苏联人民和军队的作战意志产生巨大冲击,严重削弱苏联军队和人民战胜希特勒德国的信心。因此,莫斯科会战确实是影响苏德战争结局的关键性一战。

希特勒深知莫斯科的战略重要性。在1941年夏取得了对苏初战胜利后,便不顾其将领们的反对,下令制定代号为"台风"的新作战计划,企图乘势夺取莫斯科,给苏联红军以致命一击,尽快取得对苏作战的最后胜利。

1941年9月30日,德军正式发动了进攻莫斯科的"台风"战役。德军不顾损失惨重,每日先以俯冲轰炸机飞越战线,在苏军后方投弹轰炸,破坏苏军兵力的集结调动和补给运输,切断其战场各部分的联系;再以大炮、迫击炮火力破坏苏军前沿工事,压制苏军火力;然后以坦克为前导,协同摩

▲ 德军扑向莫斯科

托化步兵疯狂推进。仅仅几天时间,德军便从多处突破苏军防线,向东跃进了200余公里,进入莫斯科接近地。希特勒以为稳操胜券,宣称要在10天内占领莫斯科,并于1941年11月7日苏联十月革命节这天在莫斯科红场检阅德军进攻部队。纳粹宣传部部长戈培尔竟下令德国各家报社,留出10月12日报纸的头版位置,准备刊登德军攻占莫斯科的"特别新闻"。

临危不惧,斯大林大打人民战争

德军迫近莫斯科城下,西方各国立即对这一形势做出了悲观而武断的估计。美国陆军部长预测说:"德国人将会在最少1个月、最多3个月内打败和完全占领苏联。"英国的参谋长则向丘吉尔首相断言:"莫斯科将在2到6个星期内被占领。""德军一定会像快刀切牛油似的穿过俄国。"希特勒更是欣喜若狂,他得意洋洋地宣称:"即使莫斯科跪下来提出投降,也不接受。""莫斯科将从地

球上消失。"

对莫斯科保卫战,苏联最高统帅部做了大规模的准备工作,组建了西部方面军,预备队方面军和布良斯克方面军,共有 95 个师、125 万人、坦克 990 辆、火炮和迫击炮 7600 门、飞机 677 架。相比之下,德军对苏军占有明显的优势:人员多 40%,火炮和迫击炮多 80%,坦克多 70%,作战飞机多 1 倍。在战斗最困难的时候,斯大林曾与在前线指挥作战的朱可夫通话,要求他以一个共产党员的真心说真话,"苏军是否能保住莫斯科"? 朱可夫经过慎重思考,回复说,如能再增派两个集团军和 200 辆坦克,就一定能守住莫斯科,打退德国的进攻。朱可夫的回答,大大坚定了斯大林的胜利信心。他很快给莫斯科前线调去了 2 个最精锐的集团军。

1941 年 10 月 10 日,德军把进入莫斯科的驻地都划分好了。但到 10 月 12 日,莫斯科仍在苏联人民手中。德军从西、北、南三面包围了莫斯科;苏联政府的部分机构和外交使节撤退

▲ 斯大林 1941 年 11 月 7 日在红场检阅部队

到距莫斯科 800 公里的古比雪夫。然而,联共(布)中央主要领导人没有撤退;斯大林没有撤退,他在亲自指挥莫斯科保卫战。10 月 19 日,国防委员会宣布了莫斯科戒严令,号召首都人民配合红军,誓死保卫莫斯科。莫斯科人民积极参军,仅修筑防御工事就动员了 45 万居民,其中 3/4 是妇女。全国人民都在支援莫斯科保卫战,武器弹药和军用物资从各地源源不断地运到莫斯科。11 月 7 日,斯大林照例在莫斯科红场检阅红军部队,纪念十月革命节。受检阅的步兵部队、坦克部队和炮兵部队,经过检阅台后,便直接开往前线。为了保卫莫斯科,苏联军民发扬了殊死作战精神。在前线,红军官兵死守每一处村镇、渡口、制高点,与德军反复拼杀,且战且退,消耗德军进攻的实力。在后方,工人、妇女及其他非战斗人员被普遍动员起来,组成了 12 个民兵师,支援前线作战。几十万莫斯科妇女和少年,不分昼夜构筑莫斯科环城防御工事,在两个月内构筑成几十万米防坦克壕、战壕、交通壕及各种阻敌障碍、设施。兵工厂工人则加班加

点,为前线生产枪支弹药。整个莫斯科成了一座与德军拼搏的大军营。

▲ 苏军击退德军的首次空袭

弥散的
硝烟

■ 不可不知的72个
兵家揭秘

　　11月27日,德军第258师的少数分队已进至距莫斯科仅24公里的地方。12月2日,德军的一个侦察营一度突击到了莫斯科近郊的希姆基,并看到了克里姆林宫尖顶上的红星。莫斯科已处在德军大炮的射程之内。然而德军已用尽了最后的力量,中央集团军司令包克把他的预备队的最后一个营也投了进去。包克在打给德军总部参谋长的电话中说,德军"已经到了山穷水尽的地步了"。苏军一面顶住了德军的猖狂进攻,一面发动反冲锋,大量地杀伤德军;工人们从工厂涌出来,用他们的生产工具和德军拼搏。尽管包克已拼了老命,但德军依然被苏联军民一次次打了回去。

　　11月底和12月初,苏联第一集团军和重新组建的第20集团军,在第16和第30集团军的密切配合下,在空军的支援下,对步步紧逼的德军进行了一系列反击。炮弹轰鸣,飞机呼啸,战斗打得异常激烈、残酷。在德军坦克企图冲进莫斯科的公路上,一支苏军战斗小组的战士们冲出战壕,连续击退了德军50多辆坦克的集团冲锋,击毙敌人数百名,但是,他们也只剩下了28人。指导员对大家说:"同志们!俄国虽然大,但是已经没有地方可退了。后面就是我们的首都

莫斯科!"战士们齐声回答:"打到最后一个人,也要守住公路,不让敌人通过!"最后,他们弹尽粮绝。指导员抱着最后一捆手榴弹,向德军坦克猛扑过去。28名战士为保卫伟大祖国的首都流尽了最后一滴血,全部壮烈牺

▲ 苏军在莫斯科城下反击德军

牲。战后,苏联最高苏维埃主席团追认这28名烈士以"苏联英雄"的光荣称号。

集思广益,斯大林创新战略领导制度

　　在整个苏德战争期间,以斯大林为首的苏军最高统帅部创造了一种独特而有效的战略领导制度,即向最重要的地段派出最高统帅部代表的制度。担任最高统帅部代表的都是最有军事素养的军事首长。他们对情况了如指掌。而且通常都直接参与制定当前战役的重大计划,最高统帅部和斯大林始终要求自己的代表对战役实施领导,要求他们对战役的实施情况负起全部责任,并且为此授给他们以全权。战争期间,朱可夫曾以最高统帅部代表的身份去前线工作不下 15 次。哪里有困难,斯大林就派朱可夫到哪里去,他成为解决问题的能手。这除了他卓越的指挥才能外,还由于他具有副最高统帅的地位。他坚毅、勇敢,能够开诚布公地和斯大林交换意见,斯大林也非常尊重他的才能。在以斯大林为首的最高统帅部的高效协调和配合下。朱可夫经过一个多月时间,秘密动员组织起 30 个新的步兵师、6 个装甲师、3 个骑兵师和 33 个步兵旅。12 月 6 日凌晨,朱可夫在莫斯科前沿 200 英里长的战线上,集结了 110 万兵力、7652 门火炮、774 辆坦克、1000 多架飞机全线出击,猛烈打击冻得锐气丧失殆尽的德军。这支由步兵、炮兵、坦克兵、骑兵、空军组成的强大部队天兵般地降在德军面前。

▲红军受阅后直接开往前线

苏联红军出其不意、摧枯拉朽的大反攻，把莫斯科城下的德军打得晕头转向、鬼哭狼嚎，加之德国人早已被140年未遇的严冬冻得绝望至极，厨房里的热汤，两分钟便冻成冰块，奶油得用锯子锯开，为了把大片肉劈成小块，斧柄常被震裂。这种地狱般的日子一天也呆不下去了，德军阵地一冲即溃，短短几天，就被苏军击退150～280公里。

立体设防，群策群力筑成空中屏障

在整个莫斯科会战期间，苏德双方在莫斯科上空的较量同样十分激烈，希特勒曾多次派出数千架飞机妄图把莫斯科从地球上抹掉，但他一次也没有得逞。这里的奥秘同样在于苏联最高统帅部成功地组织了防空上的人民战争。苏军在莫斯科周围设有完善的防空系统——一个宽200～250公里的环形包围圈，城内实行严格的灯火管制。苏军的雷达和防空部队配置得非常严密，歼击机和高射炮也积极配合：晚上，歼击机在探照灯网的照耀中巡逻飞行；环形保卫圈外则是高射炮区，随时监视和击落来犯的敌机。这样，莫斯科上空就成了德军无法逾越的屏障。德军近万架空袭飞机能够窜入市区上空的还不到总数的3％。这些飞机在探照灯和高射炮的协同攻击下，不能正确投弹，破坏力不太大。德军的飞机大都被苏军击毁，德国的空袭遭到了失败。

莫斯科一战，苏军经艰苦奋战粉碎德军对莫斯科的进攻，并且向西推进了100～350公里，解放了莫斯科州、加里宁州、图拉州、梁赞州以及斯摩棱斯克州和奥廖尔州部分地区。"德军不可战胜"的神话在这次会战中被打破了，德军损

失官兵 50 万人(包括冻死冻伤 10 万余人)、坦克 1300 辆、火炮 2500 门、汽车 1.5 万余辆。

莫斯科会战有重大的国际意义,它巩固了反法西斯同盟,迫使日本和意大利统治集团不敢一味追随德国。这次会战显示出苏联人民抗击法西斯的坚定信心,给德国的军事力量及其自负高傲的气焰予以沉重打击。在这次会战中,苏联军事学术达到了新的发展阶段。最高统帅部大本营和总参谋部学会了在复杂条件下筹建和隐蔽集中预备队以粉碎敌人,组织各方面军和各战略方向之间的密切协同,使用陆军、航空兵和游击队的力量共同粉碎德国"中央"集团军群。(金岩林　李亭雨)

 抗日"模范歼灭战"

1939 年 8 月,正当日寇凭借优势装备在中国大地上猖狂攻城掠地、国民党正面战场节节败退之时,我八路军 115 师却在鲁西梁山地区以劣势装备以与敌大致相等的兵力,将一支装备优良的日军大队(营)予以全歼,创造了抗日战争史上中国军队第一次以不是绝对优势兵力歼灭日军成建制部队的"模范歼灭战"。此战是该师继平型关大捷后又一次大展"八路雄风"胜利战斗。

 将计就计引敌入瓮

1939 年 8 月 1 日上午,八路军 115 师直属队正在举行"八一"军民联欢会,突然接到骑兵侦察员报告:敌酋长田敏江率领的一个日军大队和部分伪军共 400 多人由汶上县城出发,正向我梁山根据地进犯。师首长根据情报分析认为,此次来犯的日军虽装备优良训练有素,但十分骄狂轻敌又孤军深入;我军与敌人相比,数量虽不占绝对优势且武器落后,但却是久经沙场的红军基干部队,且地形和群众对我十分有利,因此决心以现有兵力歼灭来犯之敌,以打击日寇的嚣张气焰。于是当即向部队作了战斗动员,组织群众迅速转移,并进行周密的歼敌部署:利用高过人顶的青纱帐作掩蔽,以师直特务营骑兵连和独立旅第 1 团第 3 营的 10 连、12 连在梁山南面的前储、独山两个村及附近地区摆下一个口袋阵,单等长田敏江前来"示威"予以歼灭。

▲ 梁村歼灭战中八路军阵地一角

8月2日清晨,长田敏江率领其大队人马排着整齐的行军队形,耀武扬威地进至梁山地区。为了向我军"示威",他在距离我根据地还有几公里时,就架起野炮漫无边际地乱轰一气。担负"迎客"的我骑兵连对其进行

弥散的硝烟
■ 不可不知的72个兵家揭秘

袭扰,然后后撤将其诱至梁山南麓前集附近。为将敌人引进预定的围歼地域,我特务营侦察员还扮成村长模样,领着十几个"顺民"打着小旗,提茶抱瓜,毕恭毕敬地将"皇军"迎进了前集庄。走得人困马乏的日军进村后正准备休息,却发现这里村民早已逃光,刚才欢迎他们的"村长"和"顺民"也忽然间不知去向。正在疑惑之际,我担任设伏任务的特务营1、2连突然从南北两面向敌发动了袭击。日军还没弄清是怎么回事,就稀里糊涂报销了一个大尉中队长和十几个士兵。

长田敏江见我军火力不猛,打完后又迅速撤离,便叫来伪军队长作了一番"分析",认为是"小小游击队的干活",于是在命令炮兵向梁山乱轰一气发完淫威后,便派出骑兵和伪军继续搜索前进,当其大队人马进至梁山西南马振杨村时,早已等待在此的我特务营1、2连和骑兵连按照作战预案,再次突然向敌发动了第二次袭击。日军猝不及防,当即又有40多人毙命。长田敏江被打得晕头转向,光听子弹嗖嗖打来,却不见我军踪影,顿时肝火大升。他一面气急败坏地命令炮兵向梁山四周发炮轰击;一面指挥日军大队火速占领前面的独山村和村外的乱石岗。

日军占领独山村和村外的乱石岗后,向四周进行了长时间火力侦察,却未

发现我军任何动静,派出去的搜索分队也未找到我军去向。天黑后,长田敏江见梁山四周夜幕平静,以为游击队早已被"皇军"吓跑,可以平安无事了,于是便将伪军换到村外的乱石岗担任警戒,把日军全部塞进独山村休息。进池塘洗澡,日军指挥官还在屋里寻欢作乐放起了留声机。

干净彻底善围歼

午夜时分,随着一颗信号弹的升起,已将敌人悄悄包围的我军迅速向敌人发起了猛烈攻击,我骑兵连首先从西北角冲进村子,一顿马刀劈杀就迅速解决了日军警戒分队。在村外担任警戒任务的伪军还未作出反应,就被我 10 连四面包围,在一片"缴枪不杀"喊声中缴械投降。接着我特务营和独立旅的 12 连也从四面杀进村来。一时间整个独山村枪炮声、喊杀声震山撼野。日军在我突然打击下顿时乱作一团,漫无边际地开枪开炮还击。遭到打击的长田敏江惊魂稍定后,一面指挥日军就地顽抗,一面组织兵力夺取村外制高点乱石岗。在炮火掩护下,日军以两个中队的兵力向我 10 连坚守的独山高地连续发起了 6 次冲锋,均被我军以手榴弹和肉博战反击下去,双方伤亡都很惨重。当敌人发起第 7 次攻击时,我 10 连仅剩下 30 余人顽强坚守。危急关头,从日军的侧后突然杀出一支队伍向敌人展开反击,打得日军措手不及。原来这是我远在几十公

▲ 向山东敌后开进的八路军

里外执行任务的独立旅的第 11 连闻讯后急行军赶来参战。在我军两面夹击下,日军的第 7 次冲锋被打垮。随后,我 10 连、11 连又向村中敌军压去。月光

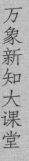

下，到处是我军的大刀、刺刀寒光闪闪和日军的垂死惨叫，几经厮杀，我军肃清了外围之敌，一举夺得日军3门野炮。

经过几个小时拼杀，日军伤亡大半。长田敏江知道遇到了前所未见的强大对手，于是集中所有兵力在10多挺轻重机枪和10多具掷弹筒火力掩护下向我军发起了连续冲锋拼死突围。我军将突围之敌死死堵在村口，并用缴获的一挺重机枪以600发/分钟的高射速将疯狂冲锋的日军成片撂倒。另外还组织了十几枝步枪连续集火射击"放排子枪"，很快就将拼死冲出村子的敌人打了回去。

绝望中，训练有素的日军分为数十股战斗群向我凶猛反扑，企图用四面开花的战术杀出重围。我军立刻针锋相对，将敌人分割包围起来。几个回合下来，日军死伤惨重，军官几乎全部战死。长田敏江的骄横劲此时早已化作乌有。他深感末日来临，于是便把残部集中起来，抢占了乱石岗下的几个石灰窑作拼死顽抗。这时，转移出去的老百姓也纷纷赶回来助战，在群众的支援下，我军向日军残部发起了最后的攻击，经过火力突击和白刃格斗，终于消灭了顽抗之敌。长田敏江深知此次失败责任重大，在覆灭之际便切腹自杀。天亮时，战斗结束，敌军除24人被俘外，其余全部被歼。我军缴获步兵炮1门、电台3部、意大利造野炮2门、轻重机枪20余挺、步枪400余支。

长田大队的覆灭给日军以沉重打击。战后，日军对作战进行了检讨，并相继追究了一批军官的责任。这次战斗，我军创造了在劣势装备的兵力与敌大致相等的情况下全歼日军一个成建制大队的出色战例，此战也被八路军总部和当时的国民政府嘉誉为"模范歼灭战"。（王作化　王晋阳）

弥散的硝烟

■不可不知的72个兵家猎秘

苏联歼灭日本关东军的奇迹

苏联对日宣战、出兵中国东北是第二次世界大战中最后一次大规模战役，达到了突然袭击的效果，犹如一次东方"闪击战"。它以摧枯拉朽的迅雷不及掩耳之势一举全歼日军最精锐的百万日本关东军，这成了日本天皇宣布无条件投降的决定因素。关东军总司令山田乙三上将和其他日本高层人士一样，压根没想到苏联会对日宣战，开战时他正在大连观看日本歌舞伎的演出。当他得到情报赶回长春关东军总部时，苏军强大的突击部队已经打到了他跟前，他只能举手带头乖乖向苏军投降。

日本上层为何没想到苏联会对日宣战？在纪念抗日战争胜利60周年之际，随着大量秘密档案的解密，其中的历史奥秘已经昭然于世。

苏军出乎日军统帅部的预料，突然提前对日宣战打乱了日军的部署

1945年春季，日本军界判断，苏军对德作战结束之后，需要休整一段时间，苏军对日宣战的时间很可能在1946年春季，最早也要在1945年9月上旬。日本军方还估计，苏军的主要进攻方向，可能是由苏联远东滨海地区向中国东北实施。根据以上判断，日军确定关东军防御的重点在中国东北的东部方向。

谁知苏军统帅部早在1945年2月初就同美、英首脑和三国的外交部长根据《雅尔塔协定》确定了苏军出兵中国东北直接打击日本关东军的战略部署。

1945年5月9日，苏联红军攻克柏林，欧洲战场的战争硝烟逐渐散去。根据雅尔塔协议规定，斯大林命令红军挥师东进，组成了以华西列夫斯基元帅为总司令的远东苏军总司令部，150多万红军屯兵中蒙、中苏边界，随时准备南下，消灭盘踞在中国东北地区的日本关东军。

▲ 1945年5月，苏军远东军总司令部会议

斯大林原定8月11日发动进攻，后因美国在日本广岛投放原子弹而提前。莫斯科时间8月7日下午4时30分，斯大林签署命令，要求苏联远东红军做好准备，于9日零时开始进攻。8月8日下午5时，莫洛托夫向日本驻苏联大使佐藤宣读了苏联对日本的宣战书。佐藤回到大使馆时，已过了东京时间11时30分，距次日零时苏军发动进攻只有二十几分钟了。而大使馆的电话线已被破坏，所以苏联红军向关东军发动进攻时，日本国内并没得到任何消息。

苏军战前精心部署了"战略性保密"措施,成功地达成了战役的突然性

西线战事结束时,苏联在远东的兵力不足 40 个师,这些部队的兵力及部署也是防御性的,因为红军抗击的主要是德国,绝大部分进攻性重型武器和先进的步兵、炮兵兵器主要用于苏德战场。为了扩充远东兵力,苏联最高统帅部于 1945 年 5 月~7 月间,调动了乌克兰第 2 方面军的第 5 集团军、第 53 集团军、白俄罗斯第 2 方面军的第 19 集团军、近卫坦克第 6 集团军以及大量的炮兵、航空兵、工程兵、通信兵等独立部队的新式技术兵器。调整后的远东及外贝加尔地区的兵力增加一倍以上,将帅军官就超过百人之多。

所有这些部队调动都是秘密进行的,苏军采取了欺瞒战术。部队调动都在夜间进行,保证当地居民正常生活,军队不进入居民聚集地,无线电台只收不发,许多部队一般不开机,华西列夫斯基元帅化名"华西里耶夫上将工作组",梅列茨科夫元帅化名为"马克西莫夫上将"等一系列欺瞒手法,以达到战役实施时的突然性。

横贯西伯利亚的铁路,成了苏联向中国东北运兵的大动脉。从

▲ 苏军后贝加尔方面军向日本关东军发动进攻

1945 年 5 月到 1945 年 8 月,苏联从 9000~12000 公里外的欧洲战场,迅速向远东地区和后贝加尔运送了 136000 节车皮的部队和作战物资。在远东共展开了 11 个合成集团军、2 个战役集群、1 个坦克集团军、3 个航空军集团和 3 个防空军集团、4 个独立航空兵军,总兵力为 157.77 万人,有 26137 门火炮,5556 辆坦克,3446 架飞机,此外还拥有太平洋舰队和阿穆尔地区舰队。苏联能在短时间内将如此多的兵力、武器及其他作战物资调到远东,而且没让日军觉察,这确实是个奇迹。

弥散的硝烟

■ 不可不知的72个兵家猎秘

实行向心攻击的苏军以勇敢精神加优势装备使日本关东军不堪一击

苏军对日本关东军采用的是"向心攻击"。以外贝加尔方面军、远东第1方面军和远东第2方面军的三股兵力，在三个战备方向向中国东北纵深突击。这三个方面军的攻击，以沈阳和长春为中心，呈向心形。苏军最高统帅部要求各方面军部队速战速决，避免与日军进行旷日持久的作战，最大限度地以最少的伤亡结束战斗。苏军的总攻从8月9日开始。各集团军多路齐发，同时，太平洋舰队司令尤马舍夫海军上将指挥太平洋舰队所属各舰队，以海参崴为基地攻占朝鲜雄基、罗津和元由。苏军空降部队则在哈尔滨、吉林和朝鲜咸兴等日军后方实施空降。整个远东战役，日本关东军成为苏炮火、飞机和地面部队攻击的"凄惨的稻草人"，既无招架之功，更无还手之力。然而，尽管在总体上，日本关东军一触即溃，但在一些局部战斗中还是进行了相当

▲ 1945年8月10日，苏联红军攻入哈尔滨

激烈的战斗。在进攻海拉尔的战斗中，一名苏军战士用自己的身体堵住日军射击孔，又一次演绎了马特洛索夫堵机枪的英雄壮举。在124师攻击索伦、第1集团军进攻牡丹江、第5集团军进攻虎北山的战斗中，也同样出现了一幕幕壮烈的场面。红军一女卫生员在抢救伤员时不幸受伤被日军俘获，她被日军挖去双眼，用刺刀挖烂她的阴户被折磨至死。这些英雄们被授予苏联英雄称号。日本关东军在武器上远不及苏军，于是他们就用惯用的自杀性手法来弥补。他们

故伎重演地用飞机撞击苏军坦克，日本士兵全身捆着炸药冲向苏军战群，与之同归于尽。但是这些拙劣的手段，终究没有挽回日本失败的命运。到了1945年8月底，盘踞在中国东北的日本关东军和在北朝鲜的其他日伪被全部解除武器。苏军共俘虏日军594000人，其中包括将官148名，毙敌83000余名。

苏军出兵中国东北，尽管由于历史原因，有许多令人遗憾之处，但是远东战役毕竟大大缩短了日本军国主义覆灭的时间。1945年年初，日本尚有400多万兵力，其中近一半即185.6万侵华日军在中国，141万在日本本土，其余的分布在东南亚诸国及太平洋一些岛屿上，还有战列舰、航空母舰、巡洋舰、驱逐舰、潜艇共83艘，兵员126.5万人。美国在太平洋上对日作战，歼灭了日本海、空军的大部分以及战据各岛屿上的陆军。苏联消灭日本关东军，加速了日军的灭亡。统领远东苏军的华西列夫斯基元帅、马利诺夫斯基元帅、梅列茨科夫元帅、普尔卡耶夫上将等苏军将帅们功不可没，中国人民永远铭记苏军将士的功绩。

（邢和明　陈　刚）

奠边府战役打法嬗变揭秘

1954年3月中旬至5月7日进行的奠边府战役，是越南人民反抗法国殖民者的罪恶统治、争取国家独立和民族解放的一个重要战役。法国驻越南殖民军主力自1953年11月20日突然空降越南西北边陲小镇奠边府之后，加紧修筑集团据点群，以此作为法国在印度支那北部最强大的基地，妄图阻挡越南人民军向西北进军的步伐。然而，万余法国伞兵孤悬奠边府，所有兵员的物资补充都必须空运或空投。法军司令纳瓦尔此时犯下的这一兵家大忌，为越南人民军包围并歼灭法国殖民军主力提供了战机。战机立即被越南人民军总司令武元甲和中国派驻越南的军事顾问团团长韦国清抓住，他们决定立即发起规模空前的奠边府战役。

然而，奠边府战役究竟怎么打？是快刀挖心似地"速战速决"，还是"剥竹笋"似地"稳扎稳打"？当时越南人民军总指挥部内部就此争论不休，战役部署几经变更，举棋不定。关键时刻，是以韦国清为代表的中国军事顾问团和武元甲总司令一起审时度势，精心谋划，帮助越军总指挥部拿定主意，采取了正确的指导方针，一举奏凯。最近解密的有关档案材料，揭开了其内幕。

弥散的硝烟　不可不知的72个兵家猎秘

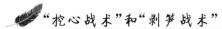

"挖心战术"和"剥笋战术"

1954年1月1日,越南劳动党中央政治局决定了组建奠边府战役的领导和指挥机关。总司令武元甲大将担任奠边府战役总指挥兼战役党委书记。副总参谋长黄文泰少将担任战役参谋长,总政副主任黎廉担任政治部主任,后勤总局副局长邓金江担任后勤部主任。以上3人同时被任命为奠边府战役党委委员。

1月5日,武元甲和韦国清一同出发去奠边府前线。同行的有作战局副局长陈文光、军情局局长黎重义、通讯局局长黄道翠等。

1月12日上午,武元甲率指挥部到达巡教,黄文泰从驻地前来迎接。此前,黄已同政治部主任黎廉和后勤部主任邓金江见面,交换了对战役指导方针的意见。黎廉和邓金江

▲ 武元甲

都同意采用"速战速决"的"挖心战术",而否定了一部分同志提出的稳扎稳打的"剥笋战术"。黄文泰就向武元甲呈递了这个方案。

武元甲看到,这一作战方案与1953年12月6日越南总军委呈中央政治局的预案相反,战役时间大大缩短了。他在到达审布指挥所后立即召开党委会讨论。

从内心来说,武元甲不赞同黄文泰的这些意见,但见到与会者都同意"速战速决"方案,他一时不好多说什么。会后,他去和未参加党委会议的韦国清商谈,希望得到他的支持。

韦国清说:"我问过中国军事顾问团副团长梅嘉生和一起去准备战场的几个顾问,他们曾在那产停留了一天,仔细研究了法军撤走后的集团据点。吸取那产的教训,他们一致认为这次打奠边府,应争取早打、快打,打胜的可能性较大。我们刚到,黄文泰和梅嘉生两位已到前线一个多月。党委和干部们看法一致,有决心。我们还没有反对他们所提方案的根据。同时,也要考虑如不争取

敌军立足未稳之时早打,今后敌军增兵,加固工事,会增加困难,可能贻误战机。"

▲ 韦国清

韦国清言之有理,武元甲虽对"速战速决"的方案心怀疑虑,但自己也认为,若要否定经过党委多数人和前线中国顾问一致赞同的方案,目前依据也不足。由于不能通过电台就此绝密问题进行联系,也没有时间再向胡志明和中央政治局请示,写信也来不及。武元甲遂同意1月14日召开干部会议,部署奠边府战役。他指示情报局,通过地面和技术侦察密切掌握敌军动向,特别注意西面和北面的情况,每天向他作3次汇报,有特殊情况随时报告。这时,他单独同办公室主任阮文孝说了自己的看法,认为"速战速决"打法是冒险的。他又交待说,这个观点是个别谈话,是为了让阮文孝协助掌握情况,对任何人都不要讲。

1954年1月4日,在审布石洞里的沙盘模型旁,武元甲下达了奠边府战役作战命令,确定采用"速战速决"方案,规定了各部队、各兵种的任务。确定奠边府战役作战时间预计为三夜两天,发起的时间是1954年1月20日(随后又推迟到1月22日)。

命令下达后,与会人员情绪振奋,充满信心。几位师长都表示决心完成任务,任何人都没有不同意见。

1月14日会后,军情局向总司令报告,奠边府法军兵力已从9个营增加到11个营,超过了1万人。每天,敌军飞机包括由美国飞行员驾驶的E119型飞机运送成百吨粮食,还有武器、弹药、铁丝网和铁拒马到芒清和航岗机场。奠边府北部的独立山早先只是一个前哨据点,现已扩建成牢固的防御中心,兴兰据点群也已加固。法军在奠边府北部的防御已趋严密。

越军总部的决心不变。1月17日夜到18日晨,总指挥部从距离奠边府前线20公里处前移,设置于纳凑村附近丛林中。指挥部成员分工到各部队检查

弥散的硝烟

■ 不可不知的72个兵家猎秘

督促准备工作。

越军重炮团的行进严重迟缓。1月14日武元甲部署作战方案的时候，重炮车还在距离前线65公里处，要进入各个炮阵地没有大路。工兵和民兵赶在重炮团和高射炮营抵达前修出了一条15公里长、宽3米的简易道路，但无法用卡车牵引，需要骡马和人力挽拽。而105榴弹炮的准确射程为1万多米，重炮阵地必须设置在距离奠边府预定摧毁目标10余公里的阵地上。

1月17日，武元甲下令，调用312师和炮兵一起拉炮通过山间道路进入阵地。

这条便道穿过山间森林，通往奠边府外围独立山高地以北近10公里处。一路上山岭崎岖，有的地方倾斜达60度。狭窄的道路盘旋在前，一边是悬崖，另一边是深渊，路面只能通过一辆炮车。稍有不慎，就会滚落山谷。

越军战士深知大炮对战役意味着什么，拼出全身力气拉炮。然而，在前线拉炮的第一夜，大部分火炮只前进了1000米，有的仅500米。

重炮前进速度平均一小时只能移动150米到200米，其速度的缓慢超过了指挥员的预想。1月19日，重炮未能进入阵地。发起攻击的时间又从22日推迟到25日。

韦国清的决心变了

1月20日,前线军情局向武元甲汇报:敌军巩固东面几个山丘防线后,又在芒清西北增建几个据点,在那里形成强固的防御中心,同时还加紧加固工事和设置障碍物体系。每个据点周围均布有密集雷场,结合多层带刺铁丝网,宽度为50米到70米,有的近200米。特别是侦察兵发现一种四管机枪,安装在德·卡斯特莱的指挥部近旁,可向多方扫射。

1月23日上午,前线总司令部通过电话检查312师战备情况。黎仲迅师长报告,敌军已加强工事,增设一种铁丝网,我军必须继续突破敌军三道防线才能进入中心区。虽有困难,但决心完成任务。

在这个时候,中国军事顾问团首长的作战决心开始变化了。发现越军重炮无法在22日进入阵地。韦国清和梅嘉生商量,看来只能推迟进攻时间了。1月21日,韦国清致电中共中央军委。

在北京,总参谋部作战部特别关注来自奠边府战场的电报,一接到韦国清

的报告,他们立刻转呈彭德怀批示。彭德怀同意战场指挥员的意见,中共中央军委遂于当日复电韦国清,同意推迟对奠边府法军的进攻,并且提醒韦国清:"不要四面平均使用力量,要以分割包围的办法,一股一股地歼灭敌人。要细心组织火力,切不可把阵地攻坚战当作运动战来打。"

时间又过了两天,越军炮群继续在山路上挪动,还是不能进入阵地。

战场形势的变化使韦国清果断地提出意见:改变作战方法,变"速战速决"的"挖心战术"为"稳扎稳打"的"剥笋战术"。1月24日,韦国清就变更奠边府作战计划致电中共中央军委。韦国清认为,以越军现有的力量和部署,即使能够在夜间以部分兵力突入法军阵地纵深,也没有把握消灭德·卡斯特莱的法军指挥部。

韦国清的想法得到了武元甲的支持。武元甲补充说:"总而言之,我认为如按原定计划去打,必定失败。"

英雄所见略同

韦国清说:"我赞同武总的意见,立即改变打法。我去打通中国顾问团同志的思想。武总去打通越南干部的思想。"

武元甲说:"时间紧迫。我必须立即召开党委会作出决定。我想派308师向郎勃拉邦方向进军,故意暴露部分力量,吸引敌人到那一方向,使他们不能在我军后撤和拖炮退出阵地时制造困难。"

半个小时后,前线党委委员齐集指挥部,办公室主任阮文孝作记录。阮文孝回忆说:"武总司令讲了他很久以来对集团据点的考虑,和已同韦国清顾问谈过的尚未能克服的困难,总而言之,我们仍坚持歼灭奠边府法军集团据点的决心,但打法必须改变。"

黄文泰等多数人仍坚持要"速战速决"。会议没有作出结论,暂时休会。少顷复会,武元甲作出结论:"为了保证实现'战必胜'这一最高原则,必须把'速战速决'作战方针改为'稳扎稳打'。现在我决定推迟攻击。命令部队全线后撤到集结地点,火炮撤出阵地。政治工作保证像执行战斗命令那样彻底执行后撤命令。后勤工作按新方针进行准备。"

只过了一天,1月27日,韦国清接到中共中央军委回电,同意他更改奠边府作战方案的意见。

事过半个世纪之后,随着历史档案逐一解密和当事人回忆录的纷纷问世,对此加以综合研究,可以看出:1954年1月20日前后,在奠边府前线越方一侧,武元甲和韦国清的决心都在变化,他俩几乎同时作出判断:应该改变最初动议,改"挖心"式的"速战速决"为"剥笋"式的"稳扎稳打"。

奠边府进攻战半道刹车。历史证明,这是一个英明正确的决策。在中国军事顾问团的支持和协同指挥下,经过两个月的精心准备,全歼奠边府法军的条件终于完全具备。经中国军事顾问团与越南人民军前线指挥部商定后,越南人民军从3月13日开始从容地发起了奠边府战役。在越南人民军有条不紊的连续打击下,1954年5月7日4点,法国殖民军总指挥官德·卡斯特莱少将不得不打出白旗,率领他的参谋部全体人员向越南人民军投降。历时55天的奠边府战役共毙伤俘虏法军16200人,其中俘虏10900人,计有法军少将1名,上校3名,中校10名,少校27名,击落击毁各型号飞机62架,击毁坦克4辆,缴获大量重炮和军用物资。奠边府大捷的经验再次告诫人们:得道多助的人民战争,加上随机应变、不打无准备之仗、不打无把握之仗的步调一致的行动,是反侵略战争战无不胜的奥秘所在。(钱 江 金岩林)

弥散的硝烟

■ 不可不知的72个兵家猎秘

秘闻内幕

MI WEN NEI MU

　　最精彩的往往不是战役本身，而是那些隐葳在战幕背后的"花絮"。这些秘闻内幕不仅读起来新鲜有趣，而且很多时候它们才是决定战争发展的关键因素。不必怀疑，有时候幕后的勾心斗角比台上的刀来剑往更精彩。

萨达姆因何一败涂地

在 2003 年春季的伊拉克战争中，美国为何能以十几万部队不到三个星期就势如破竹地打败了萨达姆的 70 多万大军？探析其奥秘，其中主要的一条是美军设计了一套以"美元攻势"为核心的心理战招数，专门对付伊拉克军队特别是各级战地指挥官，收到了一般军事打击达不到的效果。

战前，美国就将由特种部队骨干和中情局专家组成的小分队，派往伊拉克。小分队携带巨额美金，对伊拉~

五角大楼的官员们知道，伊拉克军方领导人也在从各有线电视台观看同样的节目，所以，他们一直在试图通过无线电、手机以及电子邮件、短信息，与伊拉克军方领导人进行联络。他们的意思很明确：率领你们的军队投降，反抗是没有出路的；如果不信，那就请打开电视。

美国军事情报机构与伊拉克将领进行接触，劝说他们在战争一开始就立即放弃抵抗。美国中央情报局早在开战前 6 个月就开始了"策反"秘密行动。《今日美国》称："美国人不仅仅是知道这些伊拉克将军的家庭和办公电话，中情局还通过秘密的电子邮箱、移动电话及其他

▲ 2003 年 3 月 21 日，在伊拉克南部塞夫万，一辆美国海军陆战队的"悍马"国从公路旁的萨达姆画像旁经过。

高科技手段,与伊军方领导人及他们的家属进行联系。"据说,在开战前,美国情报官员说降了一名萨达姆所倚信的伊高官,这个人秘密向美军提供了大量有价值的情报,情报的内容都与伊拉克领导人的行踪有关。

美军发现贿赂是一种有效的武器,最初,美军用大把的钞票,说服了一些伊拉克油井管理者关闭了油井,这样就无法点火。美军从这一点受到了启发,认为金钱诱降,也许对伊军官兵有吸引力。

开战后,诱降的重点放在伊军关键人物身上。经拉姆斯菲尔德同意,美方向伊共和国卫队和萨达姆敢死队的将领,开出"弃暗降明"的筹码:美将护送共和国卫队的高级将领赴境外定居,次一级的共和国卫队将领会被护送到伊境内的"解放区"。

美国答应,共和国卫队的高级将领将获得一大笔美金,次一级的将领得到的会稍少一些,但其数目仍相当可观,而且美国人全部都是现金支付。美国还答应赦免那些投降的共和国卫队将领的战争罪行,原来在萨达姆政府中未犯有战争罪的共和国卫队将领,战后可仍在伊拉克担任相应职务。如果这些伊拉克将领提出要求,可以向其及家人提供美国的公民权及居留权。

作为回报,已经决心背叛萨达姆的伊拉克将领向美军提供了萨达姆国际机场的秘密通道,并迅速派兵占据了这一地下通道,此事除共和国卫队的高级将领外,再没有其他人知晓。美军占领萨达姆国际机场的第三天下午8时,数架美军飞机从该机场起飞,其中两架直升机搭载数名共和国卫队高级将领飞往巴士拉,在那里美军将与他们继续进行会晤。

就是在萨达姆国际机场,叛逃的伊拉克高级将领,向美军提供了萨达姆及伊拉克其他领导人的行踪——萨达姆正在摩苏尔举行他的最后一次政府会议,得到这一情报后,美军迅速锁定目标,并向目标发射了大量制导导弹。

美军占领巴格达机场后,诱降目标锁定了伊共和国特别卫队司令提克里蒂。此人是萨达姆叔叔的儿子,是萨达姆家族的重量级人物。美国特种部队开始与他接触,要求他与美军达成协议,将巴格达拱手让给美军。得到的承诺是,美军保护他的个人财产,不追究其法律责任和战争结束后他能安全地生活等。其中重要的一条是,美国答应为他在欧洲找一个落脚之处,在外国银行为他存入一笔巨款。就这样,提克里蒂于4月9日11时命令他的部队撤离阵地,在前往巴格达的路上,又命令准备夺回机场的伊军撤离。随后,他乘美军一架直升机飞往境外。而美军对外宣布,该机运送的是美军伤员。

美军认为，在许多情况下，心理战足以引诱伊军投降或者落入圈套。美军发现，在巴格达周围的公路沿线，散布着伊军军车和扔掉的军服。惊恐的伊军军官晃动着美军抛下的传单投降。美英的特种小分队还进行了"惊扰猎杀"。他们发动骚扰性的突袭，驱赶伊军，让他们移动起来，恰好进入头上美军轰炸机的火力网。（鲁　杰）

"以低制高"有诀窍

在现代高技术战争中，掌握高新技术兵器的一方是否绝对保证能打胜仗，而在装备技术上暂时处于劣势的一方只能挨打致败？实践证明，并非如此。装备技术处于劣势的一方，只要具备了两个条件，是完全可以做到"以低制高"，或"以劣胜优"的：一是要有"压倒一切敌人"的英雄气概和战斗精神；二是要开动脑筋，运用普通技术找出克制高技术兵器"死门"的具体办法。请看发生在实战中的两个战例：

越军巧毁"冷面杀手"

"毁灭炸弹"是美国磁场炸弹的绰号。美国军队首次于 1967 年左右在越南北部使用这种炸弹，之后大量应用于越战战场，仅在越南 559 号公路上，从 1968 年到 1972 年间就投放了约 44412 颗，给越南

▲ 善于"以低制高"的我国特种部队

弥散的硝烟

■不可不知的72个兵家猎秘

军民造成巨大伤亡。

据《解放军报》介绍，这种"毁灭炸弹"尾部安装有降落伞，配有电磁引爆装置。由于有了这种爆炸"陷阱"，它能够忽儿在目标靠得很近时爆炸，忽儿在落地一段时间后自行爆炸，它还能放置在水下起到水雷的作用。这种长尾巴的特殊炸弹，奇异的爆炸方式，一时间在越南民众中引起了不小恐慌。

越军科技人员面对此种"冷面杀手"，开始了研究工作。经过无数次的失败，终于在 1967 年 10 月 10 日用普通铁皮和磁铁引爆该弹成功，引爆率为100％。这个方法迅速在全越抗美战场推广。越南军民使用普通铁皮和磁铁制造了大量的简易引爆装置，在陆地、水下摧毁了无数的美军磁场炸弹，极大地鼓舞了越南军民的抗美热情。

 伊军妙用"障眼法"

1991 年 2 月 24 日，美军发言人在记者会上一脸得意的宣布，"沙漠风暴"地面作战行动已经开始，经过激烈的空中打击，伊拉克的防线已被摧毁，"飞毛腿"导弹发射架也完蛋了。没想到此话刚出第二天，美军就挨了"飞毛腿"狠狠一"踢"，颜面尽失。

2 月 25 日夜，一个驻扎在沙特阿拉伯达兰的美军营地，忙碌了一整天的士兵进入了梦乡。这些士兵属于美军第 14 军需分队，一周前刚刚抵达这里，突然，一阵撕人心肺的防空警报声划破夜空。美军还来不及反应，营区内"轰"的一声巨响，火光冲天。一时间，男兵女兵都已顾不上体面，穿着内衣就冲出房间躲避。过了许久，他们才从恐慌中回过神，原来是一枚"飞毛腿"击中了营区，当场炸死 28 人，炸伤 98 人。这是海湾战争中美军连队伤亡的最高数字。看着死去的战友和呻吟的伤员，心神未宁的官兵们宁愿站在寒冷的沙漠中，也不敢回营房睡觉，唯恐再遭导弹袭击而客死他乡。

沮丧的美军不明白，早已被摧毁的"飞毛腿"怎会"复活"了呢？要知道为了对付它，美军在海湾战争中动用了几乎所有的军用卫星系统，还征用了部分在轨商业卫星。

那么，伊拉克人施的什么"障眼法"瞒过了美军的"天罗地网"呢？4 月 14 日《中国国防报·军事特刊》对此分析说：其实答案既不是高科技，也不是什么奇门异术，秘诀只有 5 个字——机动加欺骗。早在海湾战争爆发前，伊拉克人就把导弹机动发射架隐蔽起来，躲过了美国侦察卫星和西方间谍的眼睛。而美国人仗着卫星先进，根本不把伊拉克人放在眼里，自信地认为光凭卫星照片就能把伊拉克的导弹数得分毫不差，没想到这恰恰帮了伊拉克的忙。与此同时，伊拉克对导弹拖车也进行了改装，将导弹装在带拖车的卡车底盘上。这种导弹拖车外形与带拖车的普通卡车十分相似，从空中很难识别；一旦被敌人发现，导弹卡车可以马上开上公路，混进公路上众多真正带拖车的卡车里，让敌人难辨真假；涵洞、天桥、树丛、民房都可以是导弹卡车的藏身之所，加盖伪装也很方便。战争爆发后，为了进一步提高"飞毛腿"的生存能力，伊拉克还广泛采取了伪装欺骗措施。比如，用充气塑料做成假导弹机动发射车，再盖上金属蒙皮，多国部队乍一看，很难分清是真是假。因此在战争中，"飞毛腿"不仅"活"了下来，而且它们的威胁一直持续到了战争结束。（和廷军　罗志华　李　伟）

奇异的战争导火线

古往今来,战争的爆发都是由其深刻的不可调和的矛盾激化所

致,有着经济、政治、民族、宗教等多方面的复杂原因。然而,当我们透过血雨腥风的表面,追寻战争的源头时,却常常惊奇地发现,点燃战争导火线的,有时仅仅是一些似乎微不足道的小事……

不可不知的72个兵家揭秘

一枚手榴弹引发两伊战争

伊朗和伊拉克两国的争端由来已久,其中最为突出的矛盾之一便是关于阿拉伯河的主权归属问题。虽同为穆斯林国家,但不同教派的矛盾则是两伊冲突的又一重要原因。1980年4月1日,一个伊朗人在伊拉克首都巴格达的一次聚会上,扔出了一枚手榴弹,炸伤了与会的伊拉克副总理阿齐兹,并炸死了2名学生。就是这枚手榴弹,点燃了两国间武装冲突的导火索,并且一打就是8年。在这场旷日持久的战争中,两国都付出了极为惨重的代价,这就是发生在20世纪80年代的两伊战争。

一面国旗导致马岛之战

1982年3月19日,阿根廷科斯蒂斯公司的60多名工作人员乘坐海军的运输船,以拆除一个旧的工作设备为名,在由英国人控制的南乔治亚群岛的莱斯滩登陆,其中50人被阻,10人上岛。上岛的10人在这个英阿存在主权争议的岛上插上了一面阿根廷国旗。这次事件就成了英阿马尔维纳斯群岛战争的直接起因。4月2日阿根廷军队占领了马岛,3日英国决定派出特混舰队前往马岛,战争终于爆发了。其实,在这次战争爆发以前,两国就马尔维纳斯群岛的归属问题,虽然经过多次谈判,但都未能达成协议,结果,埋在英、阿两国争端中的一颗"定时炸弹",由一面国旗引爆了。

一句话引起印度民族起义

1857年2月的一天,在印度加尔各达附近姆达姆东印度公司的军营前面,一个印度籍士兵拿着一只盛水的铜杯正在喝水。一个清道夫走过来恳求说:"先生,给口水喝吧!""不行!你是贱民,不能接触他人的东西!"清道夫听了,高声说道:"你有什么了不起,你们的嘴马上要去咬牛脂和猪油了,新发的英国子弹壳底统统涂着这两样东西!"士兵听了,顿时勃然大怒。因为在当时使用的子弹,必须先用嘴咬开子弹壳底。但印度的士兵,不是信印度教的就是信伊斯兰教的,印度教徒不吃牛肉,伊斯兰教徒不吃猪肉。强迫他们去咬牛脂和猪肉,就是公开侮辱他们。这一消息一传开,印度的士兵们纷纷起来反抗。他们手持荷花,面对恒河河水,发誓要赶走英国人。5月10日,由一句话引起的印度民族起义终于爆发了。

一只军马桶造成流血冲突

1249 年，位于现在意大利北部的博洛尼亚市还是一个城邦国家。当时，有一个在当地服役的军人，从这个城市逃到了北方的摩德纳，并带走了一个给马饮水的旧橡木桶。博洛尼亚方面称："对于逃跑的军人，我们一点也不留恋，但军马桶是我们的，得还给我们。"但摩德纳市拒绝了这一要求。由于这一个微不足道的橡木桶，导致了两市之间的流血战争，一直持续了 23 年。战争期间双方伤亡很大，结果摩德纳城在扎波利诺战役中获胜，并保住了那个引起战祸的橡木桶。如今，这个举世闻名的旧军马桶仍属摩纳德纳市所有。

一杯水加深英法对立情绪

1700 年，西班牙国王查理二世死后无嗣。法皇路易十四、奥皇利奥波德一世、巴伐利亚侯爵斐迪南三人竞争王位。1704 年英国一妇女马肖尔夫人把一杯水洒到了法国侯爵德雷伊身上。她说是无意的，而侯爵却坚持说是有意侮辱。由于这件小事，加深了英法对立情绪，最后导致战争。这场战争几乎遍及整个欧洲，英、荷、奥、葡结成反法同盟，站在法国方面的有西班牙、巴伐利亚等国。1713 年，双方签订了"乌德勒支和约"，1714 年战争结束。法皇路易十四将他的孙子菲力浦扶上西班牙王位，即菲力浦五世。

一只耳朵惹起战争决议

18 世纪 20 年代，西班牙和英国在西印度群岛一带的商业性捕鱼竞争激烈，经常发生袭击和抢劫对方渔船事件。1731 年，西班牙海岸警卫队在古巴海域截获一艘英国商船，一名西班牙士兵用佩刀将船长的一只耳朵割了下来。英国下议院的议员们听到这一消息十分愤怒，于是通过决议向西班牙宣战。战争断断续续打了两年，不分胜负。接着英、西又陷入欧洲大陆的混战，参战国还有普鲁士、法国和奥地利，直到 1748 年战争才结束。由于这次战争的起因是一只耳朵，所以人们又称之为"耳朵之战"。

一只足球激发边境冲突

1969 年洪都拉斯与萨尔瓦多国家足球队为争夺参加世界杯赛的资格，进行了一场比赛，并在体育场上发生了纠纷，导致两国断绝外交关系，随后爆发了战

争。7月14日，萨尔瓦多军队侵入洪都拉斯，4天内推进60公里，侵占了面积达400平方公里的地域。经美洲国家组织干预，18日萨尔瓦多军队停止进攻，8月初，从洪都拉斯撤军。但此后，两国间小规模的边境冲突一直持续到1970年春天。在这场足球引起的战争和战后相互迫害对方侨民的过程中，两国死亡近3000人。（国　华）

希特勒"原子弹梦"破灭记

　　第二次世界大战爆发后，希特勒不惜一切代价研发核武器。就在他即将得手之际，盟军一支6人破袭组成功摧毁了其重水工厂，从而粉碎了这个"狂人"的核武器梦。

爱因斯坦揭秘德国"撒手锏"

　　大战爆发前夕，因为法西斯的种族迫害，不少犹太科学家被迫来到美国，其中包括爱因斯坦。爱因斯坦向美国政府讲了核裂变的理论、运用前景以及德国研究工作有进展的情况，同时指出，德国一旦研究成功，影响不可估量。爱因斯坦一番话让美国及其盟国大吃一惊。美国政府立即调集力量，开始了举世闻名的"曼哈顿计划"，争取在德国之前研制出核武器。

　　核武器的研究离不开重水。1940年4月，德国空降部队闪击挪威。诺尔斯克电气化工厂完全落入了德国之手。德国迅速调集大批人力和设备，增强工厂的生产能力，使重水的年产量从战前的140公斤猛增至4.5吨。同时，德军建立了严密的警戒和防御体系，对厂内的技术人员和工人进行严格控制，以防遭到破坏。自此，德国的核试验进展加快。

　　为了迟滞德国核计划的研究速度，盟军果断决定截断德国的重水供应，决心破坏诺尔斯克电气化工厂。一场惊心动魄的行动开始了……

首次破袭拳脚未展便遭夭折

　　诺尔斯克电气化工厂所在地地势险峻、山高谷深，而且德军加强了防空力量，盟军对其实施了几十架次的远程轰炸都未能得手，只好决定派遣突击队破袭重水工厂的重要设备以破坏生产。盟军在挪威的地下组织千方百计获得了工厂生产设施和德军防守的详细情报。

1942年10月，英国第一空降师领受任务后，师长和参谋长立即制定了详细的行动计划，确定利用滑翔机机降。10月19日，破袭突击队分两组，每组16人从苏格兰最北部的机场起飞。两架轰炸机拖着两架滑翔机渐渐消失在北海上空。此时，英国特工带着一部小型无线电信标机，进入挪威的预定着陆场，并放出信标机给飞机指示位置。然而，特遣队并没有按计划到达。第一架飞机由于导航设备发生故障，接收不到地面信号，只有靠地图推测飞行。不久飞机进入密云，机上结了冰。飞机的飞行高度不断下降。到斯塔万格北部时，拖绳断了。由于机翼上结了冰，在黑暗中着落的滑翔机重重地摔在了地上，结果2名驾驶员和6名突击队员丧生，4人严重受伤，并被德国人俘虏。第二架飞机虽然到达了目标区，但由于滑翔机解脱过早，没有在预定着陆场着陆。德国兵在他们着陆时围了上来，在激烈的枪战中，3名队员当场牺牲，其他队员则被俘虏；轰炸机受伤撞在附近的一座山上，机组人员全部遇难。这次破袭行动失败了。

"6人组"四两拨千斤获全胜

转眼到了1943年，美、德两国的核计划都在争分夺秒地进行。盟军司令部决定于2月再次实施破袭。为便于隐蔽，行动决定以伞降方式进行。由于携带的炸药数量有限，便决定破坏水槽和水管，把生产出来的重水排放掉，达到破坏目的。盟军挑选了6名曾在该地区居住过的挪威人，组成特遣队破袭组，担任这次破袭任务。盟军根据所掌握的情报，制造出工厂的立体模型。6名突击队员在模型中进行了两个多月的演练，掌握了工厂的全部情况，甚至包括每扇门开关方法，同时还掌握了德军的兵力部署、火力配备和警卫人员的位置及换岗时间。

此时，正值数九寒冬，靠近北极的挪威更是寒冷异常，到处都被冰雪覆盖。德军为了防止有人攀越300米高的悬崖进入工厂，便用水浇出光滑的冰墙。为此，突击队员们作了相应的攀登训练。为了迷惑德军，转移其注意力，盟军司令部散布要破坏重水工厂附近堤坝的假情报。德军果然信以为真，把厂区的部分警卫分队抽调到堤坝上，加强警戒，这样对厂区的警戒就减弱了，从而为突击队的破袭行动创造了条件。

1943年2月17日，6名突击队员登上了一架轰炸机。数小时后，飞机飞临

弥散的
硝烟

■ 不可不知的72个兵家猎秘

距重水工厂30公里的斯库利凯湖上空。大地冰封万里，一片白色世界。队员们身着白色雪地衣跳出机舱降落到湖面上，埋好降落伞；打开滑雪器具，带好武器和器材，向重水工厂滑去。他们穿越5公里的冰面和森林区，越过山涧急流，避过德国巡逻兵，攀越300米冰墙，潜伏在山石中等待黑夜的到来。当黑夜笼罩大地时，突击队员们按计划来到工厂门口，干掉了警卫后迅速奔向目标点。只用了3分钟他们就找到了与浓缩室相通的电缆管道和预定破坏的水槽和水管。干掉德军看守后，突击队员2人负责警戒，其余4人迅速安放好炸药，这种英国新研制的可塑性炸药像橡皮泥，威力大、体积小，是特种作战的理想武器。当队员们撤离后，炸药爆炸了。顿时，重水厂内火光冲天，水槽和水管被炸得支离破碎，重水从水槽中泄漏出来，流进了阴沟。破袭行动圆满成功。

希特勒得知这一消息后，暴跳如雷，但也无可奈何。直到1943年年底，工厂才恢复生产，但此时美国已经抢先在德国之前完成了"曼哈顿计划"。"狂人"的核武器梦破灭了。（刘超威）

日军曾在北京使用细菌武器

这是一段被日本侵略者精心隐瞒了的罪恶历史——日军曾在北京使用过细菌武器，请大家牢记并谴责日本侵略者对北京人民犯下的这一滔天罪行。

▲ 细菌炸弹及人脑切片

1937年"七·七"卢沟桥事变后,一支对外宣称"华北派遣军防疫给水部"的侵华日军迅速进驻到北平。这支部队的规模在日本投降前的7年中不断扩大,修筑了宿舍、病房、工作室、小动物室、地下冷库和水塔等大量设施。但是,日本投降时这支部队的名称从日本华北派遣军的名册上神秘地消失了。

在长达半个世纪的时间里,经过地方志工作者不懈努力,整理、查阅各种档案资料,走访当年幸存人员后,这支罪恶部队的真实面目终于浮出水面。

1855细菌战部队,初称"日本陆军华北派遣军防疫给水部"(或称"北支那防疫给水部"),对外称"第151兵站医院",或称"西村部队"。1855部队直属于日本陆军参谋本部第九技术研究所,直接受侵华日军华北派遣军总司令部领导。部队长先为黑江,继为菊池,后为西村英二。下设13个支部和办事处,分布在天津、塘沽、济南、青岛、石家庄、太原、运城、郑州、开封、新乡、确山、鄘城等地,总部及3个直属分遣队驻扎在天坛神乐署和原国民党中央防疫处(天坛公园的西门南侧),部队兵员1500人,执行防疫给水和细菌武器研制任务,是侵华日军731部队之后又一支规模较大的细菌战部队。

1939年10月,西村英二走马上任,"北平甲第1855部队"正式命名,成为日军在北平、南京、广州和新加坡组建的四支细菌部队之一。这时,古井四郎的细菌部队迁到哈

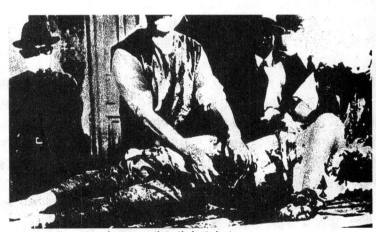

▲ 侵华日军以中国活人作细菌武器实验

尔滨平房镇,改称731部队。731部队的细菌战剂运输困难,无法满足日军大规模细菌作战的需要,1855部队正是在这个背景下成立的。

因1855部队规模不断扩大,防疫给水和细菌武器研制的设施不断增加,日军在天坛西门南部先后建起病房7栋、工作室100多间、小动物室70多间、地

下冷库(储存各种剧毒菌种)192立方米。太平洋战争爆发的第二天,1855部队的第一分遣队强占了协和医学院,第二分遣队强占了静生生物与社会调查所,分别改称第一课和第三课,这也成为侵华日军进行细菌武器研制、人体实验与解剖的场所。

1855部队主要研制和生产鼠疫、霍乱、伤寒、痢疾、黑热病、疟疾等细菌和原虫,并饲养大批老鼠和跳蚤,每个动物室能养1000只老鼠,全部队共饲养几十万只老鼠和其他动物。1942年春季在冀中被捕获的日本特务机关长大本清供认:"日本在华北的北平、天津、大同等地都有制造细菌的场所,日军部队经常配有携带大量鼠疫、伤寒、霍乱等菌种专门人员,只要上级下达命令就可以施放。"除大量研制和生产鼠疫细菌武器外,霍乱、伤寒等武器的生产量也很大。日军为了防止在细菌战中染上,经过训练的医务人员每隔3个月就为日军官兵注射一次"肌能促进剂"。北平自1933年后未曾发现霍乱,可是受一批日军头目控制的"北平地区防疫委员会"却在1943年上半年抛出一份《霍乱预防实施计划》,要求从5月份开始进行预防宣传、卫生消毒,预防注射人员组织及培训,6月1日起对市民实行预防注射,还制定了霍乱发生后的检疫、隔离、消毒、交通限制等一系列措施。这一年的9月5日,北平的《新民报》开始有了关于北平发生霍乱流行的消息。据报道,截止到10月底,全北平共发现霍乱患者2136人,死亡1872人,路倒死亡92人。北平发生霍乱后,西村英二为了检查和锻炼受训的250名候补下士官的实际工作能力,命令上街检疫,将染疫者全部抓来,然后烧死或活埋。仅据战犯长田友吉供认,先后有300多名中国人被日军杀害。事发后,日军诈称霍乱系自然发生,并进行抵制试验。1944年夏天,1855部队在丰台中国俘房收容所连续三天押送过17名俘房(中国抗日军民)进行人体实验。为了防止反抗,日军为每个人带上手铐,谎称送他们去医院。日军军医强行将细菌病毒注射到他们体内,不到24小时,17人全部在剧烈的痛苦中死去,他们的尸体被运到第一课进行解剖。此后,又有两个人手脚被绑着,嘴里塞满东西,装在麻袋里,用卡车运到实验场所,进行人体实验,经过一个星期便死去。

日本投降前夕,1855部队用了一个星期时间将他们的罪证全部销毁,部队下令解散,有的扮成日侨搭登陆艇逃回日本,有的混进其他部队被遣返回国。

1995年,侵华日军投降50周年之际,原1855部队卫生兵伊藤影明和其他一些老兵来到北京。他们到北京天坛神乐署等处指证日军的犯罪遗址,向中国人民谢罪。伊藤影明亲手绘制了一张1855部队驻地的草图,日本东京大学讲师西野留美子为揭发1855部队的真相,同样做了大量的工作。她根据伊藤影明的草图和其他老兵的回忆,绘制了更完整更清晰的《原侵华日军1855部队总部设施配置图》。1997年北京市政府、崇文区政府及天坛公园管理处等单位在神乐署共同立碑,把日军1855细菌战部队侵华遗址列为北京青少年爱国主义教育基地。了解这一历史真相之后,我们务必要用好这份反面教材,毋忘国耻,强我中华,坚决粉碎任何粉饰并复活日本军国主义的图谋。(李建军 纪红建)

美苏第一颗原子弹揭秘

按常理来说,美国第一颗原子弹爆炸时间是1945年7月16日,苏联在4年后的1949年8月29日才爆炸了第一颗原子弹,时间晚了4年,应是杜鲁门比斯大林先知道原子弹的秘密。可是历史真相却是斯大林比杜鲁门早3年知道原子弹的秘密。这是何道理?这里的内情是很有戏剧性的。

美国研究原子弹的历史,最早的时间应当说是1939年10月11日较为合适,这是因为这一天是美国总统罗斯福在白宫接见了犹太血统、有举世贡献的伟大科学家爱因斯坦,在爱因斯坦像教师辅导小学生一样讲解原子核裂变释放能量的基本原理后,使得罗斯福从完全不懂得什么叫原子核裂变而进展为初步脱盲者,罗斯福终于觉得制造原子弹这件事是有着可行性,而且是一件重要的大事。就在不少人把原子核裂变理论称之为"邪说"

▲ 参加德黑兰会议的苏美英三巨头

时,罗斯福做出了重大决策:加速研制原子弹,要赶在德国人前头。从这一天开始,美国研制原子弹的工作从各方面逐步开展起来了。

罗斯福总统为了资助核研究实验室的各项工作,在1942年之内就批准了4亿美元的财政费用,这笔资金中2.2亿作为"曼哈顿"计划研究费用,1.8亿作为采购原材料。又于1943年建设了3座提炼核材料的工厂,仅在田纳西州的一

座工厂就投资了 5 亿美元。当时一架战斗机是几万美元，一艘航空母舰是 3000 多万美元，由此可见，罗斯福是下了决心耗资研制这一特殊的新式炸弹——原子弹。

但是，亲自决策批准研制原子弹的罗斯福，并没有看到原子弹研制成果，他于 1945 年 4 月份因脑溢血突然去世，副总统杜鲁门接任了总统的职位。按照美国的宪法，总统在位时，副总统不具体管理国家大事。所以杜鲁门当副总统时并不知道研制核武器这件事，只是接任总统后，他才第一次知道本国的核武器研究情况，这也是他知道核武器机密的时间，从此杜鲁门掌握并决定使用核武器的大权。杜鲁门成了人类历史上第一个按下核按钮的人。

但是，斯大林知道原子弹的机密，却是另外一种情况。根据已解密的前苏联档案材料，前苏联国家安全委员会档案馆的第 13676 号档案卷，斯大林知道有原子核裂变的机密，来自于国外的间谍，半个世纪以来，具体情节鲜为人知，解密以后令人大惊。

1941 年 11 月 6 日，正当纳碎德国进攻苏联第 136 天，希特勒的军队用大炮向莫斯科郊区猛轰时，苏

▲ 美国爆炸第一颗原子弹

联的特工总头目贝利亚收到苏联在英国伦敦的间谍发来的一份绝密情报，随即报告了斯大林。情报称：英国的一些著名物理学家，正在进行一种叫原子武器

的研究工作,这种武器的原理是利用铀进行原子核裂变,释放出巨大能量,可能有数千吨硝基甲苯的爆炸威力。斯大林甚为重视贝利亚提供的这一情报,随后不久,加上别的途径来的核机密消息,斯大林召开了国防委员会会议。在这次会议上,斯大林作了几条重要的决定:一是从现在开始把制造原子武器放在首位;二是寻找制造的捷径;三是提供那些资料,交贝利亚由他设法搞到。

1942 年春天,苏联科学院为了进行核武器的研究和实验,成立了"第 2 号实验室",这个实验室的负责人是伊戈尔·库尔恰托夫。后来,他成为苏联的"原子弹之父"。

1942 年 6 月 14 日库尔恰托夫向苏联内务人民委员会提出需要资料的清单,随后便以代号为 834/23 密电码分别发往纽约、柏林、伦敦三个苏联派出的特工分部,要求这三个分部的特工采取措施得到这个清单上的资料。

此后,库尔恰托夫想要的情报资料源源不断地来到,真可以说想要什么有什么,许多重大技术问题都有详细的资料送来;苏联派出的特工以及为苏联充当间谍的人都是非常优秀的。

在"第 2 号实验室"与库尔恰托夫一起从事原子弹研究的科学家,经常感到不可思议的,就是库尔恰托夫对一些课题项目,不经过实验就直接安排到生产车间进行投产。此事到了 20 世纪 90 年代,年老体迈的苏联科学院院士库尔恰托夫感叹地说出了真相,才使大家知道了这一切。他说,当年我们把美国原子弹研制基地的情况搞到手,这些情报为苏联原子弹爆炸成功,可以说是起到了50%的成功保证。他作了客观公正的评价,苏联 1949 年 8 月 29 日爆炸的第一颗原子弹,本国研究人员只占了一半的功劳,另一半的功劳是通过间谍窃取到美国的原子核心机密,他要是不说出来,多少年的历史评价是无法公允的。

1945 年 7 月下旬,美国总统杜鲁门与苏联部长会议主席斯大林,还有英国首相丘吉尔在德国的柏林郊区波茨坦开会,杜鲁门有意识地向斯大林透露,声称美国已掌握了一种威力巨大的炸弹,说完此话后,就盯着斯大林的脸看他有何反应;但斯大林表情冷淡,只是说可以用这种武器对付共同的敌人日本。杜鲁门散会后对身边的人说,斯大林可能根本没有听懂。但是事实完全不是这样,杜鲁门接任总统才 3 个月,刚刚了解原子弹的机密,而斯大林早在 3 年前就知道了这一机密。斯大林散会后马上对身边的朱可夫等人说,杜鲁门说的是原子弹,我们要加快研究速度,通知库尔恰托夫快速工作。杜鲁门哪里知道斯大林早已了解到原子弹的一切,他还蒙在鼓里,这段历史确有戏剧性。(张开善)

弥散的硝烟

■不可不知的72个兵家猜秘

61

巴顿"速胜"神话有名堂

1943 年 7 月 9 日,盟军出其不意从西西里岛抢滩登陆,对德、意"轴心"发起了强大攻势。这就是二战有名的"爱斯基摩人"作战计划。东线是:英、加联军;西线是:巴顿率领的美军第七集团军。美军短时间就攻占了首府巴勒莫在内的整个西西里西部,而英、加联军虽代价惨烈,却迟迟难将西西里东部收归囊中。个中因缘何在?三十多年后,历史终于为我们揭开了这段惊人"内幕"。

▲ 骁将巴顿(右二)

1943 年 7 月,德、意原本携手扼守在美军必经之路——卡莫洛特高地,做好了与美决一雌雄的准备。并且,德、意两军除拥有强大的步兵之外,还装备了火力迅猛的反坦克炮和"虎"式坦克,一场血战眼看难以避免。

孰料,7 月 14 日,一架美军战机盘旋在西西里上空,急匆匆投下一个包裹。包裹降落在一家农舍旁,农舍主人是当地最大的黑手党头目卡罗基洛。包裹里装有一面杏黄小旗,旗上绣有一个大大的黑色字母"L"。包裹被卡罗基洛的仆人捡回之后不久,就见一匹快马向莫索美利——黑手党第二窝点——疾驰而去。原来,卡罗基洛传令西西里黑手党,命令他们全力接应美军的进攻。字母"L"代表的是黑手党"教父"卢西诺。卢西诺当时虽然被关押在"大草原"监狱,但威风不减,仍然对整个黑手党发号施令。按照卢西诺的吩咐,无孔不入的黑手党迅速分化了意大利军队。德意联盟无形之中土崩瓦解,使美军坦克顺顺当当地开进维那巴市，开进了首府巴勒莫，继而占领了整个西西里西部，巴顿再次赢得"常胜将军"的美名。

黑手党帮助美军占领西西里其实是投桃报李之举。1936年，纽约市大陪审团以绑架、勒索等罪判处黑手党"教父"卢西诺入狱50年，不得假释。于是，走投无路的黑手党为了搭救卢西诺，将魔掌伸向了"诺曼底"号，一艘美国海军正在制造的最大运兵船。

当时，美国政府选派1500名造船工人，一心想把"诺曼底"号打造成世界最大运兵船。然而，1942年2月9日下午2时34分，黑手党一把大火就让这条世界一流的运兵船葬身水底。华盛顿大为震惊，难道说黑手党全面报复行动已经开始？骑虎难下的美国政府为避免两面受敌，只好与黑手党"媾和"。分管海军部的国务卿急忙派出一个特别情报组，找到了卢西诺的手下，通过他们引见，与卢西诺达成"协议"。黑手党保证，全力支持美军参战，并且帮助政府肃清纽约港内的纳粹间谍。作为回报，卢西诺从条件艰苦的监狱转到舒适的监狱，在那里，他不仅能享用自己订做的美餐，而且还能出外观光，以加强与政府官员之间的沟通。正是如此，美军最终以战争之名，越过道德的"樊篱"，黑白联姻，创造了西西里速胜的"神话"。同样，黑手党也借美军之手一举恢复了被纳粹摧毁殆尽的元气。（徐志提　罗清华）

张灵甫之死真相

在1947年5月的孟良崮战役中，我华东野战军一举歼敌3万余人，国民党军整编74师师长张灵甫阵亡。张灵甫是怎么死的？这是中国现代战争史上的一个谜。蒋介石说是"自杀成仁"，我军称张灵甫被"乱枪击毙"。据10月26日《中国国防报·军事特刊》报道，82岁的老英雄葛兆田回忆孟良崮战役，讲述了亲历的一幕——

1947年3月，蒋介石眼见其生力军被我军一点点消灭，转而对我山东和陕北解放区实施了重点进攻。蒋介石调集了24个整编师、60个旅，共约45万人，组成3个兵团，由顾祝同任总司令坐镇指挥，采取加强纵深、密集靠拢、稳扎稳打、步步推进的战法，气势汹汹地向我山东根据地扑来。陈毅司令员率领我华

东野战军灵活机动,忽打忽停,寻机歼敌,但因敌军高度集中,未能达到预期目的,便于5月上旬率主力转至蒙阴、新泰、莱芜以东隐蔽集结,寻找战机。

敌军司令顾祝同见我军东撤,即令各部"跟踪进剿",并特命第1兵团司令汤恩伯率领整编74师、25师和83师,进军沂水。于是,我军就此拉开了孟良崮战役的帷幕。

整编74师原为国民党74军。该师全系美械装备,为甲种装备师,号称国民党军五大主力之一,是蒋介石指定的典范部队。师长张灵甫毕业于黄埔军校第4期,在陆军大学甲级将官班受过培训,抗日战争时期,曾被誉为模范军人,在湘西会战中,又因战功卓著而荣获自由勋章,因此深受蒋介石青睐。在江西高安战役中张灵甫一条腿被炸断,送往香港治疗后安上了橡皮假腿。此人仗着蒋介石的器重,骄横异常,出发前口吐狂言:"把陈毅赶进东海里喂鱼去!"

我华东野战军领导全面分析了敌我态势后认为,我主力正位于坦埠及其两侧地区,可出奇不意集结数倍于敌的兵力加于围歼,完全

可打有把握之仗。5月13日黄昏,我华东野战军领导指挥第1、第8纵队利用地形掩护,穿插揳入74师,割断了74师与其他蒋军的联系。经过了一天的激战,到15日拂晓,第1、第6、第8纵队分别攻占了垛庄和万泉山,完全截断了74师的退路,将其合围于孟良崮及其以北的狭小地区内。

得知74师被围,蒋介石急令各部齐头并进,拼死也要解张灵甫之围。陈毅

命令各阻击部队坚决挡住援敌,同时根据战场情况,重新调整部署,1 纵从西,4 纵从北,6 纵从南,8 纵从东,9 纵从东北,5 个纵队同时对 74 师发起了总攻。敌人负隅顽抗,双方展开了争夺战,战况非常激烈。我华东野战军 23 师夺取万泉山后,立即向 74 师中心阵地猛扑。副师长戴文贤从师警卫排和部分连队中,抽调精干人员组成了突击小组。时任 23 师 69 团 1 营 2 连班长的葛兆田有幸入选,并担任主攻。每个突击小组 7 人,轮番冲锋,猛攻张灵甫的指挥部。不料,前几个小组都失败了。葛兆田一挽袖子,跟着副连长冲了上去。

张灵甫的指挥部是在一座山崖根里,前面用石头垒了石墙以防流弹。等葛兆田冲上来,只剩下他、副连长和一名战士。葛兆田持枪高喊:"1 营在东,2 营在西,3 营堵正面,告诉他们缴枪不杀,谁动打死谁!"这时听见敌军指挥部里有人喊:"别开枪,我们投降!"一群官兵随即从指挥部里走了出来。走在最前头的一个军官见只有 3 名解放军战士,端起冲锋枪就扫。这时副连长受了重伤。葛兆田一下子火了,也抱起冲锋枪"嘟嘟嘟"一梭子。这名军官和一串敌军士兵应声倒地,余下的敌人赶紧高喊:"别打别打,我们真投降!"葛兆田厉声命令:"一个一个地出来,把枪扔在门口!"待敌人全部走出来以后他数了数,一共 83 人。这时,葛兆田走过去看那个被打死的军官,身材高大,肩上有两颗将星,胸前还缀满了勋章。当山风掀起他的裤管时,葛兆田发现他的一条腿是橡皮假腿。当时,葛兆田也闹不清他是谁,心想反正这个官儿小不了。

正在这时,副师长戴文贤率领后续部队冲了上来,一见躺在地上的敌军官,问道:"这个军官是谁打死的?"葛兆田还以为要受表扬,便得意地回答说:"我打死的。"不料,副师长发了火:"你为什么打死他?我要处分你!"葛兆田也来了犟脾气,一拧脖子说:"他打我,我不打他?蒋介石打我,我也敢开枪!"副师长也不好再说什么,只是说:"那好,你先把俘虏押下去吧!"

孟良崮战役胜利结束后。国民党整编第 74 师及整编第 83 师一个团共 3 万多人全部被歼!蒋介石痛失虎将,哀叹 74 师被歼是他"最可痛心,最可惋惜的一件事"。陈毅司令员兴之所至,挥笔写下了气壮山河的诗篇:"孟良崮上鬼神号,74 师无地逃。信号飞飞星乱眼,照明处处火如潮。刀丛扑去争山顶,喜见贼师精锐尽,我军个个是英豪。"

战后,葛兆田听说张灵甫没有被活捉,而且他还知道张灵甫有一条假腿,猛然想起自己打死的那个敌军官也有一条假腿,是不是就是张灵甫?但又想起副师长的话,怕受处分,再加上战事紧张,顾不及多想,所以就把这个谜团藏在了

弥散的硝烟

■ 不可不知的 72 个兵家猎秘

心底。

在葛兆田抓获的俘虏中有一个叫朱凡友的,是张灵甫的卫兵。孟良崮战役后参加了解放军,和葛兆田成了战友。闲时说起孟良崮战役,朱凡友说:"你那时真厉害,你打死的那个有橡皮假腿的就是张灵甫,怎么不向上级反映一下?"葛兆田听后才知道果真打死了张灵甫。藏在心中多年的谜团终于解开了,于是,张灵甫被击毙的真相深藏在老人的记忆里。

对于张灵甫的死,当年国民党方面为了稳定军心,曾大张旗鼓地宣扬张灵甫是"杀身成仁,为党国尽忠"

葛兆田,1944年参军,先后在八路军铁路中队、鲁中军区、华东野战军8纵23师69团1营2连和志愿军26军服役。老人一生经历大小战斗30余次,3次负伤,荣立二等功、三等功各2次,并被评为"战斗模范"、"纪律模范"、"劳动模范"和"党员模范"。陈毅元帅曾亲自为他颁发了奖章。(孟宪国 薛思荣 侯中兴)

 ## 二战中法国六周而亡的原委

1940年5月10日,德国在西线向法国发起了进攻;5月14日,德国军队占领巴黎;17日,法国政府请求停战;20日,法国新内阁贝当政府正式宣布向德国投降;22日,在第一次世界大战德国被迫签订停战协定的同一地方——贡比涅森林的同一节车厢内,法国人屈辱地签订了《贡比涅停战协定》。就这样,一个拥有4000多万人口、30万军队、55.1万平方公里土地的欧洲"第一陆军强国",在短短6个星期内,兵败国亡。

法国为什么会这样不经打呢? 9月22日的《国防知识报》对此探析道:军事思想落后,对敌主攻方向判断错误以及战场指挥上的失误固然是法军战败的原因,但这些原因只能算是表面现象,其实,法国政府乃至整个民族居安忘战的麻痹思想,以及由此而造成的国防松弛,军备不足,军无斗志,民心涣散,才是亡国的根本原因。

饱经第一次世界大战战乱后,法国国内普遍存在着厌战情绪,从政府到民众都从思想上彻底地解除了武装。国家安危、民族兴亡本应是国家和军队首脑

的第一要务,但他们却一味追名逐利,腐败堕落,忙于政治斗争。从 1925 年 4 月至 1934 年 2 月,短短 9 年的时间内,多达 17 届政府来去匆匆,就在第二次世界大战前的 1937 年 6 月至 1938 年 4 月期间,法国内阁仍更迭了四次。1928 年提出的国家动员法案,一直拖到 10 年后的 1938 年才得以通过,用旷日持久来形容犹有不及。更令人可悲的是,1940 年 6 月 6 日,在德军向其发起进攻后 1 个月,法国政府居然向 5 天后对其宣战的意大利政府订购军官缺额的手枪,这一与虎谋皮的行为,充分反映出法国政府对国际军事斗争形势之无知及当时军备水平之低下。而此时法军的官兵们考虑的不是如何备战,而是如何公平合理地安排休假、组织舞会、音乐会和组织文体比赛。国民则认为备战会限制他们的自由,降低他们的生活水平。既如此,法国的败亡也就没有什么值得惋惜、遗憾和不可思议的了。

战争的胜负离不开战时军官的正确指挥与士兵的勇敢作战,但这只是取得战争胜利的必要条件而不是充分条件。要想取得战争的最终胜利,必须有和平时期的充分的准备为后盾。就像巧妇难为无米之炊一样,离开了强大的综合国防实力,无论多么机智与强悍的军队都是无法取得战争胜利的。

法国之所以在极短的时间内招致亡国的厄运,战争开始之前松懈的国防早已为它埋下了祸根,而战争只不过是将这种危机变为现实而已,其军败国亡也就不在意料之外而在情理之中了。(李明强　邵　彬)

"谣言武器"灭荷兰

世界上有一种"武器"虽然不直接作用于人体,但它产生的后果却是致命的,这就是"谣言武器"。

第二次世界大战刚刚爆发时,欧洲小国荷兰仍然处于平静的和平生活中,仿佛战争与他们毫不相干。但是,在邻国挪威、丹麦相继被德国占领后,荷兰国内的气氛顿时紧张起来,人们都在猜测德军是否进攻自己的国家。在这种情况下,各种谣言便开始散布开来,使原本紧张的空气更加紧张。出于无奈,荷兰政府于 1940 年 4 月 11 日专门发布通告,要求人们"切勿相信缺乏事实根据的、民族败类和外国间谍所散布的谣言"。

弥散的硝烟

■不可不知的72个兵家揭秘

然而,仅仅一个月后,战争还是来临了。5月10日,德军突然向荷兰发动了大规模进攻。与此同时,在荷兰境内,坏消息一个接着一个流传开来,有人说德国伞兵只有一部分穿军装,其余的人穿着农民、警察、邮差、司机、牧师甚至修女的服装,有人说荷兰一些社会显要人物,如皇家航空公司总经理、邮政大臣等已经叛变;有人说在德军进攻的第一天政府就逃亡了,德军已在北海岸登陆;有人说发现肉、蛋、巧克力等食品里面都有毒,饮用水也不保险;有人说荷兰防空洞的工程质量不好,许多永久性工事遭到第一发炮弹的袭击就会倒塌……各种谣言就像野火一样蔓延。许多荷兰人抱着"宁可信其有,不可信其无"的心态,盲目地帮助敌人传播,有意无意地起到了严重的破坏作用。

为了对付"第五纵队"的破坏活动,荷兰政府军在全国开展了大规模搜捕行动。但由于互相猜疑和真假难辨,搜捕行动混乱不堪。在海牙,公民警卫队听信"德国伞兵和'第五纵队'的成员都换上了警察服装"的谣言,竟然解除了当地警察的武装。在阿姆斯特丹,原计划逮捕800人左右,而实际上就在两天内就逮捕了6万多人。荷兰军队也饱受谣言的折磨。他们觉得德国伞兵无处不在,从乡村到城市,几乎所有的人都在向自己开枪。军民之间和军队之间互相残杀的事件时有发生。在如此混乱的情况下荷兰根本无法组织有效的抵抗,仅仅支撑了5天就亡国了。这正是德国人利用谣言这一特殊"武器"轻松达到了速战速决的目的。

无独有偶,在侵略法国时,德军故伎重施。在巴黎,许多修女被无端怀疑为德国伞兵而遭遇搜身侮辱,许多具有德国血统的人被投进监狱,2000家旅馆被搜查,6万多名普通市民被拘留,大批法国军官被开除。这在很大程度上削弱了原本就不强大的法国抵抗力量,客观上帮助了德国人,加速了法国的失败。

二战中,德军把谣言当作秘密武器来加以使用,加剧了被侵略国家人民的恐慌,削弱了其内部抵抗力量,取得了令人难以置信的效果。其根本缘由,是由于起到了谣言"杀心"作用:摧毁了被侵略官兵的心理防线,由"心乱"达到了"国乱",变成了一盘散沙。这一严重的历史教训,是值得人们好好汲取的。(李京进)

拿破仑败于向导摇头

在 1815 年 6 月滑铁卢会战中，只要拿破仑击败英国的威灵顿军团，就完全可以击败第 7 次反法同盟的 3 路大军，成就自己伟大的法兰西帝国。

威灵顿占据圣约翰山高地，等待布吕歇尔的军队来支援。拿破仑虎视眈眈，随时发起攻击。尽管此前因法军内伊元帅的失误，丧失了歼灭威灵顿军团的最好时机；尽管天公不作美，暴雨在一天前阻止了拿破仑取得决定性的胜利。然而，凭着士兵对自己的耿耿忠心、凭着自己近乎完美的作战计划、凭着手中 7 万多名士兵、凭着掌握 240 多门火炮，拿破仑仍然对即将爆发的大战充满必胜的信心。

战斗打响后，一切都像拿破仑预料的一样，威灵顿后退、圣约翰山高地突然空虚。只要法军冲上高地，就可将威灵顿军团压缩在森林里，并可轻松地将其歼灭。拿破仑在马背上用望远镜观察高地地形，发现了高地上一座小礼拜堂所在的地方与附近一条大道之间高低有差度。尽管拿破仑此前曾派人探察过地形，但出于谨慎，他还是带了一名当地的农民作为向导。此时，拿破仑向向导低声发问："前面有无障碍？"向导摇了摇头，拿破仑又聚精会神地想了一会儿，然后命令铁甲骑兵去占领圣约翰山高地。

拿破仑的铁甲骑兵果然冲上了圣约翰山高地，可到了那座小礼拜堂附近，他们的前面出现了一条深沟、一条无法逾越的深沟；铁甲骑兵们用以摧毁英国人的那种冲力此时全用在了自己人身上，近三分之二的骑兵掉进了深沟里。惨祸还没有完，威灵顿的炮火又攻击过来……

拿破仑没有在预计的时间内结束战斗，消灭英军，反而损失惨重，让威灵顿一直坚持到布吕歇尔率领的援军到来。滑铁卢会战以拿破仑的失败而告终，而导致他"走麦城"的根本原因竟然是那个农民向导的一次轻轻摇头！

如果拿破仑取得滑铁卢会战的胜利，整个欧洲历史都将改写！或许历史上分量最重的一次摇头就在一个未知名的向导身上吧！历史再次证明了：慎思决定成败，帝国往往亡于细节。（陈湘志）

弥散的硝烟

■不可不知的72个兵家猎秘

"金戒指"覆灭揭秘

　　1942年年末,第二次世界大战的主要战场——苏德战场出现了短暂的沉寂,双方都转入了防御,并加紧准备夏季战役。6月底,德军按照希特勒的计划发动了猛烈的进攻。7月中旬,被希特勒称为"金戒指"的德军陆军元帅鲍卢斯的第6集团军进抵顿河,先头部队插入具有重要战略地位的斯大林格勒。

　　斯大林格勒原名察里津,1925年改为现名。它位于顿河河口以东约60公里的伏尔加河西岸,是苏联南部的重要工业城市、交通枢纽和战略要地。

　　早在苏德战争爆发前,希特勒就企图进攻乌克兰,拿下高加索,从而占领顿涅茨的工业区、库班的产粮区和高加索的产油区。莫斯科战役失败后,由于兵力、物资不足,希特勒已不可能在苏德战场发动全面进攻,他利用英美没有在西欧开辟第二战场的机会,搜罗了欧洲的全部兵力,共150万人,妄想一举占领高加索,拿下斯大林格勒,改变被动的战

▲ 苏军第62集团军司令员崔可夫将军在指挥斯

略地位,然后北上包抄莫斯科,南出波斯湾;再诱使日本进军西伯利亚,东西夹击,打败苏联;最后挥师西线,打败英美,从而称霸世界。

弥散的硝烟

不可不知的12个兵家猎秘

万象新知大课堂

在这年的夏季战局中苏军失利,7月中旬,德军进抵顿河大弯曲部,威逼伏尔加河和高加索地区,在斯大林格勒方向形成了复杂局势。针对德军企图,苏军最高统帅部组建了斯大林格勒方面军,7月17日开始了斯大林格勒会战。

寸步难攻,希特勒又一次碰上了真正的"铜墙铁壁"

当德军从西面和西南面攻进斯大林格勒城区时,坚守斯大林格勒的苏军第62集团军与第64集团军的联系被切断。27日德军又发动了第二次强攻,开始了争夺红十月村的战斗和巷战。28日,斯大林格勒方面军改称顿河方面军,东南方面军改称斯大林格勒方面军。10月中旬,德军第三次企图攻占斯大林格勒,向拖拉机厂、街垒工厂和红十月工厂实施了突击。德军攻占了拖拉机厂并在2.5公里宽的地段上抵近伏尔加河畔。崔可夫指挥的苏军第62集团军的处境极端复杂起来。固守每条街、每幢房屋、每寸土地的战斗展开了。此时顿河方面军为了援助斯大林格勒保卫者,在该市以北实施了连续反突击。顿河方面军和第64集团军的反突击减轻了第62集团军所受的压力。11月11日,当苏军已充分做好反攻准备时,德军虽已突入市

▲ 巷战中的红军战士

中7个区中的6个区,但最后一次强攻,德军未能占领整个城市。

弥散的硝烟

■ 不可不知的72个兵家猎秘

激烈的巷战，使苏军每一个士兵都变成了"将军"，他们个自为战，组自为战，创造了许多巧妙的战法。当敌机轰炸和炮火袭击时，战士们就通过地道转移到预备阵地，当轰击一停，他们又立即出现在楼里，歼灭企图攻占大楼的德军。所有通向楼房的进路都布满了德军官兵的尸体。守卫在工厂区某街道上的苏军战士赫沃斯坦采夫，在反击敌人的进攻中，利用断墙拐角的掩护，一连击毁了德军五辆坦克，当第六辆坦克逼近他身边时，他立即举起最后一颗手雷，扑了上去，与敌人同归于尽。在市区保卫战中，广泛开展的狙击手运动，起了相当大的作用。1942 年 11 月底，仅第 62 集团军的 340 多名狙击手，就打死敌军6250 人。著名的狙击手扎伊采夫，在一次战斗中带领 6 名战友共击毙德寇 40人，光他一人就打死了 11 人，在与柏林狙击手学校校长考宁斯少校的两人决斗中，考宁斯丧命于他的枪口之下。

"兵民是胜利之本"，威武不屈，勇敢机智的苏联军民，决定着德寇必将毁灭的命运。拖拉机厂的工人们，在敌人进抵厂房只有 500～800 米的时候，仍然坚持生产，超额完成任务，在激战的 9 月份，还制造了 200 辆坦克和 150 辆牵引车，工人们常常驾驶着刚装好的坦克冲出车间，与敌人拼杀。"街垒"厂的工人们不仅制造大炮支援前线，而且组成炮手班对敌开火；"红十月"厂的工人们，自动武装起来，跟红军战士一道，战斗在马丁炉旁。伏尔加河上的渔夫、水手，组成船队，冒着敌人的弹雨，把大批武器和粮食送给城内的保卫者。铁路职工在会战期间，向斯大林格勒地区运送了 30 万车皮的军事装备。整个斯大林格勒，人人是战士，处处是战场，各个工厂企业都成立了歼敌团，并有 8 万多人补充到红军部队中去；留在工厂的人，继续坚持生产，如基洛夫区和各个工厂最多只留下 10％到 15％的工人，但却为前线生产了 5000 吨食品、100 吨芥子油、67 吨肥皂、1.2 万瓶混合燃料。仅在 1942 年的 3 月至 8 月，斯大林格勒各工厂供给前线坦克、大炮和迫击炮就达 4800 多件。希特勒的"蓝色"梦想在斯大林格勒面前彻底成为一场"白日梦"。

 主动筹谋，"天王星"狠砸"金戒指"

鲍卢斯之所以被希特勒称誉为"金戒指"，不是偶然的。他为人谦逊、办事认真，唯一的缺点，便是做事优柔寡断。他是训练有素、经验丰富的参谋军官，在参谋总部任职时，他掌管过"巴巴罗萨"计划的大部分早期制定工作。1942 年1 月，鲍卢斯升为上将，并出任德军第 6 集团军司令。拥有 5 个军、30 万精兵的

▲ 德国第6集团军司令鲍卢斯带头向苏军投降

第6集团军是希特勒的"王牌军",也是东线最大的一个集团军。

鲍卢斯所做的大部分工作都是希特勒亲眼看着完成的。希特勒显然很器重他,因为仅在1942年的11月中,他就由中将升为上将。希特

勒本来打算在斯大林格勒之战一朝胜利之后,便把他调回最高统帅部,接替德军最高统帅部作战处长阿尔弗雷德·约德尔的职务,作为自己在行政与军事方面的重要心腹。

但斯大林早就准备好了"天王星"反攻战役计划,决心把鲍卢斯这枚希特勒称誉的"金戒指"狠狠地在斯大林格勒砸个粉碎!

11月13日,苏联国防委员会和联共(布)中央政治局批准了"天王星"计划,反攻日期定在11月19日,计划由新组建的西南方面军和原来的顿河方面军从顿河中游谢拉菲莫维奇和克列茨卡亚地区,由斯大林格勒方面军从斯大林格勒南面的萨尔泊湖、查查河和巴尔曼察克湖地带,实行相向突击,会师卡拉奇,完成对德军在斯大林格勒的重兵集团的合围,然后歼灭被围之敌。

反攻前夕,斯大林预先配置的战略预备队,已迅速完成前调计划,分别加入了担负分割围歼任务的西南方面军、顿河方面军和斯大林格勒方面军,3个方面军计有11个集团军,100余万人;另外还有3个空军集团军和远程航空兵部队准备参加空中掩护和攻击。从兵力兵器对比来看,苏军已具有明显优势。苏军粉碎"金戒指"的"天王星"计划由三个阶段构成:合围德军集团;发展进攻和粉碎德军解救被围集团的企图;歼灭被围德军集团。11月19日,经过猛烈的炮火准备,苏联西南方面军和顿河方面军发起了进攻,拉开了反攻的序幕。次日,斯

弥散的硝烟

■ 不可不知的72个兵家揭秘

大林格勒方面军开始进攻,仅用4天就完成了对33万德军的合围圈。

围而不歼,斯大林巧演"瓮中捉鳖"

此时,希特勒一面严令被围的鲍卢斯集团"死守待援";一面收罗炮灰,拼凑成一个"顿河"集团军群,把享有"攻城专家"和"战略家"盛名的曼施泰因陆军元帅从列宁格勒前线调来充任司令,为鲍卢斯集团解围。落入合围圈中的鲍卢斯见有一线生机,便拼死抵抗以阻止苏军围歼计划的实现,并准备从包围圈内部东南方向发起突围,来接应曼施泰因。

敌变我变。斯大林本来的打算是,在合围德军第6集团军和坦克第4集团军的"天王星"计划完成后,立即实施分割围歼鲍卢斯部的"指环"计划,同时,西南方面军和沃罗涅什方面军左翼则发起"土星"计划战役,在顿河中游腰斩敌军防线,顺势南进,猛插罗斯托,切断整个南线德军的退路,使其陷入更大的合围网。可是,科捷耳尼科沃和托尔莫辛方向却出现了意外的危险,如不立即采取措施,就有可能使曼施泰因部与鲍卢斯部结合起来,造成严重后果。

12月13日,苏军最高统帅部决定,暂缓实施"指环"计划,对鲍卢斯围而不歼,但要不断施压,打消其突围企图,把调来准备投入"指环"战役的机动突击兵团,用来全力支援,巩固和扩大合围圈,同时,改变"土星"计划的主攻方向。改变后的"土星"计划,称为"小土星"。苏军计划的这一机动灵活的及时调整,保证了以后几个战役阶段的胜利发展。

一切就象报应。几十天前曾用飞机坦克和大炮开路一再重创苏军的鲍卢斯部队,现在饱尝苏军用同样兵器,同样程序进攻的威力。苦战数月的德军官兵,面对苏军排山倒海般的攻势,节节败退。只有几天时间,苏军就把鲍卢斯的30万部队分割成北、中、南三个小块,大大缩小了敌人的活动余地。

1943年1月24日,苏军使者第二次进入包围圈,再度送来劝降书。鲍卢斯就此致电柏林,请求投降。但希特勒要求鲍卢斯和他的第6集团军战斗到最后,鲍卢斯只好率领残兵败将进行没有任何希望的最后抵抗。几天后,苏军向鲍卢斯部队发起最后总攻。面对潮水般涌来的苏军,弹尽粮绝的德军纷纷缴械投降;最后,鲍卢斯也乖乖地举手向苏军投降。拥有30万精兵的德国第6集团军就这样被整个"抹"掉了。

在整个斯大林格勒会战中,德军共损失了150万人。这一伟大的胜利,标志着苏军开始从战略防御转入战略反攻,法西斯则由疯狂进攻走向全面崩溃。(陈　刚)

50 部手机击败一个直升机团

美国"阿帕奇"武装直升机,装备有超强雷达和"地狱火"导弹,主要用来对付装甲战车。伊拉克战争打响前,一名美国陆军将领曾夸口,一支装备有"地狱火"导弹的"阿帕奇"营可以在 20 分钟内干掉伊军一个装甲旅。

言犹在耳,"阿帕奇"却稀里糊涂地中了伊拉克人的招。2003 年 3 月 24 日,美国陆军第 11 航空团倾巢出动,34 架"阿帕奇"气势汹汹地扑向卡尔巴拉地区,准备狠狠教训一下那里的伊军"麦地那"师第 2 装甲旅。全副披挂的"阿帕奇"晃动着沉重的身体吼叫着掠过荒凉的沙漠,很快一座村落出现在视野里。地图显示,这里是卡尔巴拉附近的穆斯塔法村,目标区域就快到了。机内通话系统里传来了指挥员的声音,武器系统状态良好,找到目标把所有的导弹、炮弹、火箭弹都倾泻出去就可以返航了。

就快进入穆斯塔法村了,侦察直升机没有发现目标,机群大摇大摆地冲进村子。突然,从街边的棕榈树后、高低错落的土屋屋顶上,密集的地面火力像水一样向"阿帕奇"们泼了过来。

"有埋伏!"带队长机反应迅速,立刻命令各机拉高,同时搜索目标。但已经来不及了,34 架"阿帕奇"全都被牢牢地"粘"在了伊拉克人的火力网中。伊拉克民兵 10 人一组,躲在屋顶上、树丛后,用火箭筒和轻武器向直升机开火。"AK—47"特有的低沉声音压过了"阿帕奇"急速旋转的发动机,子弹打在机身装甲上火星四溅,可乐瓶子大小的炮弹在空中乱飞,到处都是浓烟和炮火,视线一片模糊。混战中,数架"阿帕奇"受了伤,好在没有丧失动力。大家互相掩护着冲出村子,灰溜溜地逃回了基地。

遍体鳞伤的"阿帕奇"一落地,早已收到消息的机师们一拥而上,拖出筋疲力尽的飞行员,检查"阿帕奇"们的伤口。片刻之后,第 11 航空团指挥官向美军地面部队司令报告:34 架"阿帕奇"中至少有 27 架严重损坏,无法再次起飞作战!装备最先进直升机的第 11 航空团实际上丧失了作战能力,在战争最关键的时刻"突然死亡"。

事后,美军情报监听部队解开了"阿帕奇"遭伏击的谜团。原来,伊拉克人

在"阿帕奇"机群的进攻路线上,用50部手机组成了一道"预警系统",用接力的方式一站一站地通报美军直升机的运动情况,终于把不可一世的"阿帕奇"送进了埋伏圈。

世界上第一位空战女英雄

世界上第一位空战女英雄是苏联18岁的姑娘丽狄娅,她连续击落12架敌机的传奇故事至今仍被广为传颂。

从小与飞机结下不解之缘的丽狄娅·丽托克,16岁时不顾父亲的反对偷偷报考了飞行学校。1941年10月13日,苏德战争打响后4个月,18岁的丽狄娅作为一名女飞行员正式到空军服役。

1942年春天,前线吃紧。丽狄娅所在的歼击机部队转场来到萨拉托夫。当时,斯大林格勒基地战斗机指挥员是尼古拉·巴拉诺夫大校。他虽然知道在萨拉托夫已组建了女飞行员的歼击机部队,然而他根本没有让其参战的想法。因为他认为,一天数次出击,作战任务很重,女飞行员根本吃不消。于是,他命令丽狄娅和她的战友们立即返回原部队。丽狄娅听到这个命令后非常生气:"我们的技术水平是得到认可的,所以才被派到这里来。如果不让我们留下和出击,我们就不离开司令部。"听了丽狄娅的争辩,为难的巴拉诺夫大校只得勉强同意。结果,丽狄娅用实际行动打消了人们的顾虑。到1942年年底,她已经击落了敌机6架,而她的战绩仍在不断取得新的突破。丽狄娅成了世界上第一位空战女英雄。

丽狄娅最顽强的空战当数她击落第10架敌机那次。那是德国王牌飞行员驾驶的一架Me－109飞机。Me－109机身侧面画有黑桃标志,记录着它曾击落飞机20架以上。混战中,丽狄娅格外小心,异常坚定沉着,下定决心要打下这架德国的王牌飞机,为战友报仇。经过反复艰苦的盘旋、争夺,丽狄娅终于占据了优势。随后她瞅准机会,瞄准敌机尾部猛烈开火射击。敌机当场中弹起火,飞行员跳伞被俘。

Me－109飞机的飞行员是个40多岁的大个子。他被抓到苏联空军基地后,非常傲慢,提出的惟一要求就是想见识一下击落他的飞行员。他认为,这个飞行员毫无疑问是苏联空军中的高手。但当他看到站在他面前的却是一位只有 18 岁、身高才 1.5 米、脸色白皙的金发女郎时，他摆摆手说："你们真会开玩笑，不会是她，请让我见一见真正把我击落的人吧！"丽狄娅笑了笑，通过翻译，向他描述了空战的详细经过，包括相遇的高度和地点，两架飞机的飞行动作以及射击和起火的情形等，傲慢的德国大个子飞行员听了之后，顿时无言，向丽狄娅低下了头。（马志勇 黄维新）

合儿庄会战的幕后

1938 年年初的台儿庄一战，中国军队投入兵力 20 多个师 12 万人，其中台儿庄方面 6 万人；日军投入 2 个师 8 个团约 3 万人，其中台儿庄方面 7 个团。中国军队击败日军第五、第 10 两个精锐师团，以损失近 2 万人为代价，取得歼敌万余人的战果，日军损失坦克 30 余辆，火炮 70 余门、机枪数百余挺、步枪万余枝。中国军队还缴获了大量武器及其他军用物资。此战役是抗战初期继平型关大捷后中国取得的又一次重大胜利，也是抗战以来国民党正面战场取得的重大胜利。

人们只知道台儿庄大捷的主角是国民党军队的李宗仁、白崇禧等人，殊不知，这次对日开战，是以周恩来为首的共产党人积极促动、直接协调和切实帮助李宗仁、白崇禧出谋献策的结果，可以说，是幕后英雄们的运筹帷幄和积极作为奠定了这场规模空前的抗日大会战胜利的基础。近年来纷纷解密的许多内幕材料道出了其中的奥秘。

弥散的硝烟 ■ 不可不知的72个兵家猎秘

"周公"三促李宗仁

为了策动国民党主力部队发起台儿庄之战，打赢这次大会战，共产党人在大战爆发之前，曾积极主动地连续三次做了国民党第五战区司令长官、国民党桂系首领李宗仁将军等人的说服工作。

第一次是周恩来亲自劝说李宗仁。1937 年卢沟桥事变之后，中国共产党人企盼已久的全民抗日战争终于爆发。但是，由于战争初期，蒋介石推行片面抗战路线和消极防御的作战方针，致使国民党担负的正面战场出现了一溃千里的局面，导致日军在数月之内就轻易侵占了中国东北、华北大片国土之后，又呈南北夹击之势，气势汹汹地向还未陷落的中原古城徐州猛扑过来，妄想一举实现

其打通津浦线、控制陇海线，西攻郑州、南取武汉、速战速决、灭亡中国的企图。因此，徐州得失，关系全局，国人无不高度重视，当时正在武汉的我国党中央的代表周恩来、八路军总参谋长叶剑英等人分析了形势，一致认为，必须利用国共合作共同抗日的统一战线关系，千方百计动员国民党在徐州一带打一个大胜仗，挫一挫日军的锐气，粉碎其速战速决的狂妄野心。会后，周恩来立即约见了早在大革命时期就已认识、即将飞赴徐州的第五战区司令长官李宗仁。恳谈中，周恩来首先殷切地向李宗仁提出，

▲ 1938 年李宗仁在台儿庄车站

希望李宗仁到徐州后，能在徐州打一个大胜仗，煞一煞日寇的威风。紧接着，又针对国民党因一贯采取消极防御的作战方针而屡战屡败的现状，中肯地提出了打赢此仗的作战建议。李宗仁听了周恩来的建议，虽觉得周讲得很有道理，但因种种原因，未置可否，便飞离了武汉。

　　第二次是通过白崇禧间接劝说李宗仁。为了促使国民党军队在徐州打一仗，李宗仁走后，周恩来和叶剑英又与早在大革命时期相识、即将赴徐州协助李宗仁的桂系另一首领、国民党军副总参谋长白崇禧进行了恳谈。恳谈中，周恩来除了再次建议国民党军早下决心在徐州打一仗，还进一步详细说明了共产党关于打赢此仗所应采取的作战方略，以使白坚定打赢此仗的信心。周并提醒白："徐州战役是个大战役，参战部队派系复杂，因此，李宗仁必须掌握统一指挥全权，尤其是指挥中央军汤恩伯的大权，才能行动一致。"白听了，深表赞成，并

慨然应允到徐州后向李宗仁当面转达中共的这一建议,望李宗仁早下决心。

第三次是周恩来特派专使去徐州劝说李宗仁。白崇禧走后,几天过去了,仍不见李宗仁行动,而日军则步步逼近台儿庄地区,若再不行动就会坐失歼敌良机。周恩来万分着急。为不失战机,周恩来命令武汉八路军办事处少将高级

▲ 李宗仁(左)、蒋介石、白崇禧(右)在台儿庄合影

参谋张爱萍作为八路军全权代表专赴徐州面见李宗仁劝其赶快开战。张爱萍十分出色地完成了这一使命。张爱萍首先痛陈利害,打消了李宗仁的重重顾虑;然后向李分析说:虽然在徐州作战胜券在握,但若不从速决断,也会错失良机,希望司令长官抓住良机,从速决断! 在决断上,宜早不宜迟;在速度上,宜速不宜缓;在用兵上,伤其十指,不如断其一指,故围点打援,宜聚不宜散。只要李将军尽早决断,集中兵力,出其不意,攻其不备,速战速决,定可把敌人消灭在不可一世的骄横之中! 李宗仁越听越激动,终于斩钉截铁道:我已决定在徐州打一仗! 紧接着,李宗仁和张爱萍共同商定了南阻北打、围点打援、集中优势兵力、阵地战与运动战相结合的作战方针。李宗仁随即把第二集团军总司令孙连仲召到徐州司令部,命他统帅三军之众,到台儿庄布阵迎敌。规模巨大的台儿庄战役终于打响了!

"小诸葛"临阵求"高参"

对于台儿庄会战的前景和其战法,当时白崇禧心里并没有底。他深知中共内部有高人,于是想听听周恩来的意见。他吩咐秘书安排尽快与周恩来见面。接到白崇禧邀约后,中共中央决定派周恩来、叶剑英前往。白崇禧问周恩来对于即将到来的台儿庄之战有何高见。周恩来分析指出:"日军板垣和矶谷的企

图很明显,是要从两个方向夹击第5战区的大本营徐州。他们会师的目标是台儿庄,然后再策应津浦路南段的敌军,共同向徐州合击。临沂一仗中国军队虽然获胜,但不容乐观,因为整个战局并没有根本的转变。板垣的锐气是受挫了,但据我看,矶谷师团不会改变向台儿庄进攻的计划。相反,也许正是板垣的受挫,矶谷才更乐于南犯呢!"

白崇禧经周恩来一点,立即明白了。他说:"你是指矶谷邀功心切,骄而寡谋,必然会孤军轻进台儿庄,我们正好狠狠地打它一仗?"

"是的! 不过,台儿庄是一个位于矮坡的小市镇,没有什么险要可资扼守,所以,我们必须先有一支善于防御的部队守住台儿庄、运河一线。在把敌人攻势遏制住之后,再另出奇兵渡过运河,从峄县方面向台儿庄迂回,使敌腹背挨打。这样即使不能全歼敌人,也可使其遭受重创。所以我建议:在津浦铁路南段,由李品仙、廖磊两个集团军,采取以运动战为主、游击战为辅的联合行动,运动于辽阔的淮河流域,使津浦铁路南段的日军时时受到威胁,不敢贸然北上支援南下日军;而在徐州以北,以主力采取阵地战与运动战相结合的方针,守点打援,以达到各个击破的目的。"

白崇禧对周恩来的建议极为赞赏。周恩来最后补充道:"我准备命令新四军张云逸的第4支队,协同贵部李品仙、廖磊两集团军采取联合行动,运动于辽阔的淮河流域,使津浦线南段的日军时刻受到威胁,不敢贸然北上支援南下日军。"

白崇禧深为感动,他知道周恩来作为中共中央军委副主席,他的命令叶挺军长是必须执行的。有新四军的协助,津浦线以南威胁可以避免了。他也为周恩来的才干所折服,暗叹:"周公果然是将相之才、治军之才、谋略之才也,名不虚传!"

对台儿庄大捷功不可没的幕后英雄

台儿庄战役中还有一个鲜为人知的秘密。这就是一位名叫夏文运的日语翻译在敌占区为李宗仁提供了大量重要情报。

夏文运是辽宁大连人,毕业于日本东京帝国大学法政科,能操一口流利的日语。"九·一八"事变后,他只身入关投效,但请缨无路,生计都难以维持,不得已又返回关外。后来,日本关东军将他罗致,派为驻华南特务机关译员。因工作之便,夏文运不仅与板垣、土肥原、和知等人厮混极熟,与李宗仁也常有接触。李宗仁觉得夏文运为人正派,年轻热情,却不明白他何以甘心事敌,背叛民族,便找机会约夏文运一谈。见面后,李宗仁诚恳地说:"夏先生,我看你是位有德有才的青年。现在我们的祖国如此残破,你的故乡也被敌人侵占。祖国的命运已到了生死存亡的关头,你能甘心为敌人服务而无动于衷吗?"李宗仁的一席话触到了夏文运的痛处。他抱头痛哭,诉说了家乡遭到日军蹂躏的惨状和他人关投效无门的苦衷,并表示:"如有机会报效祖国,万死不辞!"李宗仁见他心诚,便让他做秘密情报员,刺探日军机密。夏文运一口应允,并谢绝任何报酬。上海沦陷后,夏文运改名为何一之,千方百计搜集日军情报,然后转交设于上海法租界的地下电台拍发给国民党军第五战区。所以,日军的重大军事行动李宗仁都首先得报,甚至比国民党军委会所得情报还来得及时、可靠。

台儿庄战役打响后,李宗仁根据何一之的情报,及时而准确地作出了相应的部署。如1938年2月,李宗仁得知日军南路进攻而北路不动,便将能攻善守的张自忠第59军由北面南调,协助第51军于学忠部保卫淮河,从而将北犯的日军第13师团驱至淮河以南,稳定了淮河防线;3月期间,李宗仁得知北路发起进攻后,南路日军将不会有大的动作,于是又将第59军北调,驰援临沂获大捷。这些部署对台儿庄战役的最终胜利起到了十分重要的作用。(陈 刚 高 鹏 汤胜利)

平型关战没揭秘

　　从所见论文到所学习的教科书,没有见到过把平型关大捷与平型关战役联系起来的说法,甚至历史系本科教材也只是提到平型关大捷,而对平型关战役只字不提。这样做的结果是:不仅大多数历史系以外的大学毕业生不知道有平型关战役这回事,就是历史系的大多数学生也不知道历史上居然有平型关战役。

　　在纪念抗日战争胜利60周年之际,有几十位曾亲历平型关战役的当事人讲述了平型关战役的历史真相。他们用大量鲜为人知的亲历资料说明:没有当时全民族抗战的形势,就不可能有平型关大捷;没有当时全民族抗战全局指导下的华北、西北抗战形势,就不可能有平型关大捷。没有第二战区组织平型关战役,没有总共11个军对进攻平型关地区的各路敌军的分路英勇抗击,就不可能有平型关大捷。平型关战役整个过程无不闪烁着民族团结精神的光辉。

 战情危如累卵,二战区司令长官被迫部署平型关战役

　　1937年年初秋,南口前线中国部队抗击着日军板垣师团的猛攻。与此同

时,日军东条纵队也同时猛攻张家口。中国守军第 29 军刘汝明部不战而退,阎锡山的第 61 军反攻不力,张家口失守,南口危在旦夕。日军下一个目标是第二战区阎锡山苦心经营的山西。山西,四面环山,地势险要,素有"华北之屋脊"之称,在军事上被兵家称之为"华北之锁钥"。所以日军欲统治华北,必先图晋绥;欲图晋绥,必先争太原;欲争太原,必先夺大同或平型关。

▲ 阎锡山

但是日军占领南口、张家口后,图晋方向是西北之大同,还是东北之平型关?阎锡山判断,日军为运送部队、军火,展开机械化部队,发挥其优势,必然把锋芒指向大同。据此,他部署了大同会战计划。

然而战况实际发展是:9 月上旬,日军东条纵队和伪蒙军沿平绥线击破李服膺部所守永嘉、天镇间的国防工事,直抵阳高城下。李部一路逃到桑干河以南,日军于 9 月 13 日攻占大同,而日军主力板垣师团指向的平型关一带,中国守军兵力空虚,危如累卵。阎锡山被迫立即着手部署平型关会战。

1937 年 8 月 28 日,阎锡山表示抗战决心,把行营(前线总指挥部)设于雁门关下的岭口村一所窑洞,并同行营人员及八路军总政委周恩来会商,制定了《第二战区平型关战役计划》,其"作战方针"为:"本军以利用山地歼灭敌人之目的,以主力配置于天镇、阳高、广灵、平型关各地区,以一部控制大同、浑源、应县附近,以策应各方面之战斗,相机转移攻势。"同时确定了平型关战役的作战系列表:

总指挥:第六集团军总司令杨爱源(前期),第七集团军总司令傅作义(后期)。

第 33 军:军长孙楚(前期实际总指挥),下辖 73 师,师长刘奉滨;独立旅 3

▲ 傅作义

旅,旅长章拯宇;独立旅1旅,旅长孟宪吉。

第15军:军长刘茂恩,辖64师,师长吴庭麟;65师,刘茂恩兼。

第17军:军长高桂滋,辖21师,师长李仙洲;84师,高桂滋兼。

第35军:军长傅作义,辖211旅,旅长孙呈峰;218旅,旅长董其武。

第61军:军长陈长捷,辖208旅,旅长吕瑞英;217旅,旅长梁春簿;新编第4旅,旅长于镇河。

第2军:军长郭宗汾,辖71师,师长郭宗汾;202旅,旅长陈光斗;214旅,旅长赵晋;新编独立1旅,旅长陈庆华。

第34军:军长杨澄源,辖196旅,旅长姜玉贞;203旅,旅长梁鉴堂(此两旅包括旅长在内几乎全部牺牲)。

第19军:军长王靖国,以3个旅兵力守代县,外加炮兵团附归19军系列,骑兵军以3个骑兵师置于集宁一带。

第8路军:115师,师长林彪;129师,师长贺龙。分别于平型关、忻口、原平一带展开。另有刘汝明军驻蔚县一带。

综上所说,投入平型关战役的国共联军总兵力共11个军,10万余人。

阎锡山亲自部署了"口袋阵"。他特别重视口袋底阵地,亲召陈长捷、郭宗汾两军长到岭口行营,面授要领,并命令他们同到繁峙、沙河间周密勘察主阵地,同时派高参到平型关、团城口、恒山等处,向孙楚、刘茂恩、高桂滋等传达指示,又把屡违节制、不肯力战的原61军军长李服膺拘押起来,以肃号令。

国共悉心配合,互相支援,才打赢了平型关歼灭战

为了协调指挥参与平型关战役的国共10万联军的抗日行动,第二战区司令长官阎锡山和副司令长官朱德、黄绍竑、卫立煌、周恩来、彭德怀等多次会商

作战计划。阎锡山要求周恩来协助制定第二战区作战计划,周恩来洞察时局,成竹在胸,只用一天时间就拟定了计划,阎锡山惊佩不已,连叹:"写得这样快,这样好,如能这样打,中国必胜。"

1937年9月11日,日军犯广灵。孙楚的73师被迫退至平型南翼,阎锡山急调孟宪吉旅抢守平型关。孟旅19日赶至平型关,与进攻的日军激战两昼夜,日军攻势顿挫,专攻团城口。八路军115师于9月20日迅速越过五台山向灵丘急进,22日从平型关南翼潜出,隐伏于灵丘以南的太白山区,24日在平型关东河南公路两侧地区部署对敌后的抄击。115师派到大营同孙楚联络的高参袁晓轩把115师进入敌后的进展情况通知孙楚,希望平型关各方面友军和八路军的敌后抄袭适时配合,争取平型关围歼敌人的胜利。

阎锡山得知八路军进展情况后,即派预备军加强平型关北翼

▲ 周恩来

的出击力量。孙楚为配合115师抄袭敌后,即令郭宗汾的预备第2军联系团城口高桂滋指挥的84师出击。23日夜,敌人曾对东西跑池高地发起猛攻,高桂滋部反攻,伤亡近两千人,损失惨重。

高桂滋认为八路军配合围歼日军板垣师团,实际上是一种虚构的空想,同时也认为孙楚师有意牺牲他们以便晋军独占风头。于是他不顾大局,于9月24日擅自放弃团城口阵地,让郭军贸然出击。

郭宗汾军对团城口失守一事一无所知,仍以陈光斗旅附山炮一连向六部城进击,拟带动21师与挺进大、小寒水岭的115师联合行动,绕击敌侧后,以第二军主力沿迷回村和东西两跑池一线,越过高桂滋84师阵地,攻击平型关敌后。

经过连续苦战,郭军损失三分之一左右,官兵极度疲惫,幸亏此时 115 师于平型关敌后的东河南以西地区伏击敌人获得大捷,一部挺进于大、小寒水岭上,使得郭军被隔于六郎城之旅可以依为掎角,相互牵制鹞子涧敌人的行动,保证了郭军主力未被全包围,从而占稳了敌人通往后方公路的侧面阵地,钳制了东西跑池之敌,使之不敢直扑大营。

9 月 14 日,115 师先头部队进抵大营,派出侦察部队调查平型关地区地理情况和敌情,为平型关歼敌做各种准备。23 日,林彪、聂荣臻在上寨召集干部会议,作出初步计划,24 日,第 2 集团军、第 6 集团军送来"平型关出击计划",拟定 71 师新编第 2 师及独立 8 旅一部配合 115 师向平型关以东的日军出击。

24 日晚,林彪在电话上同孙楚说:"萃崖(孙楚字),我师已达目的地,准备明天拂晓出击,请你们派部队协助,先把此股敌人歼灭。"孙楚答:"好极了,我命郭宗汾师长率 4 个团从平型关左翼出击。"

林彪即命令部队 25 日零时出发。战士们顶着狂风暴雨,涉急湍山洪,在拂晓前到达了指定地区,把全师主力布置在平型关东河南镇 10 余里长的公路南侧山地边缘。八路军 343 旅之 686 团位于白崖台附近,左侧是 685 团,右侧是 687 团,口袋底是第 33 军之独立 8 旅,115 师第 344 旅、687 团断敌退路并打援敌,688 团作为预备队。这一部署使得进攻平型关的日军完全处于包围圈伏击之中。八路军同时又以一部从关沟出发,主动接应郭宗汾的出击部队。

25 日凌晨 5 时半左右,敌第一辆汽车进入伏击圈,聂荣臻传令:沉住气,没有命令不许开火,等

▲朱德

板垣师团第 21 旅团千余人及汽车、大车 300 余辆进入伏击圈后,115 师某团 5 连

连长曾贤生率全连首先向敌冲杀,用手榴弹炸毁敌人最后一辆汽车。敌人退路被截断,于是拼命冲杀,反复争夺公路两侧制高点——老爷庙。敌人争夺失败,预示着被围歼的灭顶之灾,于是企图冲破独 8 旅阵地逃命。独 8 旅把一线配备改为纵深配备,拼死抵抗。

激烈的战斗持续到 27 日白天,敌人终未能冲破包围,板垣师团 21 旅遭歼灭性打击,因为敌人死不缴械,千余日军全部被击毙,我军伤亡也很严重。

平型关大捷,歼敌 1000 多人,毁敌汽车 100 辆,大车 200 辆,缴获步枪 1000 多支,轻重机枪 20 多挺,战马 53 匹,另外还有其他大量战利品。这是中国抗战开始后取得的第一次大胜利,它粉碎了"皇军不可战胜"的神话,振奋了全国人心,鼓舞了全国人民的抗战热情。

 中等战役有内涵,华夏英雄共谱抗日御侮新篇章

如前所述,郭宗汾部被围后,阎锡山鉴于杨爱源、孙楚缺乏统御各军的能力,遂令傅作义进至大营,担任平型关战役的总指挥,并调陈长捷 61 军急援平型关。61 军到达后(25 日),以梁春溥旅程继贤团攻击涧头敌人,程团士气高涨,一气冲上迷回北山,敌两次反扑,均被击退。陈长捷军吕瑞英旅之刘崇义团攻占西跑池,救出困守的郭军一部,又攻东跑池。入夜,敌我双方对峙。

我军在部署对平型关之敌的围歼决战时,敌东条纵队乘平型关鏖战之机,于 9 月 28 日一举突破恒山、雁门关的接合部茹越口,杨澄源的 34 军退入繁峙。为保卫平型关战场安全,梁建堂旅长亲率仅有的一营人冲杀,企图夺回山口,但是兵力太少,梁旅长和大部分官兵牺牲,王靖国又急命方克酋旅长反攻茹越口,方旅长又被敌冲垮。29 日,敌占繁峙城,严重威胁我主战场侧后。9 月 30 日,阎锡山召集前线将领会议,决定全线撤退。10 月 2 日夜,全线开始撤退,平型关战役结束。

平型关战役历时一个月,战场绵延数百里,我方投入兵力 10 多万人,历经大小战斗数十次,日军死伤 8562 人。这次战役有作战计划、作战方针、有战略目标及战役目标。据此可断,平型关之战是一个中等规模的战役,忽视它作为战役的地位和作用,既不科学,也不公正。平型关战役迟滞了日军的进攻,打乱了敌人的侵华计划。战役中,国共军队互相配合,共同创造了像平型关大捷这样的光辉战例。国民党军队中也出现了一批可歌可泣的抗日英雄部队。可以说,平型关战役是国共合作、共创民族抗战伟业在战役上配合的典范。从阎锡

山接受周恩来的建议,建立战地动员会,到 115 师吸收友军阵地战、阻击战经验,整个战役过程中无不闪烁着民族团结精神的光辉,体现出在民族团结、共赴国难的旗帜下,相互取长补短、共谋民族大业的胸怀和气魄,同时也为新形势下的国共两党合作积累了经验。(徐临江)

抗日地道战的奥秘

"地道战,地道战,埋伏下神兵千百万,嗨!"伴随着这首脍炙人口的电影插曲,抗日战争时期,冀中、冀东平原人民群众创造的以地道战为主要斗争形式的敌后游击战闻名全国、享誉中外,在抗日战争史册上留下了光辉的一页。

北京焦庄户地道战遗址纪念馆

张爱华

近日,记者慕名来到京东北顺义区龙湾屯镇焦庄户地道战遗址,有幸见到了当年冀东平原抗日老战士、焦庄户民兵自卫队中队队长焦俊芳老人。

焦俊芳 1926 年出生,15 岁参加了八路军邓宋纵队三支队在村里建立的民兵中队,17 岁任民兵二分队长,18 岁加入中国共产党,抗战胜利后任村民兵连长。焦老一生参加大小战斗 150 余次。民兵中队共歼敌 200 人,缴获了大批武器装备和军需物资。

群众发明加科技支撑创出的"绝招"

在京东顺义区的东北角,有一个距东直门约 60 公里的龙湾屯镇,镇里有一个叫焦庄户的山村。它背靠燕山余脉的歪坨山,面临潮白河支流的金鸡河,是一个"歪坨山有多少石头,山下有多少野花,金鸡河有多少水纹,河边有多少脚印,焦庄户就有多少故事"的神奇山村。就是在这个焦庄户,从 1939 年到 1943

年的 5 年中,他们在中国共产党的领导下,进行了开辟地区、建党建政、筹措枪支、修建地道的伟大斗争。

焦庄户用挖地道的办法与日本鬼子周旋是从 1943 年春天开始的,这一年也是抗日战争最困难的时期。马福、焦俊芳他们接连配合八路军打了几次伏击战,使敌人遭受了不小的损失,同时也引起了日本鬼子的注意,"扫荡"也越加频繁。

一次,区委的一名干部正在焦庄户开展工作,突然得到情报,龙湾屯据点的敌人正往焦庄户方向"扫荡"。时间紧急,这名干部急忙组织民兵疏散群众,等到群众全部转移,自己却被鬼子包围在村里。无奈之下,只好藏在乡亲的地窖里,上面用碎柴禾作了些伪装,没想到,竟把敌人糊弄走了。

这件事让马福、焦俊芳他们眼睛一亮:村里人多,遇有紧急情况,疏散起来不方便,都藏在地窖里也不行,人蹲在洞眼里,就像只蛤蟆,要是被敌人发现,动不能动,打没法打,只有等死的份儿。但是,要把地窖再挖深点,挖长点,多开几个洞口,跟煤窑似的,如果被敌人发现了可以往里钻;他要敢下来,就跟他拼。

▲ 焦庄户老民兵队长焦俊芳正在对记者介绍"地道战"情况

地道挖进半里多地的时候,里面的灯灭了,掏土的人也感到呼吸困难。他们就发动大家想办法,挖了通气孔。经过一个冬天的奋战,地道从村里掏到村外,顺着土坡、坟墓等有利地形开了洞口。还修了暗堡,村里的地道和各家的隐蔽洞相连,村外的地道往南通到了邻村,地道工程基本完工。

地道刚挖好不久,日伪军就来"扫荡",民兵们利用地道打得敌人大败而逃。

没多久,区干部刘发叛变投敌了,他带着日伪军来抓人。马福、焦俊芳闻讯急忙带着群众下了地道,他们知道地道的秘密已经暴露,群众不能再呆在里面,只能往坟坡和山里疏散。为了防止敌人顺着地道找到群众隐藏的地方,他们还在出口附近埋了地雷,设了埋伏。等了一天,见敌人没有跟过来,焦俊芳带着两个民兵悄悄绕道潜回村里,发现敌人已经走了。原来,敌人发现了洞口,喊话没人应,打枪没人理,气急败坏的日本鬼子就点着湿柴禾往里扔,见还没动静,就抢走粮食撤回了据点。

好险!要不是跑出地道,就是不被打死,也得熏死!

第二年春天,敌人又把焦庄户通往邻村的地道干线挖透,往里灌了不少水。

马福、焦俊芳正为改造地道想不到办法的时候,区委科长徐进来了。他带来了冀中地道战的防烟、防水的经验——"翻板"。

焦老拿起一支木棍在地上写了个"凹"字,接着说:"这就是'翻板'的道理,就是把地道平掏一段以后,就直着往下挖,挖一丈多深,再往前掏一丈多远,然后返上来,最后再平着往前掏。"他指着"凹"字的两个上角继续解释:"在

▲ 张爱萍题写的纪念馆名

这出口和入口的地方,装上一块板,再垫上黄土,泼上清水,就能把地道截断,不但能防烟、防水,还能防毒气呢!"

在徐进的指导下,焦庄户民兵中队发动全村群众,先设计、后施工,开始了改造地道的艰巨工程。大家齐心协力,很快改造好了地道,还掏瞭望孔、射击孔,建成了"能藏、能走、能防、能打"的"四能"地道。

打那之后,鬼子来了,地道不敢进,打又没处打,放烟、灌水也没用,还经常挨冷枪,彻底拿地道没有办法。

弥散的硝烟

■不可不知的72个

兵家揭秘

地道逼攻加心理战术收克敌神效

1943年冬天，抗日战争形势进一步好转，驻焦庄户一带的日本鬼子预感到末日的来临，士气低落，龟缩在龙湾屯炮楼里，还怕不保险，后来索性留下40多名伪军当替死鬼，由一个外号叫"老太太"的李排长率领，鬼子全部撤回王泮庄据点里。

这个炮楼位于龙湾屯东北的一座大庙里，是一个每边长约两丈的方形建

▲ 神秘的地道口

筑，楼高五层，每层四面都有枪眼，四周修了高高的围墙，四角修筑了岗楼。开始时驻日军2个班，伪军1个排，归王泮庄据点指挥。平时，1个班在炮楼里值班，其他人在楼下平房里休息。日本鬼子撤回王泮庄据点后，只剩下40个伪军，由李排长负责。他眼见日本鬼子像霜打的茄子，一天比一天蔫巴，心里挺不是滋味。既怕投降八路后算老账，又怕不投降被活捉后挨枪子，整天愁眉苦脸，缩在炮楼里不出来。

1944年5月，上级决定端掉龙湾屯炮楼。虽然剩下的全是伪军，但是敌人在武器上占有优势，硬打还是不行，马福决定用攻心战术。

按照马福的安排，村里的保长接连到炮楼送情报吓唬敌人。

"报告长官，我们村昨天来了八路军大部队，听说是分区警备团的，还有大炮呢！"

"报告李排长，驻我们村的八路军正在准备炸药、云梯，说一两天就来端炮楼，您可得早做准备啊！"

伪军排长不敢不信，也不全信，他拿定主意：一不派兵，二不投降。命令伪军加强警戒，日夜值班，看看再说。

见敌人还没上钩,马福就和焦俊芳等民兵商量,把地道直接挖到了离炮楼四五百米远的地方,每天晚上放枪、敲锣、喊口号骚扰敌人,并组织民兵连夜操练,进一步迷惑敌人。

龙湾屯炮楼里的伪军听得一清二楚,胆战心惊,一声不吭。

这天晚上,马福、焦俊芳又带着30名民兵,来到龙湾屯炮楼附近,大声向敌人喊话:

"伪军弟兄们,八路军把你们包围了,快缴枪投降吧!"

"别给日本人卖命了,中国人不打中国人,八路军优待俘虏!"

喊着喊着,炮楼里的灯亮了,从炮楼里探出一个脑袋喊道:"八路军弟兄们,咱们都是中国人,井水不犯河水,给我们留个饭碗吧!"

马福一听,大声回答:"再不投降,等我们一开火,可就连吃饭的家伙都没了,还要饭碗干啥用啊!"

敌人一听不对茬,缩回了脖子,炮楼里的灯又灭了。等了有一袋烟的工夫,炮楼里还是没有动静。

于是,马福一声令下,各种武器一齐开火。步枪、手枪一齐射击,子弹像雨点一样射向敌人;地雷、手榴弹同时爆炸,响声如雷;鞭炮在汽油桶里响个不停,就像机枪射击……

终于,敌人绷不住了。

炮楼里又亮起了灯,从枪眼里伸出一根竹竿,挑着一面白旗。

马福怕敌人耍花招,就让焦俊芳等民兵喊道:

"你们双手把枪举过头顶,一个一个地往外走!"

这一次,敌人挺听话。一个接一个地走出炮楼,举着枪交给民兵,在炮楼外面排成一个横队。

民兵们一数,整40个人,37支大枪。

伪军排长站在最后,抬头一看,愣了:原来端炮楼的,都是焦庄户的民兵。

焦庄户在敌强我弱、十分艰苦的条件下,创造并发展了地道战,靠的就是敢于斗争、敢于胜利的大无畏精神。这是一笔十分宝贵的精神财富,希望现在的青年要牢记那段历史,把'地道战精神'继承发扬光大,为国防铸起一道坚不可摧的铜墙铁壁,随时准备为维护国家统一、保卫和平幸福生活而战!(徐长华 寻晓明 吴维满)

弥散的硝烟

■ 不可不知的72个兵家揭秘

孙殿英缘何兵败宁夏

1934年年初,由蒋介石阴谋导演的军阀孙殿英和西北"四马"(马鸿逵、马鸿宾、马步芳、马步青)在宁夏进行过一场兵团式的混战。其结果使宁夏人民生命财产蒙受巨大损失。

人称"孙老殿"、"孙大麻子"的孙殿英时任国民党41军军长,属山西王阎锡山部下。驻防在河北沙城,为华北杂牌军中势力最大的一股。尤其叫蒋介石不放心的是,华北地区多为非嫡系部队。如果冯玉祥以"抗日救亡"的大旗作号召收揽这些部队,则蒋家王朝天下要受到冯玉祥的再一次挑战。于是,孙便成了蒋必须拉拢的人物。为了蒋、孙、冯公开孤立阎锡山,削弱西北诸马。1933年秋天,蒋介石任命孙为"青海西区屯垦督办"兼"第九军团司令",并送来10万元的开拨费。这正合孙意,可以逃到抗日的后方。弄个"西北王干一干"。

1934年冬,孙殿英率领6万号称10万军队向西北进发。此时,盘踞在宁夏、青海的"四马"极为恐慌,本来你争我斗的"四马"暂时团结起来,把矛头指向共同的敌人。此时,"四马"的总兵力约3万人。孙根本没把"四马"放在眼中。蒋介石成功地利用了各军阀的矛盾心态,采取坐山观虎斗,以收渔人之利的阴谋手段。孙殿英原估计西北诸马所属各部,不会放他进入宁夏,可能在石嘴山以北阻击,这样,可以一举歼灭"四马"的有生力量。然后打下平罗,控制宁夏北部地区;同时派骑兵部队向南攻下广武、中卫,扰乱敌后,断敌之补给线和退路,使其增援部队不能进入宁夏,从而孤立省城,最后夺取它。孙军因为远道而来,没有后方补给,粮弹有限,其指导思想是速战速决。

马家军方面,因为军单力薄,不可能全线出击,而是把敌人全部放进来,采用坚守战,以逸待劳,相机出击,消耗敌军实力,拖垮敌人。因此,首先以平罗县城为中心,马鸿逵置其步兵一旅,独立第二旅死守平罗县城,并兼顾香堡、通城堡、姚伏堡。

12月30日晚9时,担任孙军第一梯队的117、118两师,同时对平罗县城发动猛攻。但是,孙军选择的主攻点在城西北段,正好处于马部设在城外玉皇阁和王家寨子两个机枪阵地的交叉火网之下。在城上和城外的强大火力中,孙军每次攻势都被打退,付出了惨重的代价,最后也没有攻下这座县城。第二天,孙军又扩大攻城阵容,对城的四方同时强攻,但除了伤亡更大外,似无所获。结果两个师互相埋怨,互推责任,并在下次行动上发生分歧,广大官兵士气大受挫伤。孙军只得留一部分兵力继续围攻平罗,大部分越城向南推进。在平罗到省城百十里路之间的数次堡寨战中,孙军虽取得胜利,但付出了很重的伤亡,而且并没有歼灭马家军的有生力量。接着,孙军经过稍事休整,主力部队直捣宁夏省城银川,孙殿英要求部将一鼓而攻克之。此时,马家军官兵对孙军的畏惧心理已大大降低,认为他们连一个小小的县城都打不下来,便增强了坚守省城的信心。在马军顽强抵抗下,孙军的攻城战一次次被打退。马军还时时出城袭扰攻打孙军。在满达桥、平伏桥和北塔的数次激战中,孙马双方损失都很惨重,战斗进入胶着状态。这对希望速战速决的孙军很不利。此时,蒋介石看到孙殿英已显露败势,便派来三架飞机对孙部轰炸。蒋介石嫡系胡宗南第二旅也向宁夏挺进,支援马鸿逵。冬末春初,气候寒冷,给养困难,将领不和,使孙部军心浮动,虽兵多而处于劣势。春节过后,孙殿英从后方赶到前方,撤换 3 名高级将领,痛斥内部不和,亲自组织攻城。他以"敢死队"作先锋,利用"土坦克"作掩护,于正月十五晚上,亲自督战,开始了攻打北门的战斗。从半夜一直打到天亮,他指挥的队伍连城边也没有靠上,徒受了一夜损耗。

孙殿英此时将责任归咎于高级将领,不听他的指挥,遂对几位产生猜疑,布置便衣对他们加强监视。马鸿逵侦悉了敌方的矛盾,遂不失时机地加紧了策反工作。结果以步兵第一师师长丁铎庭为首的三位师、旅长便开始按兵不动,孙殿英召集与会,也推病不去,所住地方戒备森严,如临大敌。二月末,孙殿英感到大势已去,不得不下紧急退却命令。结果,丁铎庭和旅长杨干卿投降,马鸿逵留在宁夏。师长于世铭脱离了孙军,率部单独从草地向包头逃去。孙殿英率残部向北退到绥西三盛公时,阎锡山命王靖国骑兵部早已在此等候多时了,部队全部被缴械,孙殿英本人则失去兵权,被晋军"优待"到太原的晋祠去了。

在日本帝国主义侵略东北,骚扰华北,中华民族危亡的紧急关头,蒋介石导演的这场祸国殃民的军阀混战就这样收场了。其结果是:蒋介石消灭了一个杂牌军;阎锡山截获了大量武器装备;宁、青诸马保住了自己的领地;宁夏人民饱尝了一场战火之灾,无故士兵的白骨裸露在宁夏和包头的荒野中。(陈志国)

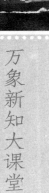

朝鲜战争速成中国空军

没有哪一次战争像朝鲜战争那样对中国如此之重要,中国人不仅参加了抵抗美国持续将近 3 年之久的流血战争,而且这是中国唯一一次地面部队和空军都参加了的在国外的战争。在过去,中国地面作战的情况已经广为人知,但是中国在朝鲜的空中战争却没有受到应有的注意。用空军一位领导同志的话说,中国空军是在苏联空军帮助下,在朝鲜战争上"一夜之间打出来的"。

中国空军毅然参战

1951 年 8 月开始,美国远东空军展开了一场阻断平壤与中国边界之间铁路交通系统的空中封锁战。在这场代号为"绞杀战"的行动中,美国远东空军 80% 的进攻力量转向封锁作战。由 32 架到 64 架战斗轰炸机组成的像"鹅群"一样的大编队,在战斗机"阻击屏幕"的掩护下,有时一天出动两次对铁路线进行攻击轰炸。为了反击联合国军的封锁和进攻,8 月 26 日,中国航空兵部队受命与苏联空军部队一道保护交通运输线和机场的修建。

中共中央军委决定航空兵部队以师为建制单位轮番参战。刚开始

▲ 由王海(前)率领的一个大队,在抗美援朝战争中,取得击落击伤敌机 29 架的战绩。

只派训练有素的部队和飞行员去参战,尤其是那些在 1951 年年初已取得空战

经验的部队和飞行员。另一方面的原因是当时关于应该如何使用空军还没有达成初步一致。地面部队非常期望空军能起到强大的支援作用,但是中国空军的领导人坚持认为如果对地面进行支援,空军将要把中国的飞机部署在朝鲜境内的机场,那样的话在拥有空中优势的美军面前,中国飞行员将处于危险的境地。

▲ 年轻的志愿军空军与友军一起,在反"绞杀战"中共击落、击伤敌机894架,取得优异战绩。

1951年9月22日,刘震到达位于平壤附近的志愿军司令部,向彭德怀汇报中国空军的有关事项,并且保证在飞行员有更多的经验并且技术熟练后,将把飞机从中国国内的基地调到北朝鲜境内修建的机场。彭德怀表示同意。

9月20日,航空兵第4师(55架米格—15飞机,65名空勤人员)进驻浪头机场。一周之后,中国飞行员开始在朝鲜上空执行战斗飞行任务。9月25日发生首次大规模混战,当日32架中国米格战斗机起飞,与苏联空军一道同企图袭击清川江桥的美空军进行了交火。首次击落了美国空军的F—86飞机。在朝鲜一个月的空中作战行动中,第4师共战斗出动508架次,进行空战10次,其中参加敌我双方200多架飞机的大机群空战达7次。中国方面击落美机20架,击伤10架,自己损失飞机14架。

11月中旬,中国参加空中作战后不久,中国空军领导人对朝鲜的军事形势作了一番估计。由于朝鲜停战谈判出现了可能达成协议的迹象,中国空军于是

敦促飞机员和部队要抓紧在战斗中进行训练和实战锻炼。

从 1951 年 11 月一直到停战的这一段时期,中国空军在鸭绿江中国一侧的机场都保持了 3～4 个航空兵师,总共 150～200 架米格－15 飞机的兵力。

中国空军为了完成好培养熟练飞行干部的任务,空军领导人对新飞行员采取了在实际战斗中循序渐进,不断提高作战能力的步骤和方法。首先,在没有敌机出现的情况下飞战区航线,之后再在敌情不很严重的情况下进行战斗飞行。先打战斗轰炸机小机群,后打 F－86 小机群,再参加打敌大机群。开始时,新飞行员在老飞行员的带领下作战,后来,老部队和新部队共同作战。并且轮番参战的体制减少了每个部队在前线参战的时间。

这些措施似乎对中国空军起到了很好的作用,截至 1952 年 5 月底,志愿军空军共有 9 个歼击机师(17 个米格－15 团,1 个拉－11 团)和 2 个轰炸师轮流在朝鲜参战。447 名飞行员在朝鲜上空执行了战斗飞行任务。在此期间,中国空军击落美机 123 架,击伤美机 43 架。被美机击落 82 架,击伤 27 架。中国空军与美国空军损失飞机的比例为 1：1.46。

有了新的任务

从 1952 年夏天开始,中国空军的作战行动进入了一个新的阶段。中国空军的米格－15 飞行员经验还不算丰富,对美军还不能造成大的威胁。但是经过 3～4 个回合的较量,中国飞行员在技术上开始变得熟练起来,并能单独作战。这使中国人的信心受到鼓舞。1952 年 5 月 19 日中国空军领导人制定了一个计划,要中国空军在朝鲜的作战部队加打一番,重点在实战而不是在训练。考虑到中国飞机在沿鸭绿江的基地起飞或着陆时极易遭到攻击,当时基本的意图就是想把空中战线向清川江以南推进,使中国人避免在他们自己的基地上空与对方作战。另外一个目的是派米格飞机深入到平壤和镇南浦地区上空,以保护地面部队不受敌战斗轰炸机的袭击。

为了实施这一计划,中国空军计划动用 9 个战斗师(19 个团),首先在安东基地一带部署 8 个团进行一线战斗。同时在沈阳和辽阳的基地部署 6 个团作为预备部。在安东一线基地作战的团,每 3 个月轮换一次。参战部队飞行员的补充主要从航校学习的飞行学员和装备米格－9 歼击机的部队中抽调。飞机则由苏联保证提供并集中在一线使用。鉴于美空军在朝鲜已引进最先进的 F－86 型飞机,中国空军要求莫斯科提供改进型的米格－15 比斯型歼击机供中国

WAN XIANG XIN ZHI DA KE TANG

部队使用。

面对美军的疯狂轰炸，北朝鲜领导人希望中苏双方能增加对朝鲜战场的空中支援，并且希望志愿军采取军事攻势而不是被动防御。根据金日成的意见，迫切需要采取3个措施：(1)另外部署10个高射炮兵团以保证北朝鲜的重要目标；(2)改进空军作战指挥系统以有效地指挥朝鲜空战；(3)把空中作战的活动范围扩大到平壤一带而不是仅局限于鸭绿江地区的空中防御。金日成最关键的要求就是请中方重新考虑，夜间使用轰炸

弥散的硝烟

■不可不知的72个兵家猎秘

▲ 1952年2月10日，志愿军空军一级战斗英雄张积慧，在空战中，机智勇敢地击落了美国"王牌"飞行员戴维斯驾驶的喷气飞机。

机对敌在南部的目标进行打击。8月份，斯大林与周恩来进一步讨论此事时，斯大林同意派5个高射炮兵团到朝鲜，并要求中国也派5个团。由于害怕朝鲜战争升级，斯大林要求中方不要使自己的空军越过38度线。这样，共产党这边的空战就可继续集中在空中防御方面以阻止美国人的轰炸。

不断壮大的中国空军

中国空军和苏联空军自1952年6月27日至7月18日进行了一系列讨论，共同研究制定了保护最重要战略目标的计划，以粉碎美空军的再度空袭。根据中国的资料记载，中国空军制定了几个步骤来加强其空中作战能力以抵抗美军

的轰炸。首先在吉林的东丰机场部署一个米格飞机师特地保护拉古哨水力发电站;其次将鸭绿江前线的空军力量增加到4个师(8个团);最后,苏联同意向中国空军部队提供米格-15比斯型飞机,这种飞机在技术上与美军的F-86D飞机相当。整个1952年的夏天,中国人的米格飞机变得富有进攻性,并且经常南飞到安州地区上空,在敌机还未到达鸭绿江的目标时先向敌开火。当其他飞机向敌战斗轰炸机进攻时,米格飞机就负责吸引F-86飞机。1952年10月,中国空军有了最先进的米格-15比斯型飞机后,航空兵第3师和第12师被派去专门用来对付敌"佩刀"式飞机。第17师和第18师(依然使用老式的米格-15飞机)去对付战斗轰炸机。为了对付美军在空战中的战略战术,中国人采用了一种4-4编队,在不同的高度层上飞行以便米格歼击机能彼此掩护。在12月份的空战中,中国人损失了12架米格飞机,却击落了37架美国飞机,击落飞机比为3.1:1。在12月初的7次战斗中,有12架F-86战斗机被击毁。对中国飞行员来说,打F-86飞机已经不那么可怕了。

当中国空军集中米格飞机在米格走廊打击美军F-86飞机时,还派出4～8架飞机组成的小编队,在云层的掩护下,到镇南浦甚至沙里院上空打美战斗轰炸机。这种战术十分奏效。中国飞行员能够向正在对平壤以南的地面目标进行攻击的美战斗轰炸机开火。在7月份～10月份的4个月里,米格-15的优越性使中国飞行员能够战胜美空军的战斗轰炸机和常规的舰载飞机。在那段时间里,中国空军只损失了2架米格飞机,却击落了3架、击伤6架敌机。

1953年的头几个月,中国飞行员出动了比以前任何月份更多的架次,大量的米格飞机常常被派出去迎击敌大机群。1953年的头3个月,中方的统计表明,美军在123个机群的进袭中,有97个机群在到达清川江以北的目标前,被中国的米格飞机拦截。第12师和第15师,与第3师和第4师一起,成了中国空军最有战斗力的部队。

在1952～1953年的冬季作战中,美国飞行员对他们的对手的技术熟练和富于攻击性感到迷惑,认为他们一定是苏联人。在战争的最后几个月里,美国飞行员看到了他们的对手之间的差别,一些西方分析家当时建议"抛撒钞票"。

随着1953年4月在板门店重新开始的停战谈判,志愿军领导人认为实现停火是有可能的,但希望在战争结束前能利用朝鲜战争尽可能多地锻炼一些部队。中方制定了一个夏季攻势计划,试图通过向前线增派部队,从而巩固他们对地面战场的控制权,来获得中国和北朝鲜方面在谈判桌上的主动地位。志愿军司令部命令空军部队积极保卫平壤以北地区及其交通线。6 个歼击师,其中包括中国空军战斗力最强的部队,共约 300 架米格战斗机,部署在安东地区的机场。在战争的最后 2 个月,朝鲜季风期的雨季天气对中国飞行员有些不利影响,但他们在 6 月份和 7 月份还是战斗起飞出动了 994 架次,击落美机 25 架,击伤 5 架。7 月 19 日,中国人进行了最后一次空战并取得了胜利,击落美机 1 架,击伤 2 架。(李　锋)

揭秘人类首次"核打击"

众所周知,人类历史上真正将核武器用于战争只有一次,那就是 60 年前美国对日本进行的原子弹轰炸。威力巨大的原子弹加速了日本法西斯的灭亡,也给无辜的日本平民带来了深重的苦难。时至今日,核武器仍然是世界上最具影响力的威慑力量。60 年后,我们再来回顾这一段历史,既是对核战争灾难的反思,也是对世界和平的期待。

弥散的硝烟

■ 不可不知的72个兵家猎秘

✐ 投在日本的原子弹,原先是给希特勒准备的

有人说,是希特勒催生了世界上第一颗原子弹。这句话不无道理。德国人自信德国是第一个进行核研究的国家,有着其他国家赶不上的优势。实际上就在中子发现后不久,德国陆军部迅速作出了反应,在陆军军械部建立了核研究局,并且逐步取得了在赖赫的全部核研究的控制权,还在加图和通伦的凯塞尔威赫姆物理研究所建立了核研究的实验中心。一批杰出的科学家,如哈恩、施特拉斯曼,海森堡等人均参加了这一工作,后来又归入赖赫研究委员会的管辖。当比利时遭蹂躏时,德国正从挪威取得重水并且征用了储存的铀。这一切都不言而喻地表明:德国人随时可能制造出一种威力强大的新型武器——原子弹。

这一消息极大地刺激了美国领导人,罗斯福总统接受了以爱因斯坦为首的一批科学家的建议,决定赶在德国之前,抢先造出原子弹,并用原子弹打击希特勒的法西斯军队。

由于众多科学家的努力,1942 年 12 月 2 日,第一座人工核反应堆终于启动。按照爱因斯坦的说法,人工核反应"释放出的力量改变了除我们思维方式

之外的一切。"它标志着人类已经能够涉足于直径不到百万之一毫米的原子世界，并第一次由这里获得了不是来自太阳的能量。从此，人类进入了一个利用原子能的新时代。

一座巨大的钢塔耸立在几年前还是人迹罕至的阿拉莫戈多荒原上，上面静静地躺着一个长 3.3 米、直径 1.5 米、重 5 吨的怪物，一个几十万人为之付出巨大努力才获得的成果——世界上第一颗原子弹。1945 年 7 月 16 日，人们期待已久的时刻到来了，在不到一秒钟的时间内，一个火球腾空而起，升

▲ 美国《时代周刊》宣传的"原子弹之父"爱因斯坦

到了 1 万英尺的高空。它发出的比 1000 个太阳还要亮的闪光，居然使一位终生与黑暗结伴的盲妇看到了光亮。50 秒钟后，巨大的冲击波袭到了第一批目击这场试验的人们面前，把好几个没有趴下的人掀翻在地，所有有一定高度的东西都应声倒下。可怕的轰响持续了几分钟，隆隆声急促地回响在群山之间，整个大地仿佛经受不住如此冲击而在强烈地抽搐着。

爆炸后的几小时内，出席波茨坦苏、美、英三国首脑会议的杜鲁门总统接到了试验成功的消息。7 月 17 日，陆军部长史汀生飞抵波茨坦，向杜鲁门总统报告了试验的详情。下午，英国首相丘吉尔便心领神会地看到一张纸条，上面写道："孩子们满意地生下来了。"这些被认为足可迅速结束战争的"和平天使"，就指的是与第一颗试验用原子弹同时制造的、分别取名为"大胖子"和"小男孩"的第一批原子弹。

原子弹是盟国与德国法西斯竞争的产物。当时任美国国务卿的史汀生说

得很清楚:"整个二次大战期间,大家一致追求的目标是抢先造出原子弹并予以使用。当时以为可能制造的原子弹是一种新的威力极大的炸弹,同现代战争的其他致死的爆炸武器一样,可以名正言顺地予以使用。总之,目的就是为了要造成一件能用于军事目的的武器,如果不是为了这个目的,就没有理由在战时花费这么多时间和资金来研制原子弹。"

▲ 投在广岛的原子弹"小男孩"

但是,原子弹问世之时,德国已经投降,日本仍在负隅顽抗,于是,早先为准备对付德国法西斯而展开的原子弹研制,其目标便发生了由西向东的偏转。

🖋 发生在"小男孩"爆炸前的激烈争论

对政治家和军事家来说,研发原子弹的目的是十分明确的。早在 1945 年 4 月,格罗夫斯就已为由他任命的委员会规定了选择原子弹袭击目标的几条原则。其中关键的一条是,所选目标应当是轰炸以后能够"挫伤日本人民继续作战的决心"的地方,这很像美国空军说明恐怖性轰炸的目的所惯用的措词。

在科学界,以西拉德等人为代表的科学家为反对美国对日本使用原子弹而作了不懈的努力(参见王德禄"原子科学家反对日本使用原子弹的斗争",载《自然辩证法通讯》,1985 年第 5 期)。在许多科学家看来,只要显示一下原子弹的威力就行了,因为只要人们知道有了原子弹,就会引起很大震动。美国海军上将莱希和欧洲盟军总司令艾森豪威尔将军等人认为,依靠常规武器甚至仅靠炸弹就能结束战争。因为从1944年下半年起,美国就加大了对日本的空中打击力度。仅1945年3月9日,美军一次就出动234架B—29轰炸机对东京进行地毯式轰炸。1667吨燃烧弹将东京的1/4化为灰烬,死伤18.5万多人,使日本遭受沉重打击。他们担心原子弹的巨大杀伤力会引起全世界舆论的遣责,美国将背负历史的罪责。

美国陆军参谋长马歇尔将军虽然也主张尽量不使用原子弹,但是却担心日本仍企图依靠尚有的400多万人的军队负隅顽抗,给美军造成更大的伤亡。而且日本此时经过3次总动员,本土总兵力已为250多万人、飞机7000多架,并组织了总数为2800多万人的"国民义勇战斗队"进行各种特攻训练,企图用一个兵拼搏炸毁一辆坦克的战法与美军血战到底。日军大本营还叫嚣要与美国进行"本土决战"。而美军要攻占日本本土,其总兵力需达117万人,所付出的代价无疑是可怕的。

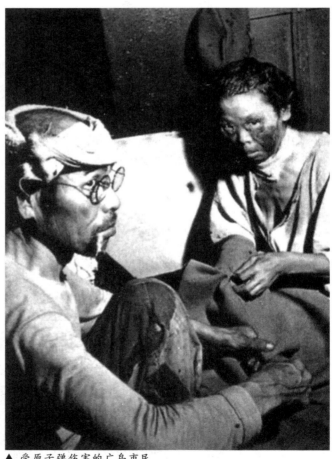

▲ 受原子弹伤害的广岛市民

1945年年初,美军为打开进攻日本本土的门户,先后进行了硫磺岛和冲绳岛登陆作战,但都遭到日军顽强抵抗。在硫磺岛,美军22万人苦战了一个月,死伤2.1万多人;在冲绳,美军整个登陆战役长达96天,伤亡7.5万多人,损失飞机763架,400多艘舰艇被击沉,美军第10集团军司令巴克纳中将也在日军的反击中阵亡。残酷的战争现实使马歇尔认为,减少美军伤亡和促使日本投降的最终手段只能是原子弹。

在菲律宾遭受日军沉重打击、后又率军反攻的美西南太平洋战区盟军总司令麦克阿瑟将军则是主张对日使用原子弹的"积极分子"。菲律宾战争初期遭受的失败和险些被俘的经历使他的军人生涯蒙受了巨大耻辱,而日军对战俘的凶残暴行更使麦克阿瑟记忆犹新。在他当年逃离菲律宾后,包括副手威恩莱特中将在内的其13万名部下成了战俘,仅"巴丹死亡行军"就有9000多名战俘受到日军凶残的虐杀。因此,他极力主张使用原子弹"狠狠教训日本这些狗娘养的"。即使在战后的马尼拉审判中,他也毫不留情地将自己的老对手日军司令山下奉文和本间雅晴送上了断头台。

美国总统杜鲁门和国务卿贝尔纳斯是使用原子弹的最终决策者。他们把原子弹看作是结束战争的有效手段。这实际上是在执行罗斯福总统早已制定的计划。1944年秋天,当原子弹还在研制时,罗斯福就同英国首相丘吉尔专门签订了一项备忘录,决定在试验成功后即对日本使用原子弹,直至它投降为止。在此之前,罗斯福总统还针对日本在中国大规模使用化学和细菌武器的反人类罪行,向日本发出过将用最新式原子炸弹予以报复的警告,以期尽早结束战争。同时他们要在战后以原子弹这张王牌抑制苏联势力的扩张,确保美国世界霸主地位不受挑战。

1945年7月26日,杜鲁门总统在征得英国首相丘吉尔和艾德利的同意后决定对日使用原子弹,并向日本发出最后一次警告:日本必须执行《波茨坦公告》,向盟国无条件投降,否则"将遭到前所未有的打击,日本本土全将毁灭"。

 面临人类首次"核打击"时日本竟然也想造原子弹

然而到此时,日本天皇和政府仍然决定顽抗到底,对杜鲁门的要求不予答复。于是,人类首次"核打击"不可避免地降临到日本人民头上。

然而,将原子弹投向哪些目标最为合适?这是美国高层难以确定的最后一个焦点问题。为此,杜鲁门总统专门责成美国军方成立了一个"临时委员会"负

弥散的硝烟

■不可不知的72个兵家猎秘

责此事。该委员会认为选择的目标具备下列条件最为理想：一是该目标具有完整的军事设施；二是可有效显示原子弹杀伤破坏效果，对日本能起到巨大的震撼作用。经过研究，"临时委员会"最后列出了京都、广岛为合适的打击目标。

但"临时委员会"确定的打击目标却遭到陆军部长史汀生的极力反对。他认为京都是日本的文化圣地，把京都作为原子弹轰炸的目标彻底毁掉它，将会使"日本人永远不会原谅美国"。尽管"临时委员会"极力想说服史汀生改变观点，可史汀生却丝毫不作任何让步。他还非常气愤地跑到白宫要求杜鲁门总统亲自出面摆平此事。无奈之下，杜鲁门总统只好与"临时委员会"再三协商，最后决定把京都删去，另将小仓和长崎列入原子弹轰炸可供选择的打击目标。

1945 年 7 月 28 日，日本政府正式拒绝接受美、英、中三国的《波茨坦公告》，宣布准备把战争进行到底。于是，杜鲁门总统下令对日本进行原子弹突击。美军按照计划很快就将原子弹运到了南太平洋的提尼安岛。8 月 6 日早晨 8 时，两架 B－29 美机从高空进入日本南部工业和军港城市广岛上空，其中一架装载了一颗 5 吨重的原子弹"小男孩"。上午 9 时 14 分，装载原子弹的美机对准了广岛一座桥的正中。原子弹从被打开的自动投弹装置落入空中。45 秒钟后，原子弹在离地 600 米的空中爆炸。广岛上空立刻出现强烈的白色闪光，发出天崩地裂的爆炸声。整个广岛顷刻间变成人间地狱。25 万人几乎同时看到了死神的狞笑。

然而，日本大本营仍叫嚣要把战争进行到底。8 月 7 日，日军参谋总部副部长河边将军甚至还受命请来日本著名原子科学家西名吉尾询问："你能不能在 6 个月内造出一颗原子弹来？如果情况允许，我们可以坚持这段时间。"西名告诉他，这是无法做到的，因为日本没有铀，也缺乏研制原子弹的其他必要条件。

美国当然不会给日本以喘息时间。8 月 9 日，美机又按计划对九州的海岸港口城市小仓实施原子轰炸。因烟雾笼罩，美机连续转了几圈都无法找到瞄准点，而飞机备用油料箱开关失灵燃料告急，飞行员只得紧急向上级请示临时更换目标，将第二颗原子弹"大胖子"投向另一预备目标长崎，使全城 6 万多人被送进了火海地狱。

几乎在同一天，苏联百万雄师扑向中国东北。日本最后的战略预备队关东军顷刻间被打得土崩瓦解。日本终于屈服了，宣布接受《波茨坦公告》，无条件投降。

空前悲剧带来的巨大影响

两颗原子弹爆炸的后果是令人吃惊的。广岛约有 30 万人,人口密度为每平方英里约 8400 人,而伤亡竟达 14.4 万人,其中死亡约 6.8 万人。长崎约有 20 万人,人口密度为每平方英里 5700 人,伤亡竟达 5.9 万人,其中死亡约 3.8 万人。广岛建筑物的大约 67％,长崎建筑物的大约 40％ 被摧毁。原子弹爆炸后,这两个城市顿时火焰蔓延,浓烟翻滚,基本上已被夷为平地。

由于广岛、长崎 20 多万人的死伤,大部分参加研制原子弹的科学家深感不安,他们带着玩火而失火的内疚心情纷纷离开了阿拉莫斯。1945 年 10 月,"原子弹之父"奥本海默在辞去实验中心主任职务时,就告诫说:"假如有一天原子弹被作为新武器存放在那些准备进行战争的国家的军火库中,那么世人诅咒阿拉莫斯的时候就为期不远了。"但是美国总统杜鲁门却在广岛原子弹爆炸当天发表的声明中辩解说:"14 小时以前,一架美国飞机在广岛投掷了一颗炸弹。那里是日本一个重要的军事基地。该炸弹的爆炸力超过两万吨 TNT 炸药。日本在珍珠港发动战争,它现在得到加倍的惩罚。这是一颗原子弹,利用的是宇宙间的基本力量。"

有谁能想到,1000 多字的总统声明在起草时居然花费了数月时间,其间颇费斟酌,而且在最后时刻还对声明的措词进行了润色。这显然表明投掷原子弹是美国蓄谋已久的,只是不能确定发布的时机罢了。

这份总统声明从第一个字开始就是半真半假。广岛的确有重要的军事基地,但炸弹的投掷目标却是一个拥有 35 万人口的城市的市中心。这是美国政策的直接延伸。这一政策就是轰炸日本平民,以摧毁敌人的士气。声明中还略去了一些事情。它没有提到原子弹的辐射作用。而很多美国官员都知道原子弹辐射的可怕。当时媒体的普遍印象是,这只是一颗大炸弹。杜鲁门提到这种新武器是革命性的,但只是指它的破坏力,丝毫没有提及它杀伤力的一个新特点:原子辐射。

当天,许多美国人首先是从广播中听到这一消息的。接着无线电台在新闻发布会后不久也广播了这份声明的原文。下午出版的报纸以通栏标题刊出"原子弹轰炸日本,世界炸弹之最"或者"原子弹轰炸日本城市",但是没有发布图片。

直到第二天,政府才开始发动新闻攻势,详细报道了原子弹的制造及轰炸

广岛的过程。五角大楼连续发布14条新闻公报。当时几乎所有美国报纸都全文或部分刊登了军方的这些公报。（王作化　王晋军　陈　刚）

美国"王牌师"首败揭秘

2005年10月，是抗美援朝战争爆发55周年的纪念日。

55年前的10月底，先期秘密入朝的中国人民志愿军第39军在北朝鲜的云山地区突然遭遇了美国"王牌师"——骑兵第1师的部队，我39军官兵当机立断，奋勇出击，一举毙、伤、俘美军1840名和200多名南朝鲜仆从军，打得美军晕头转向，恰惶败退。

这是中美两军的军队在朝鲜的首次较量，也是从未打过败仗的美军骑1师首次"走麦城"，它昭示了美军在整个朝鲜战争中必然彻底失败的命运。

▲ 云山战斗中被我军俘虏的美军官兵

🪶 奏响序曲：志愿军以一个连歼敌一个连

1950年10月28日，我志愿军第39军隐蔽进入北朝鲜的云山地区，按原计

弥散的硝烟 不可不知的 兵家猎秘

万象新知大课堂

划要在该地区歼灭南朝鲜第1师的两个团。没想到,美军骑1师的第8骑兵团恰在此时闯入云山地区与南朝鲜第1师进行换防。39军军长吴信泉当即改变原定作战计划,命令先头部队第343团团长王扶之带领全团立即向美军扑去。

正午时分,正在行军的第343团被美军空中侦察机发现。美军骑1师师长盖伊接到报告后,立即命令驻扎在龙山洞的第5骑兵团指挥官约翰逊上校派部队严密封锁343团所经过的山路。

志愿军第343团冲破美军飞机和炮火的封锁,抢先一步到达指定地点。部

▲ 云山战斗中我军高炮阵地

队还没构筑好工事,美军60人的排级巡逻队就到了。志愿军突然开火,美国兵还未弄清发生了什么事情,就都上了西天,一场伏击战就这样干净利落地结束了。随即,美军大部队向志愿军阵地发起了轮番进攻。

美军的攻势越来越猛,志愿军寸土必争。双方激战到黄昏时分,美军已显疲惫,攻击势头明显减弱,志愿军则斗志正旺。王扶之抓住有利战机,命令1营出击,1营指战员疾如闪电,狠如猛虎,打得美军狼狈后撤。其中第1连全歼美军B连,创造了志愿军一个连歼灭美军一个连的模范战例。

彭德怀接到战报,传令嘉奖第343团第1营第1连,称:"从此次作战中,可看出我军指战员的战斗素质与作战精神比敌人强。我以一个连即能歼灭美军一个连。"第343团首战告捷,奏响了云山之战的序曲。

 提前进攻：洋镐劈头敌胆寒

1950 年 11 月 1 日下午，一直密切关注云山城内动向的志愿军观察员报告：云山城内人声鼎沸，车辆如梭，一片混乱，部队在向后移动。我 39 军以为云山之敌已经察觉被包围要撤退要逃跑。事后才知道，这是美军第 1 师第 8 团和南朝鲜第 1 师进行换防。心急如焚的 39 军指战员等不及原定于 19 点 30 分才发起的总攻，立即对敌进行了炮火准备，战斗于 11 月 1 日下午 4 点 40 分提前打响，顿时五颜六色的信号弹在昏黄的天色中腾空而起，各种火器发出的声音震荡着云山山谷。紧跟在炮火之后，志愿军步兵开始向云山之敌发起了猛烈冲击。

战斗是残酷而激烈的。根据美军的战史记载，志愿军的炮火猛烈，几乎看不出队形的志愿军的攻击队伍在各个方向上时隐时现，瞬间就冲到美军眼前了。在惨烈的混战中，347 团的赵顺山、于世雄各自和美国士兵扭打在一起了。"那个美国兵很高，很胖。"赵顺山回忆道。就在脸对脸的瞬间，在火光激烈的抖动中，赵顺山看见"他的眼珠是黄绿色的"。搏斗中，和赵顺山扭打在一起的美国兵掏出了手枪，可赵顺山腾不出手来制止，于是他就喊："于世雄，快帮我把这家伙的手枪抢过来。"于世雄腾出一只手打掉了那个美国兵的手枪。可就在此时，与于世雄扭在一起的那个美国兵却趁机掏出手枪向于世雄的腹部开了枪。愤怒至极的赵顺山发现被自己压在身下的美国兵背后插着的洋镐，于是他用力拔出来，向压在身下的美国兵的头上砸下去。在美国兵惨厉的叫声中，压在于世雄身上的那个美国兵崩溃了，他愣愣地站起来，双手抱头就跑，但是他被受了伤的于世雄紧紧地抱住了腿。赵顺山说："我的动作更快，八寸长的洋镐已经举起来，穿过了他的手背，整个刨进了他的脑袋里。"

战斗打响后，志愿军如一股旋风掠过山谷，到处枪声一片，军号声大作。美军被搞得晕头转向，搞不清哪里是志愿军的主力，也搞不清到底有多少志愿军。

 大胆穿插：奇袭敌营"一锅端"

在 11 月 1 日夜晚的激战中，我 116 师 346 团 4 连发现敌人防御体系出现混乱迹象，便采取"混水摸鱼"的战术行动，大胆实行穿插，结果一举抵达敌防御重心。当志愿军到达云山公路大桥时，守桥的美军第 3 营士兵竟把他们当成南朝鲜军，给志愿军让路，跟志愿军握手。4 连官兵沉着机智，队伍过桥后，一直向美军营地中央走去。当行进到美军第3营营部附近时,队伍中突然响起了几声短促的小喇叭声,全体人员随着喇叭声在瞬间展开,向美军的帐篷和车队扑去。睡梦中的美军士兵稀里糊涂地做了枪下鬼,公路上的车辆也在连续的爆炸声中起火燃烧。美军第3营营长奥蒙德听到枪声,走出帐篷,刚要开口发问,就被迎面扫来的子弹打倒在地。美军第3营指挥所顷刻间被消灭。剩下的美军失去

▲ 云山之战中我志愿军战士向美军猛冲

指挥,一片混乱,各自为战。战至天明,剩余的美军被困在桥畔的一块稻田地中。美机此时赶来助战,在大桥四周狂轰滥炸。被围美军在飞机的掩护下,以坦克为核心,构成了一个方圆180多米的环形阵地,企图负隅顽抗。美国陆军战史描述当时的情景时说:"第3营陷入了一场'西部牛仔与印第安人式的战斗'。"一个美军老兵接下来回忆说:"当我听到远方的军号声和马蹄声,我以为还在梦乡,敌人仿佛腾云驾雾,从天而降。"

被迫撤退:无奈撤销营番号

志愿军神兵天降,果敢拼杀。美军一个个如惊弓之鸟,被打得狼狈不堪。美军骑1师为了救出被围困的骑8团第3营,立即组织骑5团在强大的火力掩

弥散的硝烟 ■不可不知的72个兵家猎秘

护下向云山方向驰援。早已等候多时的我343团以逸待劳，待援敌进至我有效射程之内，所有火器一齐开火。援敌被当头一棒击退，随即便疯狂动用飞机、重炮、坦克等对我阵地狂轰滥炸，火箭弹、燃烧弹使整个阵地变成一片火海。但我英勇顽强的志愿军战士浴血奋斗，宁死不惧。增援之敌每前进一步都付出极大代价。战斗进入到了白热化，美第1军军长米尔本和骑1师师长盖伊也亲自到前沿观察所督战。经过两天两夜的激战，援敌始终未能越雷池一步，反而在阵地面前丢下400多具美军尸体，美军的骑5团团长约翰逊在战斗中也被我军击毙。

在稳固防线的基础上，志愿军第343团不失时机地投入了第二梯队，数路并发，对美军实施反击，不仅将美军赶下了山坡，而且收复了失去的阵地。美军官兵被志愿军反击时的军号声、喇叭声搅得心惊胆寒，他们给志愿军阵地起了一个名字，叫作"喇叭山"。

美军骑1师第8团第3营被团团围困，援兵又难以到达。现在，美军中谁都明白自己在这场战斗中败局已定，但谁都不敢下令停止进攻，因为这样做，就意味着丢弃被围的第3营。这与美军的传统是相悖的。在前沿观察所，所有人都把眼光投向了军长米尔本。米尔本铁青着脸，独自走出指挥所，在一块岩石上坐下，久久地凝视着几千米外的志愿军阵地。最后，他极其痛苦而又无可奈何地下达了撤退的命令。

在我军铁桶般的包围和勇猛的进攻面前，美军任何方式的突围都是徒劳的。激战至11月3日夜，美军第8骑兵团第3营全部被歼，营长、营参谋军官和4个连长或死或伤或被俘。作为一个建制单位，美军这个营已不复存在。1950年11月6日，美国陆军部被迫撤销了这个营的番号，被迫撤销番号在任何国家、任何军队都被认为是最可怕的耻辱。

云山之战至此全部结束。中美军队在朝鲜战场上的第一次较量以志愿军大获全胜而告终。在两天三夜的战斗中，志愿军39军以劣势装备重创美陆军骑1师，毙、伤、俘美军和南朝鲜部队共2046名，其中美军1840名，击落飞机3架，缴获飞机4架，击毁与缴获坦克28辆、汽车170余辆、各种火炮119门。这是美军第1骑兵师历史上最为惨重的一次失败。彭德怀总司令高兴地说："从没吃过败仗的美军'常胜师'这回吃了败仗，败在我们39军的手下！"这使美军上下如梦方醒，不得不重新认识中国军队这个"勇猛而危险"的对手。几十年后，一位参加过云山之战的美军军官在接受记者采访时，仍心有余悸，他说："云

山？我的上帝，那是一次中国式的葬礼！"（高广东　李　瞰）

希特勒"远程火箭计划"破灭内幕

1939 年 11 月 4 日凌晨，凛冽的暴风雪呼啸着，英国驻挪威使馆的一名警卫在巡逻，不敢有丝毫马虎。突然，他看到了一个东西，半埋在雪里。那是一个包裹，有一个汽车牌照那么大，约 80 毫米厚，收件人是英国海军武官。这名警卫不敢怠慢，赶紧把包裹交到了海军武官手中。武官打开包裹，周围的人都惊呆了：里面装的竟然都是德国武器制造的说明图表和许多德文文件，还有一张署名"一个好心的德国科学家"的字条。这太让人意外了，是不是个圈套？武官不能确定。

▲ 纳粹德国的地下工厂在生产 V—1 飞弹

5 天后，伦敦的阳光略显明媚。在英国空军科学情报处，年轻的博士琼斯正坐在办公桌前，翻看英国驻挪威使馆送来的那个包裹和相关报告。这是一份惊人的情报。在大量的军事技术情报中，有关于声寻鱼雷、夜间轰炸系统、德国新近研制的雷达等诸多机密材料，其中最让琼斯博士感兴趣的是报告中谈到的"希特勒远程火箭计划"。报告称，德国正在波罗的海的皮奈蒙德岛试验发射大型远程火箭。琼斯既兴奋又犹豫：如果报告属实，那么盟军就掌握了希特勒的核心武器研制计划；可他又担心这是德国人耍的诡计，它诱使盟军徒劳地去寻找根本不存在的德造大型远程火箭。由于各种情报来源的不确定，英国情报局一直将这一情报压到1943年3月17日都没有处理。此时，琼斯博士通过其他渠道的多种情报来源进行综合分析，终于证实了1939年那个包裹不是个圈套。

的确，希特勒研发的正是大型远程火箭。德军自斯大林格勒和阿拉曼等地节节败退后，希特勒就把扭转败局的希望寄托在扔原子弹和发射大型远程火箭这两件"秘密武器"上。但由于铀资源和时间所限，希特勒决定先研制大型远程火箭，并将其命名为"复仇武器"。按照德文"复仇武器"的第一个字母，最终将其定名为V－1和V2火箭。

不久英国情报局反映，德军有一支火箭分队已调到了波罗的海沿岸，并开始标定火箭弹道。同时还抄到了用低

▲ 一颗没有爆炸的V－2飞弹被竖立在伦敦市中心广场上

级密码发送的弹道数据。琼斯博士根据这些数据，推算出了火箭的时速等性能参数，并根据雷达标图测算出火箭发射场的位置就在皮奈蒙德小渔村附近。侦察照片清楚地显示出那里有一枚德国远程导弹正好装配在发射架上，这就确证

了琼斯博士的判断。

与此同时,英国情报局里斯本站又收到了一份新情报:"希特勒最近将率内阁成员到皮奈蒙德视察。而且,10月20日已被定为德国发动火箭进攻伦敦的日子。希特勒曾对其他将领们说,只要坚持就能胜利,1943年年底,伦敦将被炸为平地。"

▲ 纳粹德国产 V—2 远程火箭

情势危急。1943年8月17日夜,英国空军紧急出动600架轰炸机奇袭皮奈蒙德,轰炸重点就放在技术人员居住区。730名与"复仇武器"生产有关的人员被炸死,其中包括两名关键人物——德国科学家提尔和瓦尔特。这次奇袭重创了希特勒的"复仇武器计划",他被迫把试验基地迁到了波兰。

盟军对发现的所有与"复仇武器计划"有关的目标进行了连续轰炸,希特勒被迫一再推迟使用他的"复仇武器",直到1944年6月12日,德军才开始用远程火箭攻击伦敦,原计划一天发射1000枚,结果只发射了10枚,其中4枚在发射场爆炸,2枚坠海,只有4枚击中了伦敦,但没有给伦敦造成多大损失。

就因为那个"好心的德国科学家"送来的包裹,更因为有了年轻的琼斯博士,大型远程火箭最终没能成为德国法西斯的"复仇武器",希特勒将伦敦炸为平地的梦想也最终化为了泡影。(方　炜　常　明)

弥散的硝烟

■ 不可不知的72
兵家猎秘

美军"空中优势"失灵之谜

冷战结束后，超强的美国空中力量在实力上已无人能望其项背。近年来，在美军挑起的科索沃战争、阿富汗战争、伊拉克战争中，美军的空中力量可以说出尽了风头，成了美国称霸世界的主要王牌。但令人深思的是，同一支美国空军在1965年的越南战争中却却处处碰壁，败绩连连，十分无奈。这是为什么呢？让我们追溯一下美国空军在越战中发起的"滚雷行动"始末，便不难探析出其中的奥秘。

"滚雷行动"让美国空军亮出了全部家当

▲ 指挥实施"滚雷行动"的美军总司令威斯特摩兰

1965年3月2日，经过周密计划，美国针对北越发起了代号为"滚雷行动"的大型空中攻击战役。此后的两周内，美军飞机反复轰炸了非军事区附近的目标。从此，在越南的"顾问战争"（1961年11月15日到1965年3月1日）结束了，美军开始正式、直接、大规模地介入越南战场。

在"滚雷行动"期间，美国几乎使用了当时手上所有的作战飞机，最危险的轰炸行动由F—105和F—4来担当。

进入1967年，在"重新审视前一年无效的战略轰炸的教训"后，对轰炸的各种限制似乎有些放松。美军开始攻击一些重要目标：如重要的米格飞机基地，火车通往河内的必经之路杜梅大桥以及河内和海防空中限制区的其他目标。

"滚雷行动"持续了3年零8个多月的时间,是美国历史上持续时间最长的空中战役。空军和其他航空兵部队的战斗机进行了304000架次战斗飞行,而B—52轰炸机则飞行了2380架次。在这次战役中美军投下的炸弹数量超过了二战欧洲战场所投炸弹量的总数,达到258万吨,越南北方平均每平方公里落弹16.2吨。但是,这次战役并没有"说服"北越部队停止抵抗,也没有切断北方对南越抵抗力量的支援。

北越军民用"便宜"打法挫败了美军的空中打击

▲ 参与"霹雳"行动的美军直升机部队

当时,越南防空体系已大大改善,首都河内拥有号称"世界上最严密的防空火力网"。猛烈的空中轰炸没有摧垮越南人民抗美斗争的意志,也没有摧垮越南人民的士气,甚至没有破坏北方的战斗能力。有几十万人为了维护运输系统畅通而奔忙,重要的物资和设施都疏散隐蔽。铁路大桥清化桥在3年中被攻击了无数次,也多次被击中,但都在抢修后照常通车。美军飞行员甚至认为清化桥有"上帝保佑"。

北越军民的防空系统包括防空火炮、萨姆—2防空导弹和米格战斗机以及各种雷达。在美军实施"滚雷行动"期间,北越地空部队在社会主义兄弟国家的支援下总共向美军飞机发射了约5000枚萨姆导弹,共击落101架美军飞机。对这些导弹,美国飞行员通常进行俯冲降低高度,但是这又使他们陷入越军的低空火力网。

为对付萨姆导弹,美国空军有两个比较有效的方法:电子干扰和"野鼬鼠"

战机。第一种野鼬鼠飞机是 F－100F,它于 1965 年 12 月首次在实战中击毁萨姆导弹阵地。

北越飞机主要是米格－17 和米格－21。另外北越还从中国得到了一些歼－6 飞机,但在"滚雷行动"结束之前,这些飞机没有出现在越南上空。米格－21 是北越最好的飞机,其战斗性能不亚于 F－4,它装备了火炮和"环礁"空空导弹。

美国空军从 1967 年 4 月开始轰炸北越西部的机场,紧跟着攻击了科浦机场。但是直到 1967 年 10 月,北越战斗机的主要基地浦云机场一直未受到攻击。而贾兰机场在整个战争期间则一直在不受攻击的名单内,因为美国政府认为中国、苏联以及国际组织的运输机应拥有一个通向北越的安全通道。北越当然就利用贾兰机场作为最活跃的米格机基地了。此外,北越军民和南越解放武装力量还利用一切可以利用的手段猛烈打击美国空军的后勤补给线和保障系统。比如大量使用陷阱、地雷、挖掘地道,攻击美军机场。1967 年 2 月,南越解

▲ 一脸无奈的侵越美军官兵

放武装力量第一次用远程火箭筒袭击了岘港的美军基地。在同美军地面部队遭遇时,越南军民凭借人民战争的优势,尽可能近距离地同美军地面部队厮杀,使得美军难以使用炮火和飞机轰炸。与此同时,大批越南人民军在各界群众的支援下开辟了著名的"胡志明小道",把大量有生力量和战争物资运到了直接打击美军和南越伪军的南越火线。他们在几千公里长的"胡志明小道"沿途,充分利用地形地物,一路修建了美国飞机轰炸不了的大量地下军营、临时医院、油料库和补给仓库。通过这条秘密通道,越南军民源源渗入南方,挫败了美军和南越伪军发动的一系列攻势,也使美军的空中优势一无用处。有个美国战地记者得悉这一实情后

惊叹道：北越军民用自己的"便宜"打法挫败了美军"滚雷行动"和现代技术。

1967年1月，北越发起了春季攻势，这是这场战争中北越最大的进攻行动，他们攻击了整个南方的很多基地和城市。这次进攻在军事上是失败的，但它却动摇了美国的媒体，整个媒体都在激烈反战。由于受到美国民主党内部竞争者的挑战，以及在民意调查中的支持率下降，3月31日，美国总统约翰逊宣布他将不再争取连任总统，同时宣布暂停部分轰炸行动，即结束"滚雷行动"在19度线以北的行动。局部暂停最终演变为11月1日开始的对北越全境停止空袭。"滚雷行动"灰溜溜地结束了。

 美国的"事后诸葛亮"自揭败因

"滚雷行动"在越南战场上以惨败告终，从而鲜明地证明了美军的"空中优势"不是万能的。"得道多助"的被侵略国家的军民，只要拥有并保持坚强的民族凝聚力，根据本地的实际条件恰当地采用人民战争的"便宜"打法，完全可以打败并粉碎"失道者"的空中优势。这一历史的真理并不因为美军在近年几场局部战争中连占便宜而被否定。

然而，坚持"唯武器论"的美国的"事后诸葛亮"并不这么看。美国国会的结论认为，从始至终，"滚雷行动"总是受到"逐步扩大"政策限制，这项政策减弱了空中力量对北越的攻击效果，并让北越拥有了足够时间恢复作战能力，调整部署。美空军史学家韦恩·汤普森这样抱怨，"约翰逊总统的行动再三地、明白无误地告诉北越的共产主义统治者，他的部队不会伤害他们，他也是这样做的。河内市区的政府建筑从来没有受到过攻击。"

美国空军的抱怨或许是有道理的。军人可以不考虑政治后果，但政治家却不能，美国总统必须顾及国内舆论和社会主义国家的反应，特别是苏联和中国的反应。所以从某种程度上讲，美国空中力量不是败在越南人手下，也不是败在政治家的手下，而是败在整个社会主义世界的威慑下，这恐怕就是美国军人的无奈了。（张学峰　陈　刚）

 "演习行动"的背后

第二次世界大战时,意大利在北非领土利比亚驻有 6 个师的部队,号称"新罗马军"。英国在埃及仅驻有两个师。

1940 年 9 月中旬,英国本土正在应对德国飞机夜以继日的狂轰滥炸,无法抽调部队增援驻埃及的英军。于是,意军想趁机以多打少,一举占领埃及。

意军自利比亚向东,在 60 公里宽的正面攻入埃及,有百余公里,却于 9 月 18 日自动停下来掘壕固守。分析其原因,可能有 3 条:一是意军没有摩托化部队,各师布兵行动缓慢;二是后勤补给不足,战线越长,补给越困难,需要停下来,等待从意大利运来的军需品;三是指挥官平庸无能,优柔寡断,不敢大胆进军,不然,埃及亚历山大港也许已在他们的掌握中。

英军处于守势,只有两个师,要想以少胜多,改变局势,只能使用巧妙计策突袭意军。10 月和 11 月,两军都没有明显的动静。意军躲在营地中,静等国内运来补给,对营地以外的事不闻不问。英军却是另一番景象,不断派出巡逻队,到意军周围活动,侦察意军情况。他们发现,意军修建的是彼此孤立的营地,防御工事没有连成一气,各营地彼此隔开,很难防备突然袭击;意军战备意识薄弱,遭受突袭,必然溃不成军,仓皇逃散。

英军宣布:将于 12 月底,在沙漠中进行训练演习。只有少数军官知道,这是想借演习之名,暗中调动部队。但是意军完全相信了。当然也有原因:一来是英军向来重视训练,举行演习本属常例;二是意大利在埃及的许多间谍拿了英国人的钱,成了双面间谍,不能报送及时、可靠的情报,这样,意军指挥官耳不聪目不明。

英军演习开始后,无线电台进行虚假联络,欺骗意军截听人员,使他们确信英军的演习是真的。不过,参演的英军到晚上却接到新的命令,一阵急行军,直插意军各营地的空隙,把意军营地团团围住。一声令下,枪炮齐鸣。意军在睡梦中被惊醒,以为敌军从天而降,顿时乱作一团,不战自败。

英军这一仗俘虏意军 4 万人,缴获意军大部辎重和火炮,并穷追不舍迫使意军退至利比亚境内。(张敬良)

揭秘苏俄版的"铁道游击队"

在莫斯科的陆军博物馆里,有一辆装有各种坦克炮塔和76.2毫米主炮的装甲列车,虽然这辆列车是用许多辆残破的装甲列车的部件拼装而成,但它却逼真地再现了第一、第二次世界大战中俄罗斯和苏联版的"铁道游击队"的非凡战绩和神奇风采。同中国版的铁道游击队不同,苏俄版的"铁道游击队"主要是指奔驰在铁道上的军用装甲列车和熟练驾驶这些列车痛击敌军的军人及铁路工人武装。

被誉为"铁道战神"的装甲列车,一般是指在铁路沿线对部队进行火力支援和独立作战的铁路装甲车辆,通常由1台铁甲蒸气机车、2节以上的装甲车厢、2~4节做掩护用的铁路平板车构成。铁甲蒸气机车位于装甲车厢之间,装煤和水的车朝向敌方,机车上备有通信设备和射击指挥器材。装甲车厢装备1~2门火炮、4~8挺机枪,位于车厢两侧和旋转炮塔内,各节车辆采用刚性连接。

俄罗斯是世界上最早拥有装甲列车并成立铁道兵部队的国家。早在1904~1905年的日俄战争期间,俄国沙皇就指派了7个铁道兵营驾驶2列装甲列车深入中国东北地区狙击日本"人弹"。在第一次世界大战中,前线俄军装备的装甲列车曾在战火中大出风头,火器配备也越来越强。但俄版"铁道游击队"真正大展神威还是在苏维埃时期。

为保卫十月革命成果屡建奇功

▲ 苏联内战时期的装甲列车

1917年11月7日爆发的十月革命,给了装甲列车在俄罗斯土地上大显身手的真正机会。大型铁路机车厂的工人们短期内为红军和赤卫队制造了大量名为

"布良卢契克"的简易装甲列车。这种装甲列车大多是在无任何防护的普通车厢侧壁上开出机枪射口,再挂上架有 76.2 毫米野战炮的平板机车,为了加强防护能力,俄国工人们还在机车上堆上枕木和沙包,以顶替昂贵的钢板。

1917 年 11 月 20 日,在下十月城附近的拉脱维亚军营里发生兵变,红军派遣一列装甲列车前往平叛,装甲列车以炮火支援 1 个步兵团和 1 个波罗的海舰队水兵营镇压了叛变部队,这是迄今为止外界知道的苏联红军装甲列车的首次战斗。

1918 年 8 月 18～20 日,白卫军马蒙托夫将军的骑兵集群前出到察里津附近,红军 3 列装甲列车于 8 月 20 日突破了白卫军的合围,装甲列车用 57 毫米速射炮和戈洛夫 6 管转膛枪打退了哥萨克骑兵的多次疯狂冲锋和破坏铁轨的企图。红军趁势于 8 月 22 日解放了叶尔佐夫卡和皮丘任斯卡亚,8 月 26 日至 9 月 6 日,红军全线反击,哥萨克白卫军被赶到顿河右岸,打死和俘虏敌人约 1.2 万人,装甲列车成了红军这次反突击的最大功臣。

1918 年 9～10 月间,红军指挥部为歼平敌军,合编的第 10 集团军指挥部在环城铁路沿线集中了数列装甲列车和由 21 个炮兵连(火炮共约 100 门)组成强大的炮兵群,以密集火力给敌人造成了重大损失,使战局发生了有利于苏维埃军队的转折。

在察里津保卫战中,红军在城市近郊建立防御阵地,实行"战线远离城市"的战术,在战斗中大量集中使用炮兵和装甲列车,红军指挥官将装甲列车视为

▲ 增有防空火力的苏联装甲列车

一种可对战斗部队提供有效支援的武器。

1918年，红军拥有23列装甲列车，1919年上升到59列，而到1922年国内战争正式结束时，红军拥有的装甲列车总数达到空前的103列。装甲列车最大的优点在于它可以进行不间断射击，就是在列车运行中也可射击，而且其火力比较容易集中，另外它们还能对自身的成员和车载步兵提供装甲保护，这样他们就有可能独立战斗。

在1920年针对波兰地主干涉军的作战中，红军装甲列车甚至用高空气球来观测和校准炮火，由于波兰骑兵集群的压力，红军步兵必须依赖装甲列车强大的火力控制战场局面，许多红军指挥员承认，"如果没有装甲列车的参战，许多战斗的结局将异常悲观"。即使敌方的军官也不得不说："机动性好且火力强大的（红军）装甲列车是我们最强大的对手。"

在红军大机械化陆军建设中日益规范化

在拥有内战及与国外干涉军作战的经验后，红军指挥官将装甲列车视作铁路沿线和铁路枢纽附近作战不可或缺的武器装备，即使是在红军进行大机械化陆军建设时期也没有放松对这种武器的开发工作。红军认为：装甲列车作为进攻武器使用时，必须前出至已方阵线前方最危险的地区进行战斗行动，以火力掩护车载步兵。作为防御武器使用时，装甲列车一是作为机动火力储备对敌方进攻实行强有力的突然打击；二是当友邻部队撤退时，装甲列车要为其提供必要的火力掩护。除了上述两点外，装甲列车还对保卫铁路线和车站负有责任。

弥散的
硝烟

■不可不知的72个
兵家猎秘

▲ 二战中保卫列宁格勒的苏军装甲列车

后来配属苏联红军部队的装甲列车以2～3个单位（一个单位指一列装甲列车及其附属人员）组成一个营。二战前，苏联军方与一些机车厂签订了新型装甲列车的制造合同。在这些合同中，装甲列车的生产

被限制在少数几种机型，以获得最大程度的标准化。和老式机车相比，新型机车在各个方向上都要求有装甲板防护。虽然在1920年时就有一些机枪（偶而也有火炮）被用来防空，但由于考虑到在未来的冲突中，会遭遇到比1917年的战争中更为强大的空中火力，因此，开始了制造配备高射炮的新型制式防空车厢。在苏联参加第二次世界大战前，装甲列车车头一般位于装甲列车的中部，一旦列车到达指定位置，指挥员通过电话沟通各战斗部门，以使友邻部队能够得到装甲列车的有效火力支持。

进入20世纪二三十年代，过去拼凑的装甲列车也逐步进入规范化生产过程中。简单廉价的枕木和沙袋被6～8毫米厚的铁装甲板取代，普遍对机车头增加了装甲保护，所有火炮都装到了旋转炮塔上，机枪则被安置在车厢侧面或可伸缩的凸窗枪座上。一部分装甲列车上安装了100毫米或120毫米的海军炮。装备这些装甲列车的炮兵连后来作为独立的"铁道游击队"，成为筑有铁轨的苏联红军海岸防御体系的一部分。与此同时，在机车头周围安装一些车厢板（后来演变成装甲），以及在列车的前后方各放置一些安全车厢以防备敌方地雷和装载炸药的自杀性铁道滑车。

从1928年起，苏联红军在一些地方设立了装甲列车试验及"铁道游击队"人才培训基地，组建新的"铁道游击队"，这些新的能独立作战的单位被用来组成预备队旅团。苏联版的"铁道游击队"显示了蓬勃的发展势头。

在反法西斯战争中大铸辉煌

1941年6月22日，纳粹德国发动了入侵苏联的"巴巴罗萨"行动。在随即展开的伟大的卫国战争中，苏联的"铁道游击队"和苏联军民一样经受了严峻的考验，十分圆满地履行了自己的神圣使命。这些"铁道游击队"的最大优点是行动速度快，即使面临敌人的地面和空中打击，依托装甲列车的"铁道游击队"在1天内也能行驶约500千米，而且一般轻兵器和炮弹破片无法穿透其装甲，因此，训练有素的"铁道游击队"队员们驾驭的这种列车能够与敌人近距离交战，车载的至少4门火炮和8～12挺机枪可以形成强大的火力，而且还有防空力量和运载步兵的能力。

苏联"铁道游击队"在卫国战争第一阶段保卫铁路枢纽的战斗中起了重要的作用，其中特别值得一提的是：第56号装甲列车的游击队员们曾将来势汹汹的德军坦克和摩托化步兵阻挡于基辅城外，第72号装甲列车的游击队员们曾辗转于明斯克、布里扬斯克、莫斯科、列宁格勒、斯大林格勒等多处作战；"伊里亚穆罗梅茨"号列车的将士们战斗行程达2500千米，一直打到法兰克福，曾击落敌机7架，击毁敌装甲列车1列和7门火炮；"乌兹别克斯坦"号列车的将士们一直打到勃兰登堡。1945年，苏联国防委员会主席约瑟夫·斯大林前往波茨坦参加三巨头会议时，他赴会的"座驾"既非战舰又非飞机，而是由8列装甲列车车厢组成的豪华武装列车。

苏联陆军《红星报》曾报道，"布尔什维克"号防空装甲列车，从1942年1月到卫国战争结束共行驶了1.3万千米，击落德机30架，由特别优秀的

▲ 苏军"铁道游击队"装甲列车

铁道游击队员们驾驭的这辆装甲列车既装有轻型和中型加农炮，还装有用于防空的超重型高射炮。

虽然铁路系统经常被炸毁，而且还要花很多时间来伪装车辆，但在列宁格勒保卫战中，以铁道炮为核心火力的苏联"铁道游击队"仍为守城部队提供了强大的火力支援。苏军利用列宁格勒市内和市郊密集的铁路网以及新建造的炮兵火力点，使铁道炮能出其不意地移动到敌人后方或其指挥部、预备队、火力据点等目标发动攻击，或为己方部队提供火力支援。据苏联方面统计，在1942~1943年这段时间内在列宁格勒作战的铁道炮共发射了14.4万发炮弹。

为这些铁道炮提供弹道校正的是空军的一个特殊中队以及第三飞艇营，他们装备了一些系留气球，观察兵在气球上可对战线后方的敌军重要目标进行定位。

弥散的硝烟

■ 不可不知的72个兵家猎秘

▲ 十月革命期间的红军装甲列车

　　在战争后期,曾参加列宁格勒保卫战的"铁道游击队"加入到反德军的行列中,它们的任务是摧毁特定的目标。1944 年,苏军在"铁道游击队"及其铁道炮的协助下摧毁了位于维堡的德军工事,并在立陶宛梅尔附近压制住了德军火力阵地。有 2 个铁道炮兵团(其中 1 个团装备 10 门 180 毫米、9 门 130 毫米和 12 门 152 毫米铁道炮,另 1 个团装备 17 门 130 毫米铁道炮)后来一直在苏联沿海地区服役。1945 年 4 月有数个"铁道游击队"及其铁道炮参加了攻占柯尼斯堡和皮劳的战役,它们在野战炮无法达到的射程上,对德军工事进行了猛烈炮击。从 1943 年 12 月到 1945 年 5 月共有 6 个营的"铁道游击队"与陆军部队一同参加了战斗。在 837 次作战中,这些"铁道游击队"共发射了 15028 发炮弹,击沉船只 8 艘,击毁运输火车 7 列,击伤 5 列,并摧毁了 21 座敌军要塞的防御工事。

　　这些"铁道游击队"在卫国战争中立下的丰功伟绩并没有随着苏联的解体而消灭,它们正以各种形式被俄罗斯人民纪念着、铭记着,成为反法西斯战争史上永恒的丰碑!(春　风　金　琳)

万象新知大课堂

以色列是怎样让伊拉克核设施成为废墟的？

正当世界各大国正在积极磋商如何通过外交途径和联合国安理会认真解决伊朗核问题的时候，西方一些媒体竞相发布以色列和美国正在积极谋划运用军事手段摧毁伊朗核设施的消息。日前英国《星期日电讯报》甚至刊登出了一篇美国和以色列《拟对伊朗核设施进行"闪电战"》的文章，格外引人注目。其指出，以色列人作出这一计划不是偶然的，是有历史依据的，因为他们在 25 年前曾这么干过一回，仅用两分钟就炸毁了伊拉克正在建设中的核设施，彻底粉碎了萨达姆的"核弹梦"。

▲ 以色列"巴比伦"行动中所用的 F—15 战机

萨达姆用石油买核技术，以决定空袭巴格达

20 世纪 60 年代，伊拉克原子能委员会与苏联合作，在巴格达市郊的图维塔建立了一个 2 兆瓦的研究用核反应堆，但因功率太小，反应堆无法提供制造原子弹所需的铀和钚。1976 年，伊拉克在图维塔又实施一项代号"奥西拉克"的核项目，计划建立两个核反应堆。但伊国内技术力量只够完成土建施工，对核心

弥散的硝烟
■不可不知的72个兵家猎秘

▲ 20世纪80年代中东战场上的风光人物，前边是做着核弹梦的萨达姆

技术却束无手策。为此，萨达姆指示利用石油武器开展外交活动，寻找新的合作伙伴。

很快，伊拉克的石油武器在拥有先进核武器的法国奏效。1980年3月，法国密特朗政府宣布为伊拉克提供一座价值2.6亿美元的70兆瓦的核反应堆，并在巴黎为伊拉克培训600名核技术人员。

 以动用外交和暗杀手段阻止

早在1980年年初，以色列摩萨德情报机关便掌握了伊拉克核计划的实质内容，并向政府警告说，伊拉克核反应堆进展速度比预料的快得多，必须采取行动加以阻止。

在这种情况下，以色列外交部和摩萨德情报机关首先动手。以色列内政部长西蒙·佩雷斯一连两个月呆在巴黎，劝说法国中断与伊拉克的核合作。但当时伊拉克不仅向法国提供石油，还是法国军火商的头号"买主"。法国一名官员甚至反讽佩雷斯：当年不正是法国帮助你们以色列拥有核武器吗？

 以决定空袭巴格达

外交走不通，于是以色列摩萨德特工将黑手伸向那些与伊拉克有关系的西方核技术公司。除了用邮包炸弹和匿名信威胁恐吓外国科学家外，摩萨德还暗杀了一名参加伊拉克核计划的科学家。此外，以色列特工还在法国把即将启运伊拉克的核反应堆堆芯炸成一堆废铁。但法国人很快又补造了一个，准时给伊拉克送去了。

在1980年10月以色列内阁召开的一次紧急会议上，总理贝京宣布，将采取突袭手段，在伊拉克核反应堆建成运行前将其摧毁。这项行动代号为"巴比伦",由战功显赫的以色列空军来完成。

为了保证空袭成功,以色列选择了美制F—15制空战斗机和F—16战斗轰炸机,这两种飞机的作战半径都可覆盖伊拉克全境。至于飞机携带的炸弹,以色列空军决定让MK.84普通炸弹当主力。它是靠地球的吸力而投向目标,不会受到任何电子干扰,另外它还有一个大优点,即能够低空投放。

与此同时,以色列空军挑选了20多名一流的飞行员组成空中突击队。他们进行了反复操练,技术简直达到了炉火纯青的程度。即使闭上眼睛也能干。更令人称绝的是,突击队员还研究出一种奇妙的飞行队形,当机群按这种队形飞行时,在雷达屏幕上显示的是一个类似于大型商业班机的大亮点,而不是一个机群。

像往常一样,以色列向美国求助,要求得到伊拉克核反应堆的卫星照片,但遭到了美国政府的拒绝。于是,摩萨德便私下通过美国中央情报局的关系,弄到一卷仅20克重的微缩卫星侦察胶卷。经特殊处理后放

▲ 以色列"巴比伦"行动中所用的F—16战机

大,胶卷清晰地显示出伊拉克核反应堆的各种关键设备、安装分布位置及其经纬坐标。

弥散的硝烟

■不可不知的72个兵家猎秘

以空军两分钟炸毁核设施

1981年6月2日,贝京签署了"巴比伦"行动命令。而飞行员则是在行动开始前不到一天时,才得知具体行动时间的。

1981年6月7日,以色列F—15和F—16两型共14架战机编成超密集队形,按预定航线低空飞行,直奔巴格达。为掩人耳目,这14架战机的尾翼上全都漆上了约旦空军黑、白、灰三色圈标记。

▲ 伊朗现总统内贾德：我们不怕以军"闪电战"

当时中东地区冲突不断，几乎所有国家都建立了严密的防空雷达侦察搜索网络。为此，以色列机群放弃了直飞巴格达航线，而是利用雷达盲区，径直往南进入沙特阿拉伯，尔后改飞东北方向直指巴格达，并实行全程无线电静默。

6月7日17时10分，以色列突击机群飞临伊拉克领空。这时，以色列机群采取低空突防战术，钻进伊拉克雷达盲区。

17时33分，以色列突击队队长巴哈里发现了一个高60英尺的圆顶水泥建筑物，三面筑有马蹄形土堤，四周部署有高炮和地空导弹阵地，这就是伊拉克的"塔穆兹－1"号核反应堆！当机群距目标约40英里时，F－15跃升到5000米高度为F－16护航，F－16则迅速爬升至600米高度，由西向东，进入轰炸航线。

在确认目标后，巴哈里发出战斗指令："开始攻击！"这是整个长途奔袭过程中唯一的空中指令。8架F－16战机立刻从不同方向进入目标区。巴哈里投下第一枚激光制导炸弹，贯穿了反应堆堆体顶层厚达数米的防爆水泥隔层，引起了反应堆主体内部猛烈爆炸。紧随其后的另外7架F－16战机将14枚MK.84普通炸弹投进了被炸开的缺口，准确击中目标。整个袭击过程历时仅两分钟。

事后查明，"塔穆兹－1"号核反应堆的心脏部位——生产铀－235的重水堆机房已成一片废墟，巨大的屏蔽钢罩被炸出多个直径达5米的大洞，安放巨型计算机的中央控制室墙倒屋塌。伊拉克进入世界核俱乐部的梦想就这样被毁灭了。

由于空袭是在周末进行的，法国援建人员大多不在现场，只有一名法国值班专家遇难。

1981年6月10日，法国援建团启程回国。援建顾问团团长是这样敷衍伊拉克方面的:"即使在伊拉克政府保证安全和资金的条件下,重建反应堆也至少需要5年左右的时间来恢复。"但法国人以后再也没有回到图维塔工地。

看完了这样的内幕背景,你还会相信以色列最近准备"闪击"伊朗核设施是虚声恫吓吗?(春 风 陈 刚)

美军揭不开的"三角形山奥秘"

美国人至今想不通,别名为"三角形山"的朝鲜上甘岭为什么会打不下来? 全机械化装备的7万人为何打不过中国军队一个师(1万人),他们还认为上甘岭失败不是输给了中国军队,而是输给了人力不可能做得到的山神。而这一奇述的"制造者",则是中国人民志愿军的"二等部队"——15军45师。

五十多年前的战火

1952年下半年,抗美援朝战争进入了相持阶段。在严酷的事实下,连金日成也已经放弃了要"统一朝鲜,解放南方"的理想,此时社会主义阵营所要面对的是:我们能不能在美帝国主义强大的军事压力下固守住这个共产主义的东亚桥头堡?

当时彭德怀司令员指着朝鲜地图对15军军长秦基伟说:"五圣山是朝鲜中线的门户。失掉五圣山,我们将后退200公里无险可守。你要记住,谁丢掉五圣山,谁就要对朝鲜的历史负责。"当时的事实是在9月和10月里,联合国军连续

▲ 上甘岭阵地一角

弥散的
硝烟

■ 不可不知的72个
兵家猎秘

攻下了朝鲜人民军重兵把守的"喋血山岭"和"伤心岭"。尽管联合国军损失了几千人,但毫无疑问的是他们达到了战略目的。他们的下一个目标,就是五圣山——美方将它称作"三角形山",预计以两百人为代价,在五天内实现目标。为此美方动用了美第 7 师、美第 187 空降团、南朝鲜第 2 师、9 师,加拿大步兵旅、菲律宾营、哥伦比亚营等部队共 7 万余人的庞大兵力。

▲ 坚守坑道的志愿军趁夜出击

志愿军方面最初在敌情判断上出现了巨大的失误,把几乎所有的火炮和 15 军的大部分兵力都集中到了西方山谷地,而五圣山方向只留下了一个算不上主力的 45 师,区区 1 万人。

《毛泽东选集》里说到,集中优势兵力歼灭敌人,比较有把握的比例是三到四比一。而五圣山下敌方集中了 6～7 倍的优势兵力,至于大炮、飞机、补给等优势就更不必说了,这场战役似乎已经没有再打下去的必要了。

1952 年 10 月 14 日凌晨 3 点半,战斗打响了。

美方计划用一天时间夺下五圣山前的两个小山包——597·9 和 537·7 北山高地。这两个高地背后有一个十几户人家的小山村,叫做上甘岭,这场战役我方叫做"上甘岭战役",美方称之为"三角形山战役"。

美军 320 多门重炮,27 辆坦克以每秒钟 6 发的火力密度将钢铁倾泻到这两个小山包上。由于我方对敌主攻方向判断失误,在长达 8 个小时的时间里,前沿部队未能得到有力的炮火支援,一天伤亡 550 余人。

通往一线阵地的电话线全部中断,45 师师长崔建功只能眼巴巴地看着敌人爬上前沿阵地,任由战士们各自为战。

在这一天里,敌人向上甘岭发射 30 余万发炮弹,500 余枚航弹,上甘岭主峰标高被削低整整两米,寸草不剩。

即便是这样,直到 4 天以后——10 月 18 日,45 师前沿部队才因伤亡太大,退入坑道,表面阵地第一天全部失守。该师这次投入的 15 个步兵连全部打残,最多的还有 30 来人,少的编不成一个班。

10 月 19 日晚,45 师倾力发动了一次反击。

597·9 高地 9 号阵地上,美军在阵地顶部的巨石下掏空成了一个地堡,我军攻击受阻,这个地堡后来再现在电影《上甘岭》里。

19 岁的贵州苗族战士龙世昌,闷声不响地拎了根爆破筒冲了上去,敌人炮兵实施拦阻射击,一发炮弹将他左腿齐膝炸断。目击者几十年后回忆道:"那个地堡就在我们主坑道口上面,隔出四五十公尺,高地上大火熊熊,从下往上看,透空,很清楚,看着龙世昌拖条断腿拼命往上爬,把爆破筒从枪眼往里推,推进后刚要离开,爆破筒就给里面的人推出来,哧哧地冒着烟,他捡起来又往里捅,捅进半截就捅不动了,龙世昌就用胸脯抵住往里压,压进去就爆炸了,他整个人被炸成碎片乱飞,后来我们什么也没有找到。"

9 号阵地上,135 团六连仅有 16 个人,在对 4 个子母堡的爆破中,3 个爆破组都没能接近地堡,在途中伤亡殆尽了。还剩下营参谋长张广生、六连连长万福来、六连指导员冯玉庆、营通讯员黄继光、连通讯员吴三羊和肖登良。他们炸毁了 3 个地堡,付出的代价是吴三羊牺牲,肖登良重伤,黄继光爬到最后一个地堡前的时候也已经 7 处负伤。他

▲ 上甘玲战役中被我军俘掳的美军官兵

爬起来,用力支起上身,向战友们说了句什么,只有指导员冯玉庆省悟了:"快,黄继光要堵枪眼了。"牺牲后的黄继光全身伤口都没有流血,地堡前也没有血迹——血都在路途上流尽了。

当时的目击者大都在后来的反击中牺牲了,只有万福来重伤活了下来,他

在医院听到报上说黄继光仅仅被追授"二级英雄",大为不满,上书陈情。志愿军总部遂撤销黄继光"二级英雄",追授"特级英雄"称号——我军至今仅有杨根思和黄继光获得过这种级别的荣誉。

15军战后编撰的《抗美援朝战争战史》中说道:"上甘岭战役中,危急时刻拉响手雷、爆破筒、炸药包与敌人同归于尽、舍身炸敌地堡、堵枪眼等,已成为普遍现象。"

10月20日,敌人再度反扑,上甘岭表面阵地再度失守。45师再无一个完整的建制连队,21个步兵连伤亡均逾半数以上。联合国军投入了17个营,伤亡7000之众,惨到每个连不足40人。美国随军记者威尔逊报道:有一个连长点名,下面答到的只有一名上士和一名列兵。

战斗进入了坑道战,电影《上甘岭》里主要反映的就是这一段故事。10月24晚上,秦基伟将军部署警卫连补充到一号坑道,120多号人,穿过两道固定炮火封锁线,连排干部只剩一个副排长,还有25个兵。

坑道里的志愿军战士为后方赢得了时间。10月30日,我方再度反攻。

我方动用了133门重炮,美7师上尉尼基惊恐地告诉随军记者:"中国军队的炮火像下雨一样,每秒钟一发,可怕极了。我们根本没有藏身之地。"每秒钟一发美军就受不了了,殊不知我们的战士在10月14日面对的是每秒钟6发的狂轰。

当天美国人坦率地向新闻界承认:"到此为止,联军在三角形山是打败了。"

上甘岭战役,双方伤亡人数有多种说法。我方战报:歼灭25000余人,15军伤亡11529人,其中阵亡5213人。美方战报:损失9000余人,共产党死伤19000余人。但毫无疑问的是,这片3.8平方公里的山头,已经被鲜血浸透了。

不仅是军事奇迹

整个上甘岭战役中,天上没有出现过一架我们的飞机;我们的坦克也没有参战的记录;我们的火炮最多的时候,也不过是敌方的四分之一,美军总共发射了190多万发炮弹,5000多枚航弹,我们只有40多万发炮弹,而且几乎全是后期才用上的。

数百万发炮弹蹂躏着这两个区区3.8平方公里的小山头,这两个在美方的作战计划里第一天就该拿下来的小山头,用自己的粉身碎骨验证了人类的勇敢精神。

此战役之后,美军再没有向我发动过营以上规模的进攻,朝鲜战局从此稳定在了38度线上。这一战奠定了朝鲜南疆北界。

朝鲜民主主义人民共和国1986年出版的五百万分之一的地图上,找不到海拔1061.7米的五圣山,却标出了上甘岭。

这是历史的崇山峻岭，人们一眼就看见了她："呵，这就是上甘岭！"

原本是"二等部队"的 15 军 45 师，这一战基本上打光，但是她从此昂首跨入了中国人民解放军一等主力的行列，因为她的战绩是——上甘岭。

1961 年 3 月，中央军委从全军中抽出 3 支主力第一军、第十五军、第三十八军，交由空军司令员刘亚楼挑选一支，改建为中国第一支空降兵军。

这位将军选择了十五军，理由是："十五军是个能打仗的部队，他们在上甘岭打出了国威，不仅在中国，而且在全世界都知道有个十五军。"

国家赢得了地位，从此美国人将中国视为世界上最强大的国家之一——西方人的标准是：要想成为强国，你必须击败过另一个强国的军队。将军们赢得了荣誉，几十年后秦基伟将军走上国防部部长的位置，不能说与上甘岭没有一点关系。

历史已经记不全那 1 万多在战火中浴血的战士的姓名了，他们的身躯已经和朝鲜半岛的五圣山融合在一起。

这就是我们可爱的战士——他们从不讲条件，没有任何奢求，绝不会因为没有空中支援放弃进攻，绝不会埋怨炮兵火力不够，绝不会怪罪没有足够的给养，只要一息尚存，他们就绝不放弃自己的阵地……他们甚至可以在长津湖零下 20 度的气温里整夜潜伏，身上仅仅只有单衣；他们可以在烈火中一动不动；他们中的每个人都随时准备着拎起爆破筒和敌人同归于尽……前沿阵地上，经常是一两个残破的连对抗一两个齐装满员的团，而且几乎没有炮火支援，弹药也常常补充不上，一桶水、一箱弹药、一个苹果常常是牺牲好几条人命都不一定送得上去……

在这样的情况下取得的胜利，可以说是一个奇迹。美国人不是输给了地利，他们忘记了拿破仑 100 余年前讲过的话："中国是一头睡着了的狮子……"（黎言忠）

苏日两军攻守"北方四岛"内情揭秘

说起"北方四岛"，日本人把苏联和俄罗斯恨入骨髓，说包含择捉、色丹、齿舞、国后 4 岛在内的千岛群岛，本来是日本的领土，二战后期硬是被苏军侵占了。苏联解体后，俄罗斯和日本双方一直想改善关系，可总是绕不开索要和拒还"北方四岛"这个症结问题，日本正式声称从未放弃对"北方四岛"的领土要求，总是把归还"北方四岛"作为日俄建立伙伴关系的先决条件，而俄罗斯要么避而不谈，要么欲还还拒，

至今不释寸土，"北方四岛"的归属问题可以说是日俄改善关系中的"死结"。那么历史的真相究竟是怎样的呢？最近，二战史学专家们公布的一批新材料，揭开了其中的奥秘。

▲ 英勇无畏的苏军水兵

 苏军按国际协定解放了被日本侵占的千岛群岛

千岛群岛（俄方称"千岛群岛"，日本方面称"北方四岛"）按日本方面的说法是指择捉、色丹、齿舞、国后4岛，自古有日本人在此居住生活。在18世纪时，千岛群岛南北两部分属日本和俄罗斯。19世纪，沙俄占领包括北方四岛在内的千岛群岛和萨哈林岛（库页岛）。1905年因日俄战争失败，沙俄被迫通过《朴茨茅斯和约》向日本转让了千岛群岛和南萨哈林岛的控制权。

日本在那里立足后，不仅封闭了俄罗斯通往太平洋的出口，而且封闭了通往堪察加和楚科奇半岛各港口的海上通道，成了进攻滨海地区和远东的基地。

第二次世界大战期间，日军加强了千岛群岛的防务，集结了8万大军，修筑了9处机场，能容纳近600架飞机，其中占守岛的日军多达2.3万人，还得到第11战车联队的支援。

1945年2月，日本战败前，作为让苏联出兵歼灭日本关东军的回报和先决条件，美、英首脑在雅尔塔会议上同意斯大林的要求，在所签署的苏、美、英关于战后日本问题的《雅尔塔协定》中规定，整个千岛群岛，包括择捉、国后、色丹、齿

万象新知大课堂

舞岛,都划归苏联。

为了执行《雅尔塔协定》,苏联决定用武力收回被日军占领的千岛群岛,展开了著名的"守门之战"。

1945 年 8 月 15 日夜,苏军步兵第 101 师和太平洋舰队奉命实施登陆作战。战役的关键是要拿下离堪察加半岛最近的占守岛,它有两处完好的海军基地片港和柏原港,拿下这里等于控

▲ 苏美英三巨头签定《雅尔塔协定》规定"北方四岛"划归苏联

制了整个千岛群岛。

为了取得奇袭的效果,苏军进行了高难度的子夜登陆。由于当夜又起了大雾,苏军无法出动飞机支援,只能依赖岸炮和护航驱逐舰的炮火来掩护登陆部队。

1945 年 8 月 18 日 2 时 35 分,苏军岸炮部队从 12 公里外堪察加半岛的洛帕特炮台轰击占守岛,以"基洛夫"号巡洋舰为首的苏联舰队也将 180 毫米口径的喀秋莎火箭炮一古脑地砸向日本人。

在战役打响的最初时间里,日军还不清楚发生了什么事件。4 时 30 分,苏军登陆舰队靠近了占守岛的海军基地——片港,部队要在狭窄的 3 公里地段抢滩,占领制高点国端崎和第 171 高地。缓过劲来的日军拼命阻止苏军后续部队靠岸,日本人利用海面雾气,企图以猛烈的炮火来挽回自己的颓势。

苏军的 1 号登陆舰被日军炮弹直接命中,机舱被打坏。中尉亚斯特鲁勃不顾自己受伤、一半水兵牺牲的恶劣环境,借助浓雾的掩护,佯装军舰爆炸和失去战斗力,以迷惑日军,随后趁炮击减弱的机会,把剩下的人员组织起来检修,堵好漏洞,使军舰再次继续执行任务。

苏军付出了较大的代价,但苏军护航舰一发幸运的炮弹打在国端崎的灯塔

上，引起大火，火光为登陆舰队在浓雾中驶向岸边提供了很好的方位物。在凌晨5时左右，苏军登陆兵终于艰难地在片港湾建立了两个坚固的桥头堡。

红军战士用身体堵住射击孔

随着天色见亮，苏、日军双方都开始清楚各自的战场态势，在片港方圆不到3公里的地段，谁能前进一步就意味着将对手置于死地。

从早上6时开始，日军就以猛烈的炮火作为掩护，动用联队（团）级规模的冲锋，试图把苏军赶下海去。

在苏军工兵临时挖的堑壕里，双方把刺刀、铁锹，还有枪托全都用上了，因为苏军都是身高力大的战士，无论是白刃格斗，还是摔跤，都占上风。

下午14时，日军从171高地上把自己最后的预备队——战车第11联队投入使用，18辆坦克配合两个大队的步兵进行最后的挣扎。坦克展开队形后，随着越来越大的轰鸣声向阵地逼近，苏军战士已能清楚辨别出坦克上的青龙图案。

当坦克靠近到只有200码的时候，苏军各种武器一齐开火，反坦克枪手瞄准坦克，步兵用冲锋枪和机枪狙击日军步兵，力图将敌步兵与坦克分割开。由于射击准确有效，不到两分钟，就有6辆日军坦克起火，但其他坦克很快到了苏军眼前。在领头的一辆坦克里，一半身体露在炮塔外的日军指挥官池田末南大佐手持展开的太阳旗，苏军舒托夫少校用冲锋枪打了两个点射，池田末南当场毙命。刹那间科斯蒂列夫中士用集束手榴弹让这辆坦克像蜡烛一样燃烧起来。

18时，苏军登陆兵在舰炮的掩护下，开始冲击171高地。日军利用掩体进行拦阻射击，而苏军登陆兵却在开阔地上，无法靠近几十米外的日军火力点。海军中士、共产党员维尔科夫依托一块块石头向敌火力点运动，他猛力地将一颗手榴弹投进敌火力点的射击孔，火力点哑了一会，却又死灰复燃。这时，维尔科夫全然不顾自己已多处负伤，一跃而起，朝火力点猛扑上去，用身体堵住了日军的射击孔。经过两个小时的激战，苏军的红旗终于在171高地上飘扬。

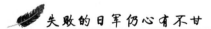

失败的日军仍心有不甘

8月19日，得知日本裕仁天皇下了投降诏书的守岛日军，一方面主动提出停战；但另一方面仍在积极备战，日军甚至将准备撤退的两个旅团重新展开，试图压迫已登陆的苏军。但是苏军并未受到停战的制约，继续向日军守岛部队纵深阵地发起攻击。直到当日18时，千岛群岛日本驻军司令堤不夹贵中将才接受无条件就地投降。此时,日军已死伤1018人。

8月23日,堤不夹贵中将来到占守岛,同苏军代表正式签订停战协定。他不仅是当地日军最高长官,也是当地垄断企业的大股东。他试探性地询问苏军指挥官格列奇科少将有多少苏军参加了这次登陆作战,格列奇克故意把人数夸大好几倍。然而堤不夹贵脸上泛出难以掩饰的失望,他说:"如果我早知道苏军只有这么一点水兵,我就先把他们淹死,而后再投降。"后来,堤不夹贵还痛苦地声称1945年8月23日是他一生中的"黑道日"。苏军随后乘胜追击,于8月28日凌晨在择捉岛登陆,1.35万日本守军不战而降。接着,苏军在9月1日又占领了国后和色丹两岛,日军均未抵抗。苏军攻占齿舞岛的最后行动是在9月5日结束的。就这样,日本作为法西斯战败国,无奈地吞下了这一"苦果"。

几十年过去了,日本自以为又有了"东山再起"的本钱了,就不断声称它从没有放弃收回"北方四岛"的要求,首相小泉曾以收回"北方四岛"作为自己的"执政目标",一再喋喋不休。俄罗斯自然不会轻言退让,"北方四岛"事实上成了俄日两国之间改善关系的死结。(陈肇祥 金岩林)

"一分钟空战"的胜负之道揭秘

这是现代空战史上的一个著名战例。

1981年8月19日清晨7时20分,两架携带有AA-2"环礁"式红外导弹的苏-22飞机从利比亚本土起飞,直奔锡德拉湾,准备偷袭正在那里进行"演习"的美国舰艇。这两架飞机起飞不久,就被美军的空中预警机发现,并引导两架携带有AIM-9D"响尾蛇"式红外导弹的F-14飞机,进行迎头拦截。

双方相距6千米时,利比亚长机首先占位,抢先发射了一枚"环礁"式导弹。美长机发现导弹来袭,迅速向左转弯,成功地摆脱了这枚导弹的攻击。随后,左转的美机向利机扑去,利机右转机动进行摆脱。这样一来,美双机正好进入利双机的尾后。利比亚僚机一看形势不妙,就独自拼命地向着太阳的方向飞去。

美国长机本打算去攻击利比亚长机,看到自己僚机的位置更有利,便立即掉过头来,去攻击利比亚僚机,见利比亚僚机向着太阳方向飞,他并没有急于发射导弹,而是死死地咬住目标不放,耐心地等待战机的到来。待利比亚僚机一

▲ 苏—22系列战机

偏离太阳方向，美长机就在其尾后相距1.2千米的距离上发射了一枚"响尾蛇"导弹，将其击落。随后，美双机胜利返航。

在这个战例中，空战的起始阶段，双方飞机数量都是两架，并形成对头态势，机会均等。利比亚飞机携带的 AA－2"环礁"红外导弹是前苏联以美国的 AIM－9B"响尾蛇"导弹为原型进行仿制的，与美机所携带的 AIM－9D"响尾蛇"导弹的性能相差不大，可以说是势均力敌。总之，起初双方机会均等，但结果美机却以2比0取得胜利。为什么呢？

我们先从进攻的角度来分析。第二代红外制导导弹由锑化铟作为光敏材料，可以感受到307℃以上的目标温度，以实施尾后攻击为主，从理论上讲，迎头攻击也有可能成功。但实际上，从迎头±20度范围内，由于受目标红外辐射强度较弱、红外导弹探测距离较近、双方的相对速度较大等因素的影响，在导弹截获目标后，留给飞行员跟踪瞄准和发射导弹的时间非常短，多数情况下，难以取得战果。因此实战中，早期的红外制导的导弹不具备真正的迎头攻击能力。

利比亚长机在迎头情况下，首先占位抢先发射导弹，在时机上掌握得不对。反观美机发射的两枚导弹都是在目标尾后这一最佳发射区域发射的，就此点而言，美军飞行员在战术上胜了一筹。

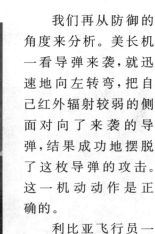

▲ 美国"响尾蛇"空空导弹

我们再从防御的角度来分析。美长机一看导弹来袭,就迅速地向左转弯,把自己红外辐射较弱的侧面对向了来袭的导弹,结果成功地摆脱了这枚导弹的攻击。这一机动动作是正确的。

利比亚飞行员一看美双机左转扑来。便右转机动进行摆脱,这样一来,把自己红外辐射最强的尾部暴露给了美双机。因此,这一防御动作是错误的,也是造成自己被动的主要原因。

利比亚飞行员一看形势不妙,就独自拼命向着太阳的方向飞去,想利用太阳的红外辐射来掩护自己,这一想法是正确的。但美长机没有急于发射导弹,而是死死地咬住目标不放,等利比亚僚机偏离太阳方向后,再发射导弹,这实在是美军飞行员高明的地方。

这个战例给我们的启示是:必须深入分析敌对双方对空导弹的性能,区别导弹的广告性能和实战性能,并要烂熟于心。让它指导我们的实战和平时的训练,攻就要发挥其最佳性能,防就要抓住敌人的每一个弱点。这就是"一分钟空战"中美方2:0获胜的奥秘。(祝英杰 陈玉杰)

弥散的硝烟
■不可不知的72个兵家揭秘

日本侵华时交战双方都不宣战之谜

研读抗日战争史,人们都会发现一个奇怪的现象:日本自1931年9月18日挑起侵华战争之后,为什么一直没有对中国宣战? 而中国军民的抗日战争,到1937年7月7日达到了全国规模,可是中国政府一直到1941年还没有对日公开宣战? 这是为什么? 因此,在很长一段

时间里,日本对中国是"不宣而战",中国对日本是"战而不宣",中日之间如此奇怪的战争状态的内幕奥秘,直到最近才由一些军史专家开始披露。

▲ 1937 年夏,"不宣而战"的日军疯狂进攻中国守军

 国民党当局恐日至极,一味以"四不"求和

1931 年"九·一八"事变爆发后,蒋介石从南昌匆匆赶回南京。一回南京,蒋介石便召集各方要员商议对策。经过一番权衡,蒋介石说出了自己的想法:"在现在的情况下,中国只有两条路可走:一是立即以武力对付日本的挑衅,这自然是极度艰险之路;二是采取延缓措施,借外力压迫日本从东北撤退。""如果走第一条路,我们对日抵抗的条件一点也不具备,不仅是在物质上和实力上没有具备,就连思想上、精神上也没统一。"

蒋介石眉头紧锁,看见一班大员们频频点头,就说,现在日本方面也没有对中国宣战,如果中国对日宣战,日本将诬赖中国,顺势将战争责任推给中国,侵略将更加无所顾忌。此时对日只能妥协,绝交与宣战是"绝路",是"自取灭亡"。

蒋介石说:"我们要走第二条路。"那就是通过利用国际联盟(简称"国联")的力量压迫日本从东北撤退。根据这个方针,国民政府把一切希望寄托在"国联"身上。一方面让东北军撤到关内,另一方面多次向"国联"控告日军侵略中国东北领土,请求它来"主持公道"。

弥散的硝烟

不可不知的

兵家猎秘

万象新知大课堂

1931 年 9 月 19 日,中国驻"国联"全权代表施肇基就日本对东北的侵略向"国联"提出申诉,要求根据"国联"的盟约出面干涉。而日本代表芳泽却向"国联"报告说,9 月 18 日发生在东北的事变只是地方事件,建议"国联"不必理会。结果双方展开了激烈争吵。

为了制造只是地方性事件的假象,日本一面在"国联"狡辩,一面加紧在东北扶持傀儡政权。

面对日本侵略的事实,"国联"虽然应中国的要求派出了调查团,最后也作出了东北是中国固有领土的决定,但由于当时主持"国联"的英美代表期待日本在占领东北之后,向北攻打苏联,所以在事实上对日本没有任何制裁,也没有施加任何压力。

眼见着依赖"国联"无望,蒋介石抵挡不住全国舆论的压力,以退为进,宣布下野。尽管如此,蒋介石的对日外交方针仍然没变。他深信,与日宣战便要亡国,而若与日本签约承认其占领东北的事实,则国民党政权也会自然垮台。因此他提出对日外交"四不原则"。

1932 年 1 月 11 日,蒋介石在其家乡的武岭学校发表题为《东北问题与对日方针》的演讲,提出对日"不绝交、不宣战、不讲和、不订约"的外交原则。这就是说,在日本侵略中国的时候,一定的抵抗是必要的,但不和日本绝交和宣战,也不能同日本订立卖国条约,承认日本的侵略。他说,中国只可用这个政策和战略与日本周旋,如此长久地相持下去,"也必使日本同归于尽"。

日本政府为逃避国际制裁和诱降中国当局,故意对中国"侵而不宣"

1931 年日本发动"九·一八"事变,本意是侵占东北,未想当时就侵占整个中国,所以基本上没有宣战的考虑。1937 年抗日战争全面爆发后,日本方面在 8 月 25 日召开御前会议,专门讨论是否对中国宣战的问题。

日本陆相和海相认为,日本军队中的一些少壮派军官是要求宣战的,但军方老成一些的人都认为三个月就可以解决中国问题,所以宣战不宣战是无所谓的,最好不要"画蛇添足"。

日本外相也不赞成宣战:"根据海牙公约,一旦双方宣战,就都要受到制约,我们资源匮乏,如果购买战争物资受到限制的话,对帝国很为不利。"

最后,日本首相的主张获得大家一致认同。他说:"现在中国没有宣战,如果我们宣战,就难免有侵略的嫌疑,一旦被认定是侵略,日本还将遭受国际上的

经济制裁，这对我们是不利的。"因此在御前会上，日本最高指挥部一致决定"搁置宣战问题"。

1937 年12 月，日本艰难占领南京，但日本人希望中国就此投降的局面并没有出现。这时，

▲ "七七事变"的发生地芦沟桥

逐步陷入中国战争泥沼的日本恼羞成怒，在进占武汉后，日本近卫内阁干脆发表声明，宣称以后不以国民政府为对手，也就是不再承认国民政府为中国的合法政府。既然不承认国民政府的合法性，那么对中国宣战自然也就无从谈起。

1940 年 3 月，日本扶持汪精卫在南京成立傀儡政府，双方建交。此时日本对中国宣战就变得更不现实，因此此时向重庆的国民政府宣战，就等于承认了重庆的国民政府，这将使汪精卫政权陷入尴尬境地。当然，日本对于蒋介石领导的重庆国民政府一直没有放弃诱降的企图，因此不宣战也就留下了回旋的余地。

正因为如此，整个二战期间，日本政府一直没有对中国公开宣战，就是到了1941 年底太平洋战争爆发，日本政府也只对英美宣战，却未对中国宣战。

 汪伪卖国势力与中国政府中的投降派合演"双簧"，致使抗日宣战问题一拖再拖

1937 年"七·七"事变爆发，日本开始对中国的全面入侵。7 月 17 日，蒋介石在庐山发表《最后关头》的演讲。在讲演中，他说："万一真到了无可避免的最后关头，我们当然只有牺牲，只有抗战，但我们的态度，只是应战，而不是求战，战是应付最后关头不得已的办法。在和平根本绝望之前一秒钟，我们还是希

▲ "七七事变"时"战而不宣"的中国军队向日军进击

弥散的
硝烟

■ 不可不知的72个
兵家揭秘

望和平的,希望由和平的外交方法,求得卢(沟桥)事的解决。"

尽管蒋介石想将卢沟桥事变作为一次地方事件来处理,但日本对中国的态度根本不予理会,悍然进一步扩大事件。面对严重事态,奉行着"四不原则"的蒋介石和国民政府又一次面临是否宣战的抉择。

在酷暑中,蒋介石召集各方大员进行商议。一位元老愤愤不平地说:"我认为应该宣战,日本蕞尔小国,竟然侵略我中华,是可忍孰不可忍!"一位阁僚马上附和道:"我也赞成,一旦宣战,全国民众必将归心,领袖的地位将会更加巩固。"

蒋介石目视军政部部长何应钦:"国防部的意见呢?""国防部的意见是现在不宜宣战,我们从德国购买了大量武器,现在日本正在给德国施加压力,要求不要将武器装船,现在一旦宣战,将给日本以口实,装备可能会出麻烦。"

外交部长接着说:"不单是这批武器的问题,根据国际上公认的《关于战争开始的公约》,一旦一国对另一国宣战,不管另一国意愿如何,双方就已经处在交战状态。而一旦这种交战意向向第三国通告,第三国就有义务保持中立,除非它决定帮助其中一方。因此,如果我们对日宣战,日本便趁机以交战国的身

份,通知各国不要将战略物资和武器卖给中国,这对我们的抗战没有任何好处。我们是弱国,多数战争物资都需要从外国进口,一旦宣战,这些东西的进口必将受到极大的制约。"

听完他们的意见,坐在蒋介石旁边的汪精卫慢悠悠地说:"我们跟日本交战是要亡国的,我们只能先抗一抗看看,千万不要宣战,不然连回旋的余地都没有了。"

考虑到宣战有着如此多的不利因素,以蒋介石为首的国民政府最后作出对日本的侵略"只抗战、不宣战"政策。不但如此,蒋介石还命令外交部严密关注日本方面是否单方面提出宣战。

转眼间,抗战到了1941年。这年的12月7日,日军偷袭珍珠港,美国对日宣战,二战战局发生重大转折。这时的国民政府认为,如果下令对日宣战,中国将获得英美等国的支持。面对来之不易的局面,在危局中苦撑待变的蒋介石十分兴奋。1941年12月9日,中国正式对日本及德国、意大利宣战,中国对日长达十年之久的"战而不宣"局面宣告结束。

由此可见,中国抗日战争从"战而不宣"到公开宣战,是以中国共产党为首的抗日军民浴血抗争越战越强的结果,是国际反法西斯战线强力推动大势所趋的表现。日本法西斯势力尽管违法坚持"不宣而战",在得道多助的中国抗日军民的联合攻势和国际反法西斯战线的共同打击下,最终逃脱不了国际法律的制裁。(史鸿轩 陈 刚)

古战新探

最新角度解读古代战争

GU ZHAN XIN TAN

　　一部人类文明史，便是一部战争史，很多古代的战例不但精彩，而且影响极其深远。当我们以现代军事理论来解读这些古代战役时，我们就可以更直观地看清交战双方的胜负原因，这对今人来说也有一定的借鉴意义。

李自成兵败甲申新探

明崇祯十七年（公元1644年，恰逢甲申年）3月19日，李自成率领农民起义军势如破竹地攻克北京城，崇祯皇帝自缢于景山。仅一个多月后，李自成在山海关被满汉联军击败返京，匆匆在武英殿登上皇帝宝座，旋即被迫撤离北京。我们怎能忘记360年前发生在北京的这场甲申巨变！已经夺取了政权的李自成为什么会迅速败亡，丧失了政权？我们不妨从军事战略角度对其中的奥秘作一些新的探析。

李自成是我国古代历史上杰出的农民起义领袖之一，他既有坚强的战斗意志，又有卓越的指挥艺术，曾领导百万农民起义大军，打过许多有声有色的漂亮胜仗，歼灭了明军大量有生力量，推翻了明王朝近三百年的封建统治。但是，他率军与满汉联军在山海关大战失利之后，从此形势逆转，一蹶不振，致使已经到手的政权，被清统治者夺走。造成这种情况的原因，当然是多方面的，但仅就军事战略而言，则是由于李自成在战略制定和战略实施上犯下一系列致命的错误，导致进京后不久，迅速溃败，死于通山，遗恨千古。正如一位诗人所说："嗟尔陕北农家子，轻取皇冠葬九宫。"

第一，李自成在1644年农历正月初一在西安建国，"国号大顺，改元永昌，百官礼乐，悉遵唐制"，正式登基当上皇帝。他本应使西安成为大顺政权的首都，使西安成为号令天下的政治中心和经济后盾，他本人应坐镇首都，运筹帷幄，指挥千军荡灭明军。但令人遗憾的是，他却倾巢出动，自当领队，事必躬亲，包揽战事，却忽视了统筹全局和尽量发挥手下众将的积极性。山海关失败后，他匆匆回京在武英殿再登基接受百官朝贺，在西安当了皇帝到北京又再当皇帝，完全是自打嘴巴、自乱阵脚，丢掉了真正的政治中心和战略目标，错误地配置了战略力量。这是李自成兵败甲申的首要原因。

第二，李自成在起义之初提出"三年免征"的口号，这对民众当然有很大的号召力，但随着形势的发展，这一口号不作恰当的调整就不妥了，因为不征赋，就断绝了大顺军的后勤保障资源。在进军河南后，李自成更让士兵叫响"迎闯王，不纳粮"，"吃他娘，穿他娘，开了大门迎闯王，闯王来时不纳粮"。这种极端

平均主义的、无政府主义的口号，只能进一步逼使大顺军用拷掠追饷来维持军费开支，以致在进军北京途中，特别是在进入北京以后，全军上下大肆对明朝的官绅富商搜刮抢掠、严刑勒索，扩大了打击面，从而把富裕阶层全部推向敌对方面，造成社会动荡、人心浮动，大顺军日益陷于自我孤立的险境。吴三桂对李自成所以降而复叛，倒向清军，成为大顺军的死敌，其直接原因正在于此。

第三，李自成攻打北京，仅带8万人马，这充分反映出他在胜利后开始骄傲和盲目轻敌的思想。对关外磨刀霍霍、野心勃勃的清军，他尤其缺乏警觉和"知彼"之功。清廷曾派人携带国书给大顺军领导人，相约联合推翻明朝而"共享富贵"，李自成不予理睬，保持了可贵的民族气节，但他对清廷企图侵略中原的野心却熟视无睹，在军事上没有预作抗击清军的部署，对清军勾结吴三桂等汉奸力量搞突然袭击更是"毫无准备"。山海关之战，李自成又是躬亲前沿，只带了6万人马，而吴三桂原有兵力就超过5万人，加上乡勇3万人，以及约10万以上转到大顺军背后发动偷袭的清军，在决战总兵力上，是大顺军的将近4倍之多。兵力如此悬殊，而且远程进击的大顺军与以逸待劳的清军是首次遭遇，猝不及防，难怪大顺军会一战即溃，一败涂地，从此走上了败亡之路。李自成何以如此轻敌？这是由于李自成起义在整个战略进攻阶段的军事发展因明王朝的极端腐朽而特别顺利，除榆林、宁武两地明军作过一些据城顽抗外，其余各地明军大都望风而降，因而李自成和他的将领都产生了骄傲轻敌的思想，误以为"大局已定"，其余明军也将必然"传檄可定"，没想到残余明军"百足之虫，死而不僵"，更没想到满人会与汉奸"合流"反攻。面对突然出现的危机，李自成没有在军事上及时果断地采取有效的应对措施，于是出现了"兵败如山倒"的局面。

第四，李自成军事上的错误处置是与他政治上的狭隘短浅分不开的。李自成兵临北京城下时，曾派投降的太监杜勋进宫，与崇祯皇帝谈判，当时李提出的条件竟然是"欲割西北一带，敕命封王，并犒军银百万，退守河南。受封后，愿为朝廷内遏群贼，外制辽沈，但不奉召入觐"。联系到李自成曾说"陕，我之故乡也。富贵必归故乡，即十燕未足易一西安"。以及把在京中拷饷追赃得来的大量金钱，不停地运往西安等事，可以充分说明，李自成的目光是多么短浅！他进京的根本目的，就是为了捞一把，掠走钱财，在明宫里过一把皇帝瘾。如果把李自成进京比作一次赶考，那他压根就考了一个不及格。说到底，农民意识的天然的局限性，决定了李自成兵败甲申是历史的必然。（王春瑜 金石岩）

西汉平定"七国之乱"新探

中央电视台热播五十八集电视连续《汉武大帝》,其中提到了汉景帝时爆发的"七国之乱"。七国之乱的首脑是吴王刘濞。吴王早就蓄谋夺取朝廷大权。汉景帝前元三年(公元前 154 年),吴王以"诛晁错,清君侧"为名,首先起兵,并纠合楚王、赵王、胶西王、胶东王、菑川王、济南王六国一同起兵,反叛朝廷。此时,汉景帝听信谗言,错杀了坚持反分裂的忠臣晁错,企图以此不战而退叛军,岂料叛军气焰更为嚣张,汉景帝这才下决心以武力平叛。

 临危受命定乾坤

周亚夫是平定七国叛乱的主要军事统帅。他是诛吕安刘的功臣绛侯周勃的次子,是一员深晓韬略的军事家。汉文帝时,他屯军细柳(今陕西西安北),防备匈奴。汉文帝劳军时,他以治军严谨一度博得文帝的赞誉,说:

"嗟乎! 此真将军矣。向者(以往之意)霸上、棘门如儿戏耳,其将固可袭而虏也。至于亚夫,可得而犯耶。"

汉文帝临终时,嘱咐景帝:"即有缓急,周亚夫真可任将兵"。所以,当吴楚七国举兵反叛汉中央政权时,汉景帝就任命他担任进击吴、楚军统帅的重任。周亚夫向汉景帝汇报自己的策略说:"吴、楚军队强悍,我军难于强攻,请求朝廷同意将梁地暂时放弃,然后想办法截断叛军的粮道,这样就可以制服叛军了。"汉景帝同意了这一方案。

周亚夫率军出发,准备前往荥阳与诸将会师。行军至灞上,赵涉拦住周亚夫,向他建议道:"大将军此次讨伐吴、楚叛军,事关重大,如果胜利了,朝廷得以安宁,万一不顺利,天下从此难得太平。不知道您能不能听一听我的意见?"周亚夫赶紧下车,向赵涉行礼,询问其策略。赵涉说:"吴王一向富于钱财,叛乱之前早就注意为招揽敢死之士做准备了。这次得知将军率兵前往平叛,一定会派间谍藏于崤、渑之间,打探大军的行踪。用兵讲究的是神不知鬼不觉,将军为何不绕道东南呢? 从蓝田出武关到洛阳,与东出函谷关到达洛阳,时间上相差不过一两天,但可以突然直抵武库,进攻叛军。反叛的各路诸侯听说将军率大军

弥散的硝烟

■不可不知的72个兵家秘籍

弥散的硝烟

不可不知的

兵家猎秘

万象新知大课堂

到来，还以为将军从天而降呢。"周亚夫采纳了赵涉的建议，改变了行军的路线，到洛阳后，派人到崤山、渑池一带搜捕，果然抓获了不少吴国潜伏在此的间谍。于是，请赵涉出任护军。

　　周亚夫到了荥阳与诸将会师，当时叛军正进攻梁国，梁国形势危急，向周亚夫求援。周亚夫却率军前往梁国东北的昌邑，深沟高垒实施防御，不去救援梁国。梁王又派使者请求周亚夫派兵救援，周亚夫仍然只是率军在便于防御的地方坚守，并不前去解梁之围。梁王只好上书汉景帝，汉景帝下诏命令周亚夫率军救援梁国，周亚夫接到诏书后并不执行，仍然坚守城垒不出战，只是派部分骑兵到吴军后方去截断吴军的粮道。吴、楚叛军缺粮，士卒忍饥挨饿，所以多次挑战，想与汉军决一死战，汉军却一直不出战。吴军在汉军城外东南角准备攻城，周亚夫却让军队在城的西北准备应战。不久，吴军精锐果然在西北方向发起进攻，结果因为汉军早有准备而不能得逞。接下来吴、楚叛军因粮食供应困难，只得撤退。周亚夫才派出精兵进行追击，大败吴王率领的叛军。吴王不得不放弃对汉军的进攻，带着七千人逃走，在丹徒负隅顽抗。周亚夫率

▲ 电视剧《汉武大帝》剧照，穿铠甲者为周亚夫

军乘胜进攻，俘虏甚众，并以千金悬赏捉拿吴王。一个多月后，越国的人斩杀了吴王，将其人头送给周亚夫。这次平叛，周亚夫率军与吴、楚叛军周旋了三个来月，才最后平定了叛乱。到了这时，各路将领才认识到周亚夫的平叛策略是正确的。

七国输在同床异梦

吴王的战略计划，似乎宏大，实际都是主观愿望。诸王中只有胶西王听到事成之后可以"两主分割"，是与吴王面约的，楚王是与吴王通谋的，越、闽只是吴王遣使相约而已，齐、菑川、胶东、济南、济北诸王则是胶西王遣使相约的。诸王相约，并不同心。他们只能是貌合神离，同床而异梦，既不能齐心，更难以合力。叛乱一开始，南越王就未向长沙以北进攻，燕王也未南下萧关，匈奴坐山观虎斗，所谓南北两路的箝击，攻势并未形成，化为泡影；齐王临时背

▲ 西汉拜将台

约，胶西等国的叛军不西进而包围临淄；赵国初则观望，继则退保邯郸，会师洛阳的计划也宣告破产。这样，只剩下吴、楚军一路孤军攻打梁国。幻想的分进合击，只能是纸上谈兵。吴王在战役指导上，不听田禄伯的建议（以奇兵入武关，迂回崤、渑，与主力会师长安的奇正并用的方案），又不用桓将军争取洛阳，占领河滩平原地带，堵塞汉军于荥阳以西的山区，使汉军车骑不能发挥长处的建议，对全军粮食命脉的淮泗口也不设防，把数十万大军用在对汉军有利的平原之地，屯兵于睢阳坚城之下，不能自拔。苦战三月，毫无战果，自遭损折，终归失败。

妙策之功在务实

周亚夫制定的平叛策略对迅速平定叛乱起到了决定性的作用。其在战略

谋划和运用上有以下几个特点。

其一，战略指导上的避敌锐气。避敌锐气是为了营造战略反攻的有利时机，变被动为主动。吴国地处海滨，境内有鱼盐矿藏之利，国富民殷，经济实力在各诸侯国中最为雄厚，而吴王处心积虑、苦心经营三十年后反叛中央，又动员并联合了六个诸侯国一起行动，叛军的实力自不能低估。而且叛军来势凶猛，处于主动地位，急于与汉军决一死战。汉军则是被动迎敌。在这种情况下，如何对付吴、楚叛军，必须慎重从事。周亚夫认识到了战略态势上的这些客观情况，所以一领受平叛重任，立即将自己的平叛方略面奏汉景帝，认为"楚兵剽轻"，在战略上汉军不能立即与叛军死拼，必须避其锋芒。所以他请求汉景帝："愿以梁委之。"即不能计较一城一地得失，而是宁舍弃部分土地，以空间换取时间，牵制和迟滞叛军的行动。待敌人疲惫，再相机破敌。这一总体战略原则的确立，对汉军取得平叛战争的最后胜利是至为关键的。

其二，在战略主攻方向上以吴王所率吴、楚为重点。"七国之乱"虽有七个诸侯国参加，但核心是吴国。从当时形势看，汉朝中央在制定战略决策时，就认为吴王是叛乱的主谋和核心人物，将其率领的吴、楚联军视为叛军的主力，因而自然是汉军主要的打击对象。周亚夫被任命为汉军主力的统帅后，十分明白自己肩负的重任，视"制"东方的吴楚为自己最重要的使命，所以在战略部署上以东出洛阳、荥阳为击败叛军的要地。

其三，实现战略决策过程中运用了高明的战略指导，即避短用长，抢占战略要地。周亚夫作为平叛的主师，不仅有卓越的军事指挥能力，而且善于听从谋士们的高明建议。他首先接受了赵涉的建议，改变行军路线，平叛大军避开潼关、崤渑和函谷关的险道，而是改行长安东南，出蓝田、武关，迂回至洛阳，顺利抢占洛阳的武库，以迅雷不及掩耳之势，夺取荥阳要地。荥、洛是叛军进入关中的唯一通道。也是叛军战略计划中西进关中的必经之地。占据荥、洛，就使汉军处于可攻可守的地位，不利时可以在此与叛军相持，拒敌于无险可守的黄淮平原；形势有利则可以利用车兵的优势，东出歼敌于平原旷野。在吴楚军急攻梁地的情况下，周亚夫按照预先设计的战略，不急于率兵奔赴东南去救援正被吴、楚联军进攻的梁国，而是听从了邓都尉的建议，避吴军之锐气，进据昌邑，与梁国睢阳的守军形成犄角之势，这样既可威胁吴楚联军的侧背，又可防止吴军绕过梁地西进荥阳。进据昌邑后，又深沟高垒，对叛军守而不战，结果，吴军尽其精锐以攻梁，尽管梁王求救，景帝也亲自下令周亚夫率军援梁，但周亚夫不为所动,而是按既定战略,待吴军久攻梁地不下,力疲志殆,陷于无法脱身的地步后,才派弓高侯等率轻骑兵径出淮泗口,迂回到叛军的后方,切断叛军粮道,使叛军陷于粮尽兵疲的境地。等到叛军粮食断绝,又久攻梁地不下,急于寻汉军主力决战时,这时周亚夫在下邑(今安徽砀山)仍坚壁不出,进一步疲敌。最后,吴军只得无功而撤,这时周亚夫认为决战时机已到,立即率精兵追击,结果以逸待劳,变被动为主动,一举消灭了吴、楚疲惫之师。

"七国之乱"被平定后,汉景帝才得以顺利实行贾谊"众建诸侯而分其力"的政策。此后,又下令"诸侯王不得复治国,天子为置吏",各侯国官员均由中央任免,这样,诸侯王不再实行执政,失去了擅政的基础,再后来,又进一步规定诸侯王不得私修武备和练兵,各诸侯国势力迅速衰弱,仅同于中央下属之一般郡县,不可能再与中央分庭抗礼了。汉武帝继位后,再采纳主父偃的"推恩"之策,颁布"推恩令",进一步分割诸侯国的领地,削弱其势力。至此,高度中央集权的政治体制得以完全确立。所有这一切,皆是在周亚夫成功平叛后才得以实现的,所以,周亚夫平定"七国之乱"之举,不啻是中国历史上维护统一的辉煌事业,也大有功于历史的发展。他在平叛战争中所施展的战略谋划,无疑是成功指导维护国家统一斗争的杰出典范。(黄朴民　孙建民)

韩信以少胜多的启示

"韩信将兵,多多益善。"是对古代名将韩信军事领导能力的一种褒奖。然而,就是这个韩信,却也不乏以少胜多的创举。井陉之战就是其中一个典范战例。

公元前204年爆发的井陉之战,是楚汉战争中由汉军大将韩信指挥的,在井陉口(今河北井陉县东)一带对赵军的一次出奇制胜的进攻作战。在这次战役中,韩信以不到3万的劣势兵力,背水列阵,奇袭赵营,一举歼灭了号称20万的赵军,阵斩赵军主将陈余,活捉赵王歇,灭亡了项羽分封的赵国,为刘邦最终战胜项羽、统一全国创造了有利的战略态势。

着眼全局　因势定计

公元前205年，项羽在彭城大破刘邦，这使得许多诸侯纷纷背汉归楚，刘邦的处境十分困难。为了摆脱这一不利局面，刘邦采纳了张良等人的建议，确定了正面坚守、侧翼发展、敌后袭扰的战略方计。其中，命令大将韩信率军开辟北方战场，逐渐歼灭黄河以北的割据势力，向楚军侧背发展，就是这一战略计划的重要环节之一。

▲ 韩信像

公元前205年，韩信首先率军击灭了魏王豹，平定魏地。当时，黄河北岸尚有代（今山西北部）、赵（今河北南部）、燕（今河北北部）3个割据势力。它们都投靠项羽，成为楚的羽翼。汉要灭楚，就必须先剪除这些诸侯国，使项羽孤立。韩信针对这些割据势力只图据地自保、互不救援的心态，向刘邦提出进击开辟北方战场，逐次消灭代、赵、燕，东击田齐，南绝楚军粮道，对楚军实施翼侧迂回，最后同刘邦会师荥阳的作战计划。得到了刘邦的赞许和批准。

公元前205年闰9月，韩信率军平定代地，活捉代国的相国夏说。战斗刚刚结束，刘邦就把韩信的精兵调往荥阳一带去正面抗击项羽的进攻。公元前204年10月，韩信统率3万部队，越过太行山，向东挺进，对赵国发起攻击。赵王歇、赵军主帅陈余闻讯后即以号称20万的大军集结于井陉口防守。

井陉口是太行山有名的八大隘口之一，往西有一条长约几十公里的狭窄驿道，易守难攻，不利于大部队行动。当时赵军先期扼守住井陉口，居高临下,以逸待劳,且兵力雄厚,处于优势和主动地位。反观韩信,麾下只有3万之众,且系新募之卒,千里行军,士气虽高涨,但身体却疲乏,处于被动地位。

将计就计 置兵"死地"

当时赵军主帅陈余手下有一个名叫李左车的谋士,很有战略头脑。他向陈余认真讲明了敌情和地形:韩信越过黄河,实施外线作战,前段时间俘虏了魏王豹、夏说,并乘胜进攻赵国,士气旺盛,"其锋不可挡",所以赵军必须暂时避开汉军的锋芒。但是汉军方面也存在着很大的弱点。这主要表现为,汉军的军粮必须从千里以外运送,补给困难。井陉口道路狭窄,车马不能并行,因此汉军的粮秣输送一定滞后不济。鉴于这一分析,李左车进而建议:由他带领奇兵3万人马从小道出击,去夺取汉军的辎重,切断敌军粮道;而由陈余本人统率赵军主力深沟高垒,坚壁不战,与韩信军队周旋相持。李左车认为只要运用这一战法,就能使韩信求战不得,后退无路,不出10天,就可以彻底消灭汉军;否则,赵军一定会被汉军打败。

然而,刚愎自用且迂腐疏阔的陈余却拘泥于"义兵不用奇谋计"的教条,且认为韩信兵少且疲,不应避而不击,断然拒绝了李左车的正确作战方案。

韩信探知李左车的计策没有被采纳,赵军主帅有轻敌情绪和希图速决的情况后,非常高兴,当即制定了出奇制胜、一举破赵的良策。他指挥部队开进到距井陉口30里的地方扎下营寨。到了半夜时分,迅速实施作战部署:一面挑选2000名轻骑,让他们每人手持一面汉军的红色战旗,由偏僻小路迂回到赵军大营侧翼潜伏下来,准备乘隙袭占赵军大营,断敌归路;一面又派出1万人为前锋,乘夜深入、在赵军未觉察之际,越过井陉口,到绵蔓水东岸背靠河水布列阵势,以迷惑调动赵军,增长其轻敌情绪。部署甫定,东方天际晨曦微露,决战的一天悄然来临了。

赵军对潜伏的汉军毫无觉察,望见汉军背水列阵,无路可以退兵,都不禁窃笑,认为韩信置兵于"死地",根本不懂得用兵的常识,因而对汉军更加轻视。因为当时的兵法上讲得很明确:布阵要"右倍山陵,前左水泽",韩信反其道而用之,岂不可笑之至?

天亮之后,韩信亲自率领汉军主力,打着大将的旗帜,携带大将的仪仗鼓号,向井陉口东边的赵军进逼过去。赵军见状,果然踌躇满志,离营迎战。两军戈矛相交,厮杀了一阵子后韩信就佯装战败,让部下胡乱扔掉旗鼓仪仗,向绵蔑河方向后撤,与事先在那里背水列阵的部队迅速会合。赵军误以为汉军真的打了败仗,岂肯放过机会,于是就挥军追击,倾全力猛攻韩信的背水阵,企图一举全歼汉军。

汉军士兵看到前有强敌,后有水阻,无路可退,所以人人死战,个个拼命,赵军的凶猛攻势就这样被抑制住了。这时,埋伏在赵军营垒翼侧的汉军2000轻骑则乘着赵营空虚无备,突然出击,袭占赵营。他们迅速拔下赵军旗帜,插上汉军战旗,一时间红旗林立,迎风招展,好不威风。

赵军久攻背水阵不下,陈余不得已只好下令收兵。这时赵军才猛然发现自己大营插上了汉军红色战旗,老巢已经易手。这样一来,赵军上下顿时惊恐大乱,纷纷逃散。占据赵军大营的汉军见赵军溃乱,当即乘机出击,从侧后切断了赵军的归路;而韩信则指挥汉军主力全线发起反击。赵军仓皇败退,被汉军追上,结果全部就歼,陈余被杀,赵王歇和李左车束手就擒。井陉之战以韩信大获全胜,一举灭赵而降下帷幕。

奇正并用　灵活创新

井陉之战的结局,对楚汉战争的整个进程具有重大的意义。汉军的胜利,使得其在战略全局上渐获优势,即消灭了北方战场上最强劲的敌手,为下一步"不战而屈人之兵"、兵不血刃平定燕地创造了声势和前提,并为东进击齐铺平了道路,从而造就了孤立项羽的有利态势。这虽然是一次战役规模的战争,但却有着战略性质的地位。

在井陉之战中,双方在作战指挥上的得失高下是显而易见的。韩信取得战役胜利,关键在于他能够充分发挥主观能动性,有计划地制造和利用赵军的错误,巧妙地掌握士卒"兵士甚陷则不惧,无所往则固,深入则拘,不得已则斗"(《孙子兵法·九地篇》)这一心理状态,奇正并用,背水列阵,灵活用兵,出奇制胜,速战速决,从而一举全歼赵军,谱写了中国古代战争史上的精彩篇章。赵军的失败,则在于主帅陈余迂腐而又傲慢,并拒绝采纳谋士李左车正确的作战方案,昧于了解汉军的作战意图,终于使赵军丧失了优势和主动地位,在处被动中遭到全歼。

井陉之战给后人留下了许多宝贵的启示。其中最为重要的一点是:兵法的运用,贵在灵活创新,切忌死板教条。这正如宋代岳飞所说的那样:"先阵后战,兵法之常,运用之妙,存乎一心。"在这方面,那位曾经在2200多年前"战必胜,

攻必克"的风云人物韩信堪称表率。（丁远新　黄朴民）

成吉思汗横扫中亚的秘诀

1995 年 12 月 31 日,成吉思汗被美国《华盛顿邮报》评选为"千年风云第一人"。这个结论是依据"人类文明史上第二个一千年(1000～1999)中,何人缩小了地球,拉近了世界"的标准而产生的。成吉思汗及其子孙们在 40 多年时间里连续发动一系列西征战争,建立起庞大的蒙古帝国,将东方和西方连为一体。"千年第一人"当之无愧。

整个 13 世纪,成吉思汗率蒙古铁骑如风卷残云一般横扫欧亚大陆,展开了一个又一个胜利的进攻战役。这里,我们只介绍蒙古军横扫中亚的几个片断。从中探析成吉思汗用兵制胜的一些军事秘诀。

13 世纪初期,在中亚地区称王逞霸的是一个叫"花刺子模"的伊斯兰国家。花刺子模原本是中亚一个古老的小国,从 12 世纪下半叶开始逐渐强盛,阿刺丁和他的父辈经过半个世纪的对外扩张,将花刺子模变为一个庞大的中亚强国,成为占有整个波斯(今伊朗)、呼罗珊(今伊朗东北部、土库曼斯坦东南部、阿富汗西北部地区)、阿富汗及河中地区(锡尔河、阿姆流域之间)的中亚强国。

▲ 成吉思汗

弥散的硝烟

■ 不可不知的72个兵家揭秘

公元 1217 年,蒙古汗国的 180 多位后妃、诸王、勋贵、千户长各派两三名手下的伊斯兰教徒组成商队出使花刺子模。这支 450 人的商队达到花刺子模边境城市讹达刺(废墟在今哈萨克斯坦境内锡尔河右岸支流阿雷斯河口附近)时,守将海尔汗心存私欲,诬称蒙古商队是间谍,骗取了昏庸傲慢的花刺子模国王的轻信,杀人劫财。成吉思汗闻讯大怒,遣使责问,要求国王交出海尔汗接受惩罚。花刺子模国王拒绝了成吉思汗的正当要求,竟下令杀死使臣。蒙古人无法忍受如此狂妄的挑衅,成吉思汗决定大举西征复仇,向花刺子模发出了战争告书。

 "壮士如虹气千丈"——蒙古军的"先胜"之因

西征前，蒙古汗国进行了战争总动员，从阿尔泰山脉到黄河之滨征集青壮年入伍。西征联军由蒙古军（8～9万）、汉军、钦察军、畏兀儿军、契丹女真军、西辽军、哈剌鲁军等多民族武装组成，配备炮石火器、攻城器械和筑路、架桥、造船器具，准备了预备马匹和军械备件以及充足的军粮肉食。尽管这支军队与花剌子模相比人数不多，却代表着当时世界上军事力量的最高水准。特别是其中的蒙古军，从1189年起在成吉思汗带领下连续不断地打了30年仗，早已成为一架战争机器。

花剌子模征集了40多万军队准备迎战。阿剌丁的战略方针是全面防守：作战策略是重兵屯守城镇，坚壁清野，迫使蒙古军退兵。具体战略步署是：将军队主力配置在锡尔河、阿姆河及河中地区，分城据守，防御中心设在都城撒麻耳干（今乌兹别克斯坦撒马尔罕）和旧都玉龙（今土库曼斯坦库尼亚乌尔根奇）；将战略预备队配置在河中地区待命机动，准备在撒麻尔干外围地区与蒙古军进行战略决战。

1219年6月，成吉思汗带辅臣耶律楚材进至今新疆阿勒泰地区额尔齐斯河

▲ 波斯人绘制的成吉思汗战争场面

上游，西征军在此举行了盛大的出征誓师仪式。"车帐如云，将士如雨，牛马被野，兵甲辉天，远望烟火，连营万里。"这就是耶律楚材笔下当时在额尔齐斯河畔目睹西征大军威武壮观的写照。蒙古人的高悬惩罚之鞭的军威是一派怎样的气势？耶律楚材在诗中赞叹道："天兵饮马西河上，欲使西戎献驯象。旌旗蔽空尘涨天，壮士如虹气千丈。秦王汉武称兵穷，拍手一笑儿戏同。"在耶律楚材看来，

蒙古军西征是惊天地泣鬼神的壮举,穷兵黩武的秦王汉武的战争行动与成吉思汗相比,简直如同儿戏般可笑。成吉思汗与众将召开部署西征的最高国事大会,命次子察合台、三子窝阔台、幼子拖雷及诸将,各自率军从额尔齐斯河源头出征,正面进击花剌子模的锡尔河防线。在此之前,成吉思汗命当时在蒙古西部征服乞尔吉思部的长子术赤率军南下,会同西辽境内的哲别军从南路出征。

早在1218年冬,术赤、哲别率3万骑兵从刚刚占领的西辽领地(今新疆喀什、和田地区)出发,在帕米尔高原人踪绝迹的山谷间探寻通往西域之道。隆冬季节,蒙古军翻越海拔4000～7000米的冰山雪岭,这是一条上千里的酷寒与死亡之路,不少人马倒在途中。经过艰苦跋涉,蒙古军进入天山山脉的阿赖山北麓,于1219年夏季突然出现在花剌子模国的费尔干纳盆地,四处袭扰。

围三阙一"动中歼"——蒙古军的常胜之法

从1220年起,蒙古军在花剌子模国内展开河中战役及阿姆河流域诸城战役。这一地区的撒麻耳干、玉龙杰赤、不花剌三个城市的战略地位十分重要,都城撒麻耳干是花剌子模的战略防守中心。1219年秋,成吉思汗与拖雷率主力军,以速不台部为前锋,渡锡尔河南下,攻克和招降了沿途的数座城镇,于1220年3月包围了有"伊斯兰教罗马"之称的西域名城不花剌(今乌兹别克斯坦布哈拉市)。

成吉思汗围攻不花剌时,采取了先紧后松、围三阙一、运动歼敌的战术。先以精锐的先锋军在不花剌的12座城门下屯营,后续部队随即包围外城四周,驱使以战俘为主组成的"哈沙尔"军摆开强盛的攻势,然后故意示弱于某处,网开一面放出守军,随后在蒙古军擅长的运动战和野战中歼灭之,以减轻攻坚战的消耗和损失。当花剌子模的大将阔克汗带领两万守军退出不花剌城后,蒙古军紧追至阿姆河边展开战斗,阔克

▲ 全民皆兵的蒙古人

汗全军被歼。

　　成吉思汗设计、指挥的两河及河中地区的一系列战役,不仅使蒙古军攻占了大片土地而且基本歼灭了花剌子模汗国的精锐主力部队。特别是不花剌、撒麻耳干、玉龙杰赤三城的攻取,对蒙古远征军来说具有重大的战略意义。撒麻耳干是花剌子模的政治中心,玉龙杰赤是该国国王阿剌丁母后一党军事势力的根据地,不花剌是河中地区贸易、宗教、文化集中地,其政治、经济、军事、宗教、文化意义可想而知。回头看,成吉思汗将西征主力军的首攻目标定为不花剌极具战略眼光。得此城既可切断东西两部的交通和援兵,又能扼控撒麻耳干与河中地区的咽喉,并可断绝锡尔河被围各城之援。恰似狼咬羊脖。仅此一招,花剌子模国的灭亡便成定数。《元史·太祖本纪》对成吉思汗的评价只有 10 个字——"帝深沉有大略,运兵如神。"

坚韧耐劳赖"轻骑"——蒙古军的制胜之制

　　如果以欧洲骑士的标准来衡量蒙古骑兵,则他们的对手——蒙古骑兵,充其量算是一种"轻骑兵"。因为蒙古骑兵的装甲多为皮革制成,轻便坚韧,虽然其防护性不及欧洲重装甲骑兵身上的锁子甲,但负担轻,容易保持长时间的战斗力。此外,不会像铁制铠甲那样在严寒酷暑时节成为难以忍受的酷刑。

　　成吉思汗从未像西方军的首领一样对兵种的武器进行严格的分工,加之不像欧洲和中亚军队使用的武器那样笨重,所以蒙古骑兵随身携带的各种武器,使得其可以完成不同的任务。蒙古骑兵随身携带的武器通常有弓箭、马刀、长矛、狼牙棒。值得一提的是蒙古人的弓箭,他们的弓箭较长较大,需大约 80 千克的力量才能拉开(电视剧《马可·波罗》中有他始终无法拉开蒙古人硬弓的场面),射程远,是蒙古骑兵的最重要的杀伤武器。此外,蒙古骑兵常常根据个人爱好装备其他武器,譬如套马的绳套和网马的网套,这在正规的西方军队看来是匪夷所思的,也是防不胜防的。

　　蒙古军队同生活在中国北方的其他游牧民族一样,从小的玩具就是弓箭,一到成年就可以算是职业军人了。由于在严酷的环境中长大,蒙古人大都具有极为坚韧耐劳的性格,爬冰卧雪为常事,远距离跋涉更是从小的习惯。对物质条件的不讲究,使蒙古军队的后勤负担很轻,蒙古军人拥有东方和西方农耕定居民族所缺乏的连续作战的意志和能力,这是西方养尊处优的贵族骑兵们和中国中原地区穿上军装的农民永远比不上的。这种从艰苦环境和游牧制度中磨

炼出来的精神上的素质优势,就是蒙古军在天才统帅成吉思汗指挥下能够横扫中亚和欧洲的最主要的奥秘所在。(洪坚毅 黄 朋)

亚历山大用"新奇刺激"破坚城

公元前 335 年的夏天,马其顿王国的国王亚历山大亲率 10 万大军,团团包围了培利亚城。培利亚城的地形易守难攻。亚历山大在一个月之内先后发动了 16 次猛烈进攻,使位于伊利里亚境内的这座城市笼罩在一片战火之中,可是仍然攻不下来。培利亚城的军民誓不投降,顽强抵抗。他们凭借着有利地形,居高临下,打退了敌人步、骑兵的一次次凶猛进攻。一个月下来,城池始终掌握在伊利里亚人手中,就连培利亚城的外围阵地也固若金汤。眼看补给就要消耗殆尽,怎样才能"引蛇出洞",消灭敌人呢?亚历山大苦思良久,终于想出了一条妙计。

第二天,培利亚城外一反常态,再也看不见了飞扬的尘土,也听不见马其顿士兵冲锋陷阵的呐喊声。做好充分战斗准备的培利亚城的官兵十分警惕,纷纷从城墙的望眼和城垛的空隙处向山下的敌阵瞭望,只见马其顿军营静悄悄的。"弟兄们,当心敌人要花招。全体各就各位,做好战斗准备!"守城军官见士兵们斗志有些松懈,不由得大声发布命令。"当心!敌人的进攻又开始了。"不知谁第一个发现了山下敌军军营里的变化。守城官兵们立即弯弓搭箭,又聚精会神地做好迎敌准备。此时,从马其顿军营里,慢慢地走出数列重装骑兵来,但他们并没有发动进攻,却在山下操练起队形来了,还可以听到军官们的口令声。重装骑兵操练结束后,是排着方阵的步兵表演。只见随着队形的变换,长矛短剑在阳光下闪闪烁烁、银光飞舞,煞是好看。精彩的操练吸引了守城的官兵。看着看着,他们的警惕性开始放松了,有的开始抱怨距离太远看不清楚,几个大胆的士兵竟爬出工事去观看。军官们本想出面制止,但看到他们全都带了武器,而且也没遇到什么危险,就默许了。这样,从工事里、城墙上出来观看的守城士兵越来越多了。

就在这时,亚历山大突然下达了进攻的命令。只见操练着的马其顿官兵举着长矛,高喊着向培利亚城冲了过来。措手不及的培利亚人在突如其来的强大

弥散的硝烟

■ 不可不知的72个兵家揭秘

攻势下,终于丢失了他们城外的阵地,慌忙向城中逃窜,陷入了极其被动的局面。

一个月之中10多次残酷攻杀的相持局面竟被1次新奇的表演所打破,使"泰山"崩溃、"金汤"不固,怎不惊奇!亚历山大写下了这一得意的历史之笔,绝妙之处就在于,他根据战场情况的变化,对人们普遍存在的好奇心理进行了恰到好处的把握和利用。俗话说:"好奇之心,人皆有之。"对新奇事物的热衷和投入是人们正常而普遍的心理现象。合理地利用新奇刺激,将敌人的好奇心为我所用,就会取得良好的作战效果。(张新奎)

 ## 明代引进"红夷大炮"先胜后败的启示

中国明代天启初年(公元1620年前后),明皇朝下决心经澳门引进了荷兰人制造的大炮30门,因荷兰人多为"红发红须",故名之为"红夷大炮"。靠了这种火炮的威力,明军统帅袁崇焕在抗击后金统帅努尔哈赤军队的进犯时,取得了"宁远大捷","气死"了努尔哈赤。但后来后金夺取明军大炮,铸造出更先进的"红衣大炮",以炮守城的明军终于不敌以炮攻城的清军。明军的失败揭示了一条军事技术引进对于战场上优劣形势转化的启示……

 ### 明朝西洋大炮让努尔哈赤饮恨身亡

在明朝末年风雨飘摇的岁月里,有一件"朝野欢呼、士庶空巷相庆"的大事。那就是天启六年(1626年)明与后金战争中所获之宁远(今辽宁兴城)大捷。

是役,袁崇焕等明军前敌将领决心坚定,视死如归,部署精当,指挥得法,并且最大限度地激发和调动了广大军民保家乡、求生存的抗敌热忱。故而,他们所坚守的虽是一座被投降派弃置关外、完全不可能有任何支援策应的孤城,依然挫败了努尔哈赤顽强而凶猛的进攻,创造了空前绝后的大捷。这不但是"辽左发难"以来明王朝军队所取得的唯一胜利,也是努尔哈赤兴兵43年中头一回碰上硬钉子,致使他经受不住这种精神打击,抑郁生疽,饮恨身亡。

明军此次保卫战之所以能取胜,"肯守之人"和"必守之心"当然是第一位的。但11门西洋大炮也发挥了举足轻重的作用,使明军在军事技术和战术上明显地高出对手一个档次。这种西洋大炮于天启初经澳门输入中国。因其来自红发红须的荷兰人之手,故也称"红夷大炮"。据说这种大炮前后共输入30门,除18门留在京师,1门试放时炸裂,余皆调往宁远。

当时在宁远的明军把这种西洋大炮巧妙地纳入宁远的城防配系。宁远城的建筑基本上是正方形,城的四角各有一方形敌台。它三面伸出城外,一面与城郭连接。大炮架于台上,可以三面射击,即便敌人冲到城脚之下,"门角两台攒对横击",也不会出现火力死界。后金军队不晓得,明军"凭城用大炮"的这种新战术已完全剥夺了他们昔日平野奔驰、疾不可挡的优势,照旧蜂拥推进。这就恰恰给西洋大炮的轰击提供了集团目标,"每炮所中,

▲ 明军宁远大捷中的一个激战场景

糜烂可数里",可见其威力之大。守城军民惊叹:"似兹火器,真所谓不饷之兵、不秣之马,无敌于天下之神物也!"这也难怪宁远战役之后,明熹宗朱由校在对参战之人慷慨赏赐的同时,也没有忘记对有功之器的褒奖,特封西洋大炮为"安国全军平辽靖虏大将军"。

✒ "凭城大炮"成了明军最后的辉煌

明代大约是冷兵器向热兵器转换的一个关键时期,而当时统治者的心态可能也比后世的官僚略显正常,颇敢实行"拿来主义"的正德(明武宗朱厚照年号)末年,广东巡检何儒从停泊在珠海口的西班牙、葡萄牙商船上看到了一种新式火炮,便寻觅工匠积极仿制,谓之"佛朗机(时国人称西、葡两国为佛朗机)"。隆庆初年,明廷开始批量生产这种装上了照明和准星的先进火器,陆续发往部队。据《练兵实纪杂集》记载,当时戚继光的车营装备佛朗机256门,辎重营装备160门。辽东告急以后,这种火器也大量发往东北前线。明廷的官方统计资料表明,自万历四十六年(1618年)至天启元年(1621年)3年中,发往广宁(今辽宁北

弥散的硝烟

■ 不可不知的72个兵器猎秘

不可不知的70个兵家猎秘

镇）的各类军火中，大小铜铁佛朗机就有 4090 架。这种火器虽然给后金造成了一定的威胁，然因其机动性能差（自重千斤以上），明军也没有找到一种相适应的战术，所以佛朗机之类每每落于后金之手。特别是广宁弃而不守之后，大量军火充实了敌人武库。明王朝靠仿制而拥有的"长技"反而为敌所乘。

　　正是在这种日趋被动的形势下，明末著名的科学家徐光启发出了"火器者今之时务也"的呐喊，提出了引进西洋大炮和"大炮进城，凭城击打，以台护铳，以铳护城"的部署原则，派人赴澳门办理采购事宜。后来虽然因为官场上的掣肘阻碍，徐光启不得不中止自己的使命，但由于他的力倡，用西洋大炮武装明军，并纠正"列兵营大炮于城之壕外"的错误方法，毕竟得到一些有识之士的认同。这就是很了不起的开风气、换脑筋的贡献。

▲ 装在炮车上的"红夷大炮"

　　在宁远之战前明军将领袁崇焕还对大炮能否影响和改变传统作战方式本身缺乏足够认识，而在宁远战役结束，袁崇焕巡历锦州、大小凌河等城后，向朝廷提出的奏折中，扬长避短的战争指导思想已经十分明确。他指出："辽左之坏，虽人心不固，亦缘失有形之险，无以固人心。兵不利野战，只有凭城用大炮一策。"袁崇焕从宁远大捷中获得的宝贵经验成为明军此后相当长一段时间内以守为攻、制敌取胜的基本方略。

 清军"骑兵加'红衣大炮'"打败明军"凭城用大炮"

　　当然，宁远之战对长期以来傲视中原的满洲贵族也是一副清醒剂，大炮的厉害逼着他们开始向自己的对手学习。皇太极即位后，特别重视在战争中夺取明军的大炮。

　　当时明军的做法是将这些火器列于战阵之前，战斗打响后首先施放火炮杀伤冲击之敌,然后再进入短兵相接的格斗。但后来金军很快便发现了明军的弱点。他们发挥"铁骑冲突,如风如电"的优长,以快速抵近战术超越明军的火炮射击线;或者利用其火炮两次点火燃放的间隙发起冲锋。如此,明军的火炮有时甚至还未来得及发挥作用,便成了敌人骑兵的战利品。金军夺取了明军的火炮后,开始把炮战纳入自己的战术。

明崇祯四年(1631 年),后金利用归顺的一批汉族工匠的智慧,铸造西洋大炮获得成功。而且,他们还创造了"失蜡法",使铸炮工艺领先于明朝。由于"夷"字犯忌讳,他们新铸的大炮便更名为"红衣大炮"。从"红夷"到"红衣",既说明军事技术的进步多么曲折而富有戏剧性,又说明"青出于蓝而胜于蓝"实在是至理名言。引进固然重要,二次创新尤不可少,长技和优势绝不会久久厮守在任何一方。从此,战场上的优劣形势又发生了新的逆转,大型火炮成了清(皇太极于 1636 年改国号为清)军攻坚的利器,以炮守城的明军越来越不敌以炮攻城的清军。而那支其势如虹、灭亡了明王朝的大顺农民军也由于技术的落差在清军骑兵加炮兵的攻势面前节节败退。李闯王部退保的一道天险潼关城就是被清军用"红衣大炮"轰开的。

明清战争由于多少已带有近代战争的特点,所以军事技术在战争中的地位作用颇为凸显。从佛朗机的仿制、直接引进"红夷大炮"而有宁远大捷,到后来的炮战使满清铁骑如虎添翼,很能说明技术引进对于优劣形势转化的推进作用,很能说明技术的发展对于军事思想、作战方法乃至军队建设的重大影响。而这一点却往往为人们所忽略。鉴此,大凡探讨战争胜负的原因,切不可忘记恩格斯那段越咀嚼越有深意的论述:"一旦技术上的进步可以用于军事目的并且已经用于军事目的,它们便立刻几乎强制地,而且往往是违反指挥官意志而引起作战方式上的改变甚至变革。"(孔令铜 陈 刚)

荡平倭寇的"戚家刀"神在哪里?

在人类战争史上的冷兵器时代,刀是最早出现的攻防利器,因此刀在中国古代被排在十八种兵器的第一位,被誉为"百兵之祖"。兵器研究专家最近在军事媒体上披露了这样一段话:"百兵之祖,天下纵横。明代倭刀,肆意妄行。屡战不利,神刀现身。荡平倭寇,后世

传名。"

这段话不仅客观地评价了刀在人类兵器史上的地位，而且提到了"明代倭刀"和灭倭"神刀"。这是誉满明清时代的刀器中的两种名刀。"倭刀"是当时不断侵掠中国沿海的日本海盗所用的主要兵器，"神刀"则是抗倭名将戚继光所创制的"戚家刀"，当时在荡平倭寇的战斗中屡显神威，被誉为"百变神刀"。那么"戚家刀"到底是怎么来的呢，它被誉为"神刀"的奥秘在哪里？

从"戚家军"到"戚家刀"

14～15世纪的明代社会经济发达，沿海地区更是物产丰富，人民富足。但当时隔海相望的日本正处于南北分裂、群雄割据的战国时期。各方诸侯武士相互征战厮杀，战败的一方就流亡海上，这些人对我国沿海富足的生活十分艳羡，就纠合部分破产农民和一些不法商人，到我沿海走私兼抢劫。我国历史上称这些人为倭寇。

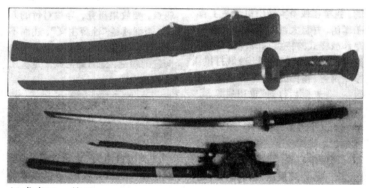

▲ 戚家刀 倭刀

1556年，戚继光担负浙江一带的防倭军务。通过最初的几次战斗，戚继光认识到明军缺乏训练，战斗力差，而且"兵无专统，谋不金同"，难以消灭倭寇，遂两次提出练兵的要求。经总督胡宗宪批准，将兵备金事曹天佑所部3000人拨给戚继光领导、训练。经过两年的战斗，戚继光进一步认识到这些成分复杂、积习甚深的军士，经训练战斗力虽有所提高，但纪律不良、骄惰怯战的缺点，难以根除。嘉靖三十八年（1560年），戚继光第三次提出练兵要求，希望招募乡民，重新训练。募民练兵的主张，在此之前早有提出。如南京太仆卿章焕、御史屠仲律、兵部尚书胡世宁及巡抚都御史唐顺之等，均曾提出过练乡民的建议，有的并已付诸实施,如胡宗宪、俞大猷、谭纶等,已开始招募一部分民兵,且已小有成效。实际上训练乡民为精兵,已成为主持御倭军务者们的共识。因而胡宗宪立即同意解散戚继光所统的明军,批准他重新招募乡民另组新军。在谭纶和义乌知县赵大河的大力支持下,戚继光在义乌招募了3000多个农民和矿工,训练成一支组织严密、纪律良好、勇敢善战的部队,被称为"戚家军"。

与倭寇在龙山一战的失利使戚继光开始对倭寇的战斗特点进行了仔细分析。他发现倭寇行军往往多则30人,少则两三人结成一队,队与队之间相距一两里,整个部队可占地数十里。由于其布阵分散,因此明朝的大部队往往不能围攻。倭寇与明军对垒时,先派出几人在阵前,使明军乱放箭矢、火器。当明军的箭矢和弹药耗尽之后,倭寇便开始发挥他们擅长的近战。而倭寇之所以用近战能对明军造成重创,除了他们亡命的本性以外,靠的就是他们所使倭刀的刀长刃利。

倭刀又被称为长刀,是日本制刀中比较有名的一种,刀长两米左右,重1.4公斤,而当时明朝军队使用的腰刀长一米,重700克,无论是长度和重量都与倭刀相差一倍。当两军短兵相接时,明朝军队刀短,难以接近倭寇。而当兵刃相碰时,倭寇双手使刀,势大力沉,而且十分锋利,明军的腰刀往往被砍成两段。另外倭刀被打制得刀光闪闪,进攻时趁明军仓皇看刀时迅猛攻击,致使明军遭遇惨败。

俗话说,知己知彼,百战不殆。掌握了倭寇特点的戚继光制定了自己的对敌策略。首先,他根据倭刀的特点对明朝的腰刀进行了改造:加长了刀身长度,达到了1.3米以上,使之以长克长;刀身改窄,使之更加轻便灵活,使之以巧制重;刀柄向下弯曲,以便单

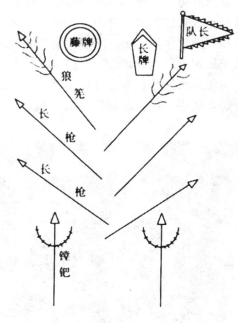

▲ 戚家军的"鸳鸯阵"示意图

手操作配合盾牌,融攻防于一体。这种刀器上的创新使明军迅速扭转了装备上

的劣势，与倭寇交战时使倭刀的长处难以发挥，明军在抗倭作战中逐渐掌握了主动，不断取胜，借"神刀"之助，戚家军一时声威大振。

 ## 以敌为师铸"神刀"

据史料记载，日本刀最初源于我国汉代环首刀。但是它受到影响最多的是我国唐代出现的一种柄部设有护手、尾部设有圆环的唐刀。迄今为止这种唐刀在我国还没有实物出土，但是在唐朝，日本和中国交往密切，频繁来华的日本遣唐使把一些唐刀带回国内并被珍藏至今。后来名声喧赫的日本刀就是在唐刀的基础上发展起来的。

日本使用的倭刀最初传于我国的汉代，经过上千年的演变，日本的倭刀却成为明军的克星，这是为什么呢？

在中国武术当中，有一种说法叫作"一寸短一分险"。在真正的实战中，长兵器虽然勇猛强悍，但是随着战国后期骑兵的大量出现，战争的攻击速度加快，格斗形式很快转为近身的短兵相接。这时长兵器变得十分不灵活，而短刀灵活的作用就被体现出来。所以在我国古代军队装备中士兵多使用短柄刀。明朝的军队也不例外，所配腰刀均较短。

倭寇使用的日本刀刀长刃利光亮无比，这与它的打造方法有关。日本刀的做法是使用一种含碳量极高的玉钢整体打造。含碳量高有什么好处呢？我们

▲ 手握倭刀的日本武士在作登陆演习

都知道金刚石和石墨,它们的碳分子结构都是一样的,但是金刚石的含碳密度非常高,所以金刚石就比石墨更加坚硬。而刀剑也是这样的道理。碳含量高,再经过千捶百炼,就使碳分子更加紧密,所以这种刀就更加锋利,再加上精心磨制,就变得光亮无比,看起来杀气腾腾。而明朝使用的刀是用普通生铁打造,本身含碳量就不高,它只是在刀刃部加上一层钢进行复合打造,这就是夹钢。这种夹钢虽然使刃部比较锋利,但是整体的强度不够,所以在与倭刀相碰时就很容易折断。而所谓包钢做法就是把刀身在生铁基础上全部加入钢一起来锻造,这样整个刀硬度加强了。但是由于这种做法很难锻造,而且成本极高,只有一些将领的刀这样制作,装备整支部队的情况很少。

其实明朝刀落后于日本刀有其更深层的历史原因。中国2000年来战乱不断,改朝换代频繁,刀的形状根据不同时代的战争特点发生比较大的改变。而刀的打造方法也不断变化,所以许多先进的打造方法难以传承发展。尤其到了宋代以后,火器的引进和发展逐渐盛行,这就使刀的地位快速下降,而且由于历代战争都是大规模作战,制造武器的成本就成为一个重要因素。部队很难大规模装备那些质地优良、成本昂贵的常规作战兵器。而在日本由于山地多、人口少、大规模作战很少,许多战斗都是近身作战,所以刀在战斗中作用十分突出。而且在日本参加作战的大部分是武士,这些武士因为保护各个封建主的利益,所以在各个朝代都受到大力尊崇,而他们要想获得尊崇就必须获得战斗的胜利。获得一把上好的战刀,就成了他们保障胜利的重要条件。久而久之,日本刀就成了"武士道"精神的一种象征。正是源于这种传统,日本在上千年的时间里对刀的制作精益求精,并逐渐摆脱中国的影响,形成自己的独特的风格,最后达到登峰造极的地步。

戚继光把缴获来的倭刀反复进行比较分析研究,终于吃透了它的特长和弱点,进而"师夷长技以制夷",针锋相对地对明军的传统腰刀加以大胆改造和创新,使刀的锋利程度、硬度和韧性,都有了大幅度提高。它十分光亮,但它并不是镀银镀亮的,而是磨制的。从外形上它和日本刀十分相似,弧度大、刀身窄而长,惟一不同的就是它的刀柄向下弯曲。这什么会这样呢?因为中国的士兵一般都是单手使刀,另外一只手可以使盾牌,而日本刀的刀柄是向上弯曲的,这样利于双手使用。为什么会有这种不同呢?因为明代中国的远程攻击武器,如弓箭、鸟铳使用比较多,而且步兵为了阻隔骑兵的快速攻击也使用长枪,所以使刀的士兵必须手持盾牌加强防护。而日本人山地树林作战比较多,讲究直接近身

弥散的硝烟
■不可不知的72个兵家猎秘

WAN XIANG XIN ZHI DA KE TANG

格斗,所以他们形成的刀法以双手使用为主,这样劈砍刺杀的力量就比较凶悍。

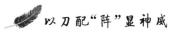
以刀配"阵"显神威

在戚继光为戚家军配备"戚家刀"之后,他又从缴获倭寇的练兵刀谱中分析了倭寇的刀法和作战特点,尔后针对倭寇刀长、人少、作战分散的特点,设计了我国古代战争史上有名的阵法——鸳鸯阵。这种阵法即是前面两人手持盾牌和戚家刀,后面的人手持长长的狼筅、长枪、镗耙。当攻击时,手持"戚家刀"的士兵在后面长兵器的掩护下攻击倭寇,这样就形成了长短结合、相互支援的攻击阵型,对付小股分散的倭寇非常有效。嘉靖四十年,戚继光率领戚家军,在台州附近的花街、上峰岭多地,连战连捷,基本上击歼了侵扰浙江的倭寇。为增强实力,使戚家军成为东南沿海御倭作战的主力机动部队,戚继光又增募义乌兵3000人。嘉靖四十一年,戚继光奉命援闽,戚家军与友军协同,全歼了盘踞在平海卫的2000多倭寇。但倭患未能减轻,又有20000多倭寇登陆福建,并包围了仙游城。福建遂成了御倭作战的焦点。经过半年的激战,戚继光解了仙游之围,并在仓坪(今同安境)、蔡坡岭(今漳浦境)大败倭寇,福建境内已无大股倭寇。戚继光和他率领的戚家军因之成为流芳于世的民族英雄。他根据倭刀改制的戚家刀也逐渐流传下来,成为明清两代被广泛使用的部队装备。

从戚家刀的形成和使用可以看到,刀的演变都是随着战争的需要发生改变的。每一种兵器都有它不同的用途和特点,而且一场战争的胜负并不取决于一种兵器,它往往是多种兵器装备相互配合的结果。从戚家刀在鸳鸯阵的使用,我们就可以看出这种军事思想的体现。(张　敏　陈　刚)

汉军能打"左钩拳"的缘由

在1991年年初的海湾战争中,美军总司令施瓦茨科普夫以一记重重的"左钩拳"战术行动,成功地实施了战略欺骗,进而出其不意地包抄了侵占科威特的伊拉克军队的主力,使初战就变成了决战,以几乎是"零伤亡"的代价获得了全胜。而据《世界军事》介绍,早在2200年前的中国楚汉战争中,旷世良将韩信,也曾在汉王刘邦的支持下,成功地组织过针对楚霸王项羽要害之地的"左钩拳"行动,一举奠定了战胜楚王、统一天下的战略基础。汉军所以能打出这一"左钩拳",关键在于刘邦能够听取不同意见,着眼战略全局用好战略性人才,同时也由于韩信能机敏地进行战略谋划,准确定下战略目标、时机和行动原则,成功地实施了"明修栈道,暗渡陈仓"的战略欺骗,上演了在我国战争史上极有典范意义的以劣胜优的活剧。

大局在胸定良策

公元前206年正月,项羽自立为西楚霸王,定都彭城(今江苏徐州),大封天下诸侯。遵照楚怀王与诸将立下的盟约——"先破秦入咸阳者为王",刘邦先入咸阳应为关中王,但项羽却没有履约。

对于项羽的背信弃义,刘邦极为不满,但是萧何给他作了富有远见的分析,"虽王汉中恶地(流放坏人的地方),不犹愈于死乎?令大众弗如,百战百败,不死为何?……且汉中古称天汉,周所兴也,愿大王王汉中,养其民以致贤人,收用巴蜀,还定三秦,天下可图也。"他认为,当时情况下汉与楚兵戎相见无异于以卵击石,而应先入汉中,治国安民,招纳贤才待时机成熟再还定三秦,图霸天下。于是,公元前206年4月刘邦率众入主汉中。

之后不久,由于萧何的力荐,韩信被拜为大将军,他向刘邦进献了著名的《汉中对》,对楚汉双方的战略条件进行综合比较,得出了"今大王举而东,三秦可传檄而定"的结论。他

▲ 韩信画像(书封面)

认为，项羽"其强易弱"：一是"匹夫之勇""妇人之仁"。虽能勇敌千人，但却鼠目寸光、心胸狭小；二是背义帝之约，诸侯不平；三是军队所过无不残灭，名虽为霸，实则失天下心；四是秦人对邯、欣、翳三人，痛之入骨髓。相比之下，刘邦则人心所向：一是入关秋毫无犯，除秦苛税，"秦民无不欲得大王王秦者"；二是入主关中名正言顺，"诸侯之约，大王当王关中"；三是士卒思乡心切，向东作战必然勇而无畏。"以义兵从思东归之士，何所不散！"韩信进而明确提出了"夺取关中，还定三秦"应为汉王首要的战略主攻方向，然后建议汉王及时把握战略进攻时机，迅速展开军事行动，使还定三秦的战略目标尽快实现。韩信的分析，不仅符合当时的战情实际而且也规划了汉王争夺天下完成国家统一大业的战略步骤，既有预见性，又具备现实性、、可操作性，能满足当时战争活动的需要。因此刘邦听后大喜，"自以为得信晚。遂听信计，部署诸将所击"。

萧何和韩信的荐言，使刘邦确定了"还定三秦"的战略思想，于是，他一面着手巴、蜀、汉中的经济和社会发展，一面着手进行"还定三秦"的各项军事准备。

韩信的"左钩拳"行动

汉中与关中相隔秦岭、渭水，当时两地之间有三条栈道相通，由东向西分别为"子午道"、"傥骆道"和"褒斜道"，都是据其所通过的山谷而得名。《史记·留侯世家》载有"良固说汉王曰'王何不烧绝所过栈道，示天下无还心，以固项王意'。乃使良还。行，烧绝栈道。"刘邦入汉中时走的是子午道，被烧绝。而刘邦派遣张良返回彭城，张良走的是褒斜道，这条栈道也被烧绝。惟一存留的栈道是傥骆道，虽该道只有210公里，但"路屈曲八十四里，九十四盘"，不便于当时大部队的行军和作战，而项羽防守一条栈道必然占一夫当关万夫莫开之利，刘邦企图通过这条"独木桥""还定三秦"必然难于登天。于是，修栈道似乎是刘邦"还定三秦"的必然举措，而韩信恰恰利用这种"必然"将计就计，导演了千古传诵的"明修栈道，暗渡陈

▲ 拜将台

仓"佳话。

当时韩信的考虑大致可归纳如下：其一，通过栈道进军关中并非智举。一来修栈道时间太长，不能很好地利用楚齐交战（齐国田荣反楚，楚国正在讨伐）的有利时机；且不能很好地利用汉军士卒思乡心切，"及其锋而用"的最佳时机。二来项羽令楚军重点防守栈道，过栈道进军，不仅劳师远征，且会与楚军针锋相对，并让其占了一夫当关万夫莫开之利。其二，可以达成障敌耳目，避实击虚的目的。项羽，尤其是范增一直关注着刘邦的动态，10万大军直接由西线迂回至关中，必然会被楚军察觉，战略上的袭击将不可能达成，取胜的可能将大大降低。于是可利用修栈道的"必然性"吸引楚军注意力，施展"障眼法"。由于楚军对齐作战，对汉的防御有所松懈，加之"明修栈道"的佯动吸引作用，西线迂回攻击便可达成避实击虚的奇袭效果。

韩信的"左钩拳"行动与20世纪末多国部队在海湾战争中的"左钩拳"行动有异曲同工之处，只是由于时代背景的不同，武器装备的技术水平也有天壤之别，因而韩信的"明修栈道"与多国部队的东攻击集团发挥的作用不尽相同。后者不仅起到调动、牵制伊军主力的作用，还进行了实质性的进攻；而前者则完全是实施战略欺骗的佯动，吸引楚军的注意力，导致其布防的失误。

公元前206年8月，汉军从南郑西行，进入甘肃境内白水，然后折向东北，沿白水上游而行，出大散关，在陈仓（今陕西省宝鸡县）附近渡过渭水，袭击雍城（今凤翔县南）。这条路线的距离至少是栈道的两倍，就当时而言，是一个大迂回，但却初步显示了韩信的用兵如神。由于行动之迅速（距刘邦入汉中仅4个月）和"明修栈道"的战略欺骗作用，这一个"左钩拳"达到了很好的奇袭效果，对于"从天而降"的汉军，雍王章邯仓皇领兵迎击，但被汉军迅速击溃，汉军轻松夺取了雍城这个关中西部最为重要的据点。正如韩信分析的，由于汉军思乡心切，极力想杀回老家，战斗力甚强，而楚军东西受敌，无暇顾及，所以，在随后的一个月内，汉军势如破竹，三秦之地被各个击破，塞王司马欣、翟王董翳投降，雍王章邯退守废丘被围，终被消灭，刘邦"还定三秦"的战略目标终成现实。

"一锤定音"的影响

刘邦还定三秦之后，关中、汉中、巴、蜀之地便连为一体，在萧何的治理下，迅速强盛起来，成为楚汉相争时刘邦稳固的大后方。汉军的"天时、地利、人和"为刘邦的霸业奠定了坚实的基础。

刘邦进军关中之后，不等完全平定"三秦"便领兵出关进击中原。公元前204年4月，刘邦统五诸侯兵，在彭城先胜而败，诸侯相继背叛，情势危急。4月下旬，刘邦退守河南荥阳，听取张良建议，采取新的战略：其一，巩固以荥阳、成皋为中心的战略防线，一方面确保关中安全，另一方面以关中、汉中、巴、蜀为大后方，有效运用人力、物力，以持久战困扰和消耗楚军；其二，派使者说服九江王（今安徽省寿县附近）黥布叛楚，并劝诱彭越南下，牵制楚军；其三，获得喘息机会后，军事和外交双管齐下，争夺魏、赵、齐等国，孤立楚军，并形成对楚军的大迂回战略态势。

历史事实说明，这一战略最终成就了刘邦的霸业，而汉军的最终取胜很大程度上得益于"还定三秦"对汉军所带来的各种积极影响。

一是汉军占地利之势。自公元前11世纪至今，先后有13朝建都于关中，其中最为重要的原因就是关中具有得天独厚的地理优势。其南北高，中间低，东有黄河、崤山等天然屏障，对于中原处于进可攻、退可守的有利地位。刘邦三步战略目标的实现与这一地利之势密不可分。刘邦在荥阳、成皋一线与项羽相持长达3年之久，其间，刘邦曾从荥阳逃往成皋，又从成皋逃回关中搬兵，但项羽始终未能西越荥阳，反而于公元前202年10月让汉军重振雄风，形成了以荥阳、成皋、广武为定点的三角核心，在广武与楚军对峙。汉军最终凭借韩信的神勇，消耗了楚军，逐渐改变了楚众汉寡的力量对比。

二是汉军的民心归属。刘邦出入咸阳时采取的顺应民心的各种举措与项羽"诈坑秦降卒二十余万"等的暴行形成了鲜明的对比，为其再入关中得到百姓的支持奠定了坚实的基础。而且刘邦挥师东进后，萧何的治国方略，更加巩固了民心基础。刘邦的三步战略的成功实现，属地百姓的鼎力支持功不可没，荥阳危急关头，是关中老弱和未缚（20岁以下）在韩信的率领下解了荥阳之危；刘邦兵陷成皋逃回关中后，征集兵力再战，又一次得到了关中父老的鼎力支持；而汉军源源不断的粮草补给和兵员补充同样离不开属地百姓的支持。

三是刘邦国力强盛，民富国强。楚汉相争，萧何留在后方，他注意恢复生产和减轻人民的税负，制定了许多有利于经济发展的法令。关中、巴蜀原本就土地肥沃，农作物种类繁多，尤其是巴蜀，自商周时农业就已经具有一定规模，被称为"天府之国"。在萧何恢复和促进生产的各种举措的推动下，经济迅速发展，国力日渐强盛。此外，萧何还注重军备建设，史书《三辅黄图》记载，萧何在长安未央宫专门建了兵器库和粮草库。国家昌盛、兵力强大是刘邦在前方征战的坚强后盾，也是其最终战胜项羽的主要因素之一。（佳　法　陈　刚）

甲午海战北洋水师全军覆没另有隐情

　　稍有历史常识的人都知道甲午战争中北洋海军战败的历史。然而,较少有人知道在这场战争爆发前和爆发时,日本政府在中国秘密开展间谍活动,搜集了大量重要情报,而清政府的反间谍行动却收效甚微,这也成了北洋海军全军覆灭的一个重要因素。

卧底间谍指引侵华日军在荣成登陆

　　1868年明治维新以后,日本开始逐步走上对外扩张的军国主义道路。为了适应这种扩张的需要,日本开始针对中国进行间谍活动。

　　1886年,甲午战争前,日本在华最庞大的间谍机关乐善堂成立。它是由日本对华谍报重要头目荒尾精在汉口创办的。乐善堂以经营眼药水、书籍、杂货作为掩护,逐步将触角伸向中国内地,相继在北京、长沙、重庆、天津、福州等地建立了众多分支机构,组成了一个遍布中国主要城市的间谍网,并以这些城市为基地,把触角伸展到中国的广大农村。另一个重要间谍机构是日清贸易研究所,设在上海英租界内,成立于1890年,所长也是荒尾精,代理所长根津一,是以培养"中日贸易人才"为名的间谍训练机构。

　　这些间谍机构培养的日本间谍有的以外交官、商人、医生、学生等合法身份作掩护,有的剃发改装冒充中国人。他们收买汉奸,四处搜集情报,为发动战争作准备。

　　1888年年底,一些日

▲ 邓世昌赴海图

弥散的硝烟

■ 不可不知的72个兵家猎秘

本间谍潜伏在施工中的威海卫炮台和威海卫通向荣成的道路、荣成湾附近,为侵华日本海军选择在山东半岛的登陆点作准备。经过长期观察,他们向日本海军递交了一份报告,提出日本对中国开战时,当从荣成湾登陆,对威海卫采取背后进攻的战术。因为荣成湾面阔水深,沙底适于受锚,无论遇到何等强烈的西北风天气,都可安全锚泊,而且这里位于直隶海峡外侧的偏僻海隅,离威海卫较远,正好拊威海之背。该建议得到了采纳,为日本海军击败北洋舰队起到了重要作用。

日军参谋次长亲临预定战场细察水文地理

1893年是日本对华谍报工作最关键的一年,日本间谍活动尤为猖獗。当时,尽管日本政府的侵华方针早已确定,陆海军也为发动侵华战争作了多方面的准备,但何时发动战争、能否取胜,还需要作出最后的判断。1893年4月,对华谍报头目、日军参谋次长川上操六亲自到朝鲜和中国进行实地考察,为发动侵华战争作最后的准备。

川上操六在考察了朝鲜的釜山、仁川、汉城等地之后,乘船经烟台转赴天津。他在天津停留了一个月,参观了天津机器局,访问了武备学堂,观看了炮兵操演炮术和步兵操练步伐,并亲自登上了北塘炮台观看山炮演习。在日本驻华使馆武官神尾光臣的陪同下,川上还对天津周围的地形偷偷地进行了考察。通过这次中国之行,川上进一步了解了清政府的极端腐败,而且对清军战力及中国地形、风俗人情均作了详细考察,确信清政府战则必败。

回到日本后,川上操六密令公使馆武官井上敏夫、泷川具和分头侦察渤海湾航道及山东半岛、辽东半岛、天津、塘沽等地的设防情况。井上敏夫5月份从烟台出发,用了两个月的时间,游历了山东半岛、辽东半岛和朝鲜半岛西海岸。每到一处,他都非常仔细地观察炮台驻防情况,所走洋面每距约100公里,便用千斤砣试水深浅,详细掌握作战所需地理水文数据。

▲ 邓世昌像

与此同时,泷川具和也乘帆船从塘沽出发,沿渤海岸北行。他沿海岸线游历,历时一个月,对沿岸各海口的水深、有无沙滩、海底是泥沙还是岩石、民船数目、运输情况等,都作了详细的侦察和记录,为日军日后在北戴河附近登陆选择了合适的地点。

小太郎送给天皇关键性情报。

1894年8月1日,中日正式宣战。两国军队在朝鲜进行着你死我活的激烈较量。日本驻天津领事馆撤走后,出自荒尾精门下的日本间谍宗方小太郎将自己伪装成中国老百

▲ 日本旗舰被中国北洋水师重创后的状况

姓,来往于威海、旅顺之间,窥探中国海军情报。8月中旬,由于平壤战事紧急,清政府决定向朝鲜再派援兵,由招商局的5艘轮船运送总兵刘盛休的盟军12营6000人入朝。为防止日本舰队袭击,李鸿章电令北洋舰队主力护航。停泊于威海附近的"镇远"号等14艘军舰投入出征准备。

宗方小太郎在威海得知北洋舰队的出发时间,立即将其开赴朝鲜的具体日期电告日清贸易研究所根津一。根津一马上发给日本大本营。日本大本营即派日本联合舰队出发,9月15日到达朝鲜黄海道大东河口附近。这就为9月18日的黄海海战作好了准备。此后不久,宗方小太郎被召回日本。他穿着中国服装,接受天皇的召见。陆军大将本庄繁评价宗方说:"日清战争之时,他密行威海卫军港,详细侦察敌情,对君国作出极大贡献。"

清政府中的腐败分子是日本间谍最大的帮凶

甲午战争爆发后不久,清军从日军俘虏身上搜出进攻山东半岛时携带的一张地图,上面村、路、炮台、营房、山、河、井、树都画得十分清楚、详细,一目了然。对于日本间谍的活动,张之洞等有识之士十分忧虑,纷纷上书,就反间谍问题提出了一些具体建议。

一是反对西方国家尤其是美国保护日本间谍。甲午战争爆发后,一些日本间谍躲在租界内得到各国尤其是美国的袒护。一些间谍被捕后,也有外国使节为其说情。针对这些情况,应严查间谍,美领事不得袒护。

二是主张实行保甲,严惩汉奸。日本间谍往往通过汉奸为其搜集情报。清除汉奸是反间谍的根本所在。

三是对百姓实行安抚。很多地方由于年年发生饥荒,再加上战乱、民不聊生,在日本间谍散发粮、钱的诱惑下有些中国人为了生计当起了汉奸。要想从根本上改变这种状况,仅仅靠严惩是不够的,必须推行奖赏揭发的政策。

四是禁止日本人剃发改华装。由于日本人与中国人眼睛、头发的颜色一样,相貌相似,只是发式、服装不同,日本间谍在中国往往剃发改装冒充中国人,很难识别。为此,日本人在中国改成华装者应按间谍治罪。

▲ 被日本鱼雷艇击沉的北洋水师威远舰

清廷曾采纳了一些意见,采取过部分防间谍措施,破获了几起间谍案。但从最后结果来看,日本的间谍活动还是取得了成功,而这与清政府吏治腐败、不能严守军事机密、不重视防范间谍有很大关系。

在两国关系已十分紧张、战争一触即发的情况下,清政府还给日军参谋长川上操六为发动战争作最后准备而来华作实地考察提供了大量方便,予以殷勤接待。李鸿章更是视他为座上宾,奉若神明,还请他参观了军工厂、军事设施和军队的操练。更为严重的是,两国交战之时,仍有清政府官员为谋求个人私利而置民族利益于不顾,为日本间谍提供情报或其他帮助。李鸿章的外甥、天津军械局总办张士珩为牟取暴利居然盗卖弹药给日本军队。李鸿章的儿子李经方通过上海候补道台张鸿禄向日本军队出售大米等粮食。李鸿章本人在处理日本间谍问题上,也表现出十分明显的袒护之意。对清军抓获的间谍,李鸿章不仅不杀,还以杀了要赔钱为由,送给他们路费,释放他们回国。

在这种情形下,洞悉清朝军队军情的日军最终取得了甲午战争的胜利,北洋水师全军覆灭。甲午战争后,日本一跃成为亚洲强国,而中国则更深地陷入了半殖民地的深渊。(江 宗 陈 刚)

帆船时代世界海军最轰动的一场胜仗

200 年前,西班牙特拉法加海面上上演了一场惊心动魄的海战,英国舰队在海军上将纳尔逊勋爵指挥下,以颠覆传统海战战略的险招,击败规模浩大的法国——西班牙联合舰队,赢得了英国海军史上最轰动的一场胜利。但纳尔逊也在激战中伤重不治,成为英国人心中永恒的英雄。

 ## 以劣抗优,迎击拿破仑的海上入侵

1805 年秋,英吉利海峡战云密布。拿破仑在法国西北的布伦海岸集结了 17 万法军,还造了上千艘登陆用的平底船,准备跨海进攻英国。当时拿破仑成天盼着起雾,在雾天,法国船队不易被英国舰队发现,就能把法军护送过海峡。他说:"只要起 3 天雾,我就能成为英国的主人。"

让英国感到放心的是,他们有纳尔逊统率的皇家海军在海上保驾。英国海军名将纳尔逊从小就在海上服役,12 岁时以海军候补生身份上舰实习,21 岁当舰长,有着丰富的海上作战经验。他曾多次受伤,右臂失去,右眼失明。这时他担任英国海军舰队司令,率舰队在海上封锁法国的港口,时刻在寻找歼灭法国舰队的

机会。

拿破仑知道，要攻入英国，关键是要掌握制海权。这时西班牙站在法国一边，把海军交给拿破仑指挥，这样法国舰队实际成了法国和西班牙的联合舰队。拿破仑命令海军上将维尔纳夫率联合舰队离开西班牙的加的斯港，开赴意大利那不勒斯，如果在途中遭遇英国舰队就予以消灭。

1805年10月21日，维尔纳夫的法—西联合舰队与纳尔逊的英国舰队在西班牙的特拉法加海域相遇。法—西联合舰队有32艘舰船，纳尔逊的舰队只有27艘，在数量上处于劣势。但纳尔逊带兵有方，英国舰队在军事训练、作战经验和武器装备等方面都比对方强得多。纳尔逊在战前已把自己的作战设想向各舰长细加说明，他决定采用快速突击、近战歼敌的战术。纳尔逊一反当时各国海军舰队惯用的一路纵队线式队列，把舰队一分为二，用两列纵队队形以垂直角度攻击敌舰。他的第一分队有15艘舰船，交给海军上将柯林伍德指挥；第二分队由他亲自指挥，只有12艘舰船。

大战在即，纳尔逊的旗舰"胜利"号上打出一条著名的旗语："英国期待人人恪尽职责"。这是纳尔逊每逢决

▲ 英国海军名将纳尔逊像

战时必打的信号。而维尔纳夫在大战前却有些怯战，发出改变航向的命令，想让法—西联合舰队靠近加的斯港，以便在作战不利时好让舰队有个退路。这一命令使联合舰队的队形被打乱，一直到战斗打响，战斗队形都没排列好。

 大胆穿插，创新贴近混战的海战方式

1805年10月21日正午时分，交锋开始。英国柯林伍德的旗舰"君主"号做了个漂亮的转向动作，首先突入敌舰队尾部。柯林伍德抓住战机，下令舰船两侧舷

炮齐射,使一艘西班牙战舰丧失了战斗力。尾随的英国舰船也照此行事,插入敌舰队列,用船上两侧的舷炮同时射击。

这时纳尔逊亲自指挥的英国舰队第二分队12艘舰船面对着21艘敌舰。他本想冲击敌舰队前卫,但临时发现敌人舰队中央薄弱,便随机应变率舰队快速插入敌舰队中部。纳尔逊身着英国海军上将的华丽军服,胸前佩带漂亮的勋章,站在前甲板上,指挥舰船集中火力攻击法国维尔纳夫的旗舰"布

▲ 纳尔逊在大战前向部下说作战计划

森陶尔"号,很快就打得它浓烟滚滚。法—西联合舰队被拦腰截成两段,阵势大乱。

英国舰队冲进对方舰队队列后,出现了混战、近战局面,舰船与舰船间都靠得很近。纳尔逊的计划有一个潜在的致命弱点:正面朝着敌军舰队冲去,他将陷入"横T"位置,在驶向敌舰的最后20分钟里,纳尔逊的船队将会位于敌人舰队侧炮的射击范围内。如果顺风很强,这段时间或许能缩短为10分钟,但当时海风已经止息。英国贝莱尔号舰的航速慢得令人心焦。

敌舰的大炮冒出白烟,几艘法国舰船朝贝莱尔号齐射,轰隆炮响巨如雷鸣。桅杆倾倒,人人惊叫。舰长决定贝莱尔号无论如何都要执行上级命令,冲破法国舰队的战列。

在英国舰船冲向敌军的时候,纳尔逊心目中的攻击目标是个法国人:法—西联合舰队总司令维尔纳夫上将。起初维尔纳夫并没有升起他的旗帜,然后一面巨大的法国三色旗在配备84门炮的"布森陶尔"号旗舰上升起。纳尔逊曾经一路追逐维尔纳夫往返大西洋,现在敌人就在眼前。

绕到"布森陶尔"号后方后,纳尔逊的"胜利"号旗舰以当时世界上火力最强大的大口径短炮发动攻击。直接射向维尔纳夫的船舱窗户,炸开了"布森陶尔"号的

弥散的硝烟

■ 不可不知的72个兵家揭秘

船尾。"胜利"号的船侧炮对准这个缺口猛攻,50发炮一波波连绵射击,很快,"布森陶尔"号上大约有1/4的人伤亡。但此时法军中跑得最快的"勇猛"号舰并排勾住了"胜利"号旗舰,"勇猛"号的最致命武器是一支受过特殊训练的狙击小队,像乌鸦一样高悬在后桅望楼上,朝"胜利"号的后甲板猛烈开火。

下午1点15分,海战开打一个多小时后,一颗子弹从纳尔逊左肩上方射入,朝下穿过他的躯体,击碎他的肋骨,打穿左肺,切断肺动脉,最后停在他的脊椎骨。纳尔逊倒卧濒死的场景弥漫恐怖,却也充满英雄气慨。部属将他抬到下面的左舱,替他把衣服剪开,用帆布盖着他赤裸的身体。他们让他半坐半卧,背靠着"胜利"号的甲板,惟有这种姿势才能稍微减轻他的痛苦。心脏每跳一下,血液就跟着涌进他的肺部。他的下半身已经失去知觉,他开口要扇子,要了柠檬汁,还开口问舰长在哪里?下午4点30分,纳尔逊在光荣中过世。接替纳尔逊指挥作战的是英国另一位海军上将柯林伍德。他下令集中舰炮火力,猛轰法-西联合舰队中部,法-西联合舰队终于招架不住,大部分舰只起火,船体倾斜,水兵们纷纷跳入水中逃命。"布森陶尔"号动弹不得,被迫投降,维尔纳夫当了英国海军的俘虏。

英国航海史上最轰动的一场胜仗

特拉法加海战是帆船时代世界海战史上一场以少胜多的歼灭战,英国大获全胜。法-西联合舰队除几艘舰船带伤逃回外,其余的都被击沉或被俘,官兵死伤14000多人,英国方面仅伤亡1500人,舰船的损失也很小。经此一战,拿破仑放弃了跨海攻英的计划,后来他颁布"大陆封锁令",禁止英国商品在欧洲大陆出售,以此来打击英国。

在帆船时代的海战中,标准的战术是排成纵队作战,一支舰队作为一个整体参战,一艘船接一艘船依照整齐的顺序偏舷齐放,反复以纵队队列与敌舰接战。这种战术重视的是队列的秩序,但双方只是进行互有损伤的炮击,不能进行决战。纳尔逊改变了这种海战方式,强调战术的进攻性,采用二队列队形,快速冲进敌战斗编队,以船对船的混战方式作战。英国皇家海军舰长的指挥水平和水兵的军事素质都远远超过对手,善于独立作战,即使是在队列被打乱,无法进行有序指挥的情况下,也能体现舰队指挥官的作战意图。正是有了这样的前提,纳尔逊大胆攻击的混成战术才取得了巨大成功。(金岩琳)

兵家谋略

探究战场上的智慧较量

BING JIA MOU LUE

战争不仅仅是战场上显示赤裸裸的你死我活的较量，更重要的是谋略的比拼、智慧的竞赛，只有先谋而后动才能取得战争的胜利。下面就让我们追踪若干战例，一览军事家们的谋略智慧。

郑成功收复台湾的秘诀

343 年前的初夏期间,雄才大略的郑成功亲率 3 万大军进袭台湾,成功地实施了登陆作战,打败了骄横跋扈的荷兰侵略军,收复了被荷兰强占 38 年之久的台湾,取得了亚洲人民反殖民斗争的第一次大胜利,也为尔后清帝康熙统一台湾创造了有利条件。探觅郑成功收复台湾的成功秘诀,可以归结到一点:善谋者先胜。

以谋略换优势,掌握台海作战主动权

当时郑成功面临着一系列困难,内部阻力也很大。

在地理上,台湾海峡两岸的平均距离达 190 公里,最窄处也有 130 公里,大大超过了著名的英吉利海峡的宽度。在木船风帆动力时代,这样的距离如果不是顺风,就难以在当日抵达彼岸,更难以在当日返回,这就给跨海作战与补给带来严重影响。

在军力对比上,郑成功水师与荷兰海军力量相比,也不占上风。而且荷军是以逸待劳、以守待攻,物质基础和保障能力则远远强于郑军。郑军渡海作战不仅军事实力不足,还要时刻提防背后的清军。

面临复杂的态势,郑成功采取了以谋略换优势的思路,通过创造性的思维,对作战与保障一系列环节精心筹划,从而一步步地掌握了台海作战的主动权。

首先,坚持充分准备,"先胜而后战",不轻举妄动。虽然郑成功的复台作战决心早在 1652 年就确定了,但其准备时间却历经 10 年之久。因为他认为,海战不比陆战,凶险性大,不能仓促行事,必须做到万无一失。为此,他在 1652 年和 1656 年,先后组织部队实施了两次对台试探性军事行动,以摸清荷军虚实,积累经验,以便有针对性地进行准备。此后 5 年间,郑成功又从筹措粮饷、制造战船兵器及掌握海区敌情水情等方面进行了紧张的临战准备。

鉴于台湾海峡复杂的水文气象条件,特别是复杂的海岸、港口、潮汐等情况,**战前,郑成功还派出多批人员到民间大量收集情况,**组织人员到台湾外海实地考察,而且亲自关注台湾的敌情与海情,对有关情况做到了如指掌。这样,以谍报手

弥散的
硝烟

■不可不知的72个
兵家猎秘

段争夺作战与保障的主动权。俗话说,"知己知彼,百战不殆。"鉴于台湾海峡复杂的水文气象条件,郑成功于1657年将担任侵台荷军最高长官揆一通事(翻译)职务的何廷斌秘密发展为自己的内线,让他在台湾秘密收集情报,并代征两岸商船的贸易税。由于当时台湾的粮米不能自给,商船多来大陆运粮,致使收入十分可观。两年后何廷斌不仅绘制出了驻台荷军兵力配备、设防和航路等情况的详细地图,使郑成功对台湾情况"烂熟于心",还为郑成功秘密收取商船贸易税达数十万两白银,解决了登陆急需的经费问题。

再次,精心选择战机,尽力减少作战与保障的困难。1661年3月郑成功在对台作战准备工作基本完成之时,恰逢清顺治皇帝去世,国丧期间的清廷无暇南顾,使郑成功暂时解除了腹背受敌之忧。趁此机会,郑成功于4月21日果断实施对台登陆作战。

精确指挥,巧妙实施登陆作战

郑成功的登陆舰队分为两个梯队:他亲率亲军和文武百官为第一梯队,共有战船和保障供给船120艘,兵力2.5万人,克期先行。第二梯队有战船20余艘,兵力6000人,负责后勤补给。行前每艘船上都装载了一定数量的粮食、弹药、淡水等。其作战方针是,首先收复澎湖列岛,作为前进基地,而后趁涨潮之机,通过鹿耳门港,于台江实施登陆作战。

1661年4月21日中午时分,海上风平浪轻。郑成功登陆舰队由厦门的料罗湾出发,利用东南季风,成功地穿越台湾海峡,于22日晨占领澎湖列岛,获取了实施登陆作战的前进基地。

4月28日,郑成功当机立断,决定留下3000人驻守澎湖列岛,自率舰队主力于当日晚一更时分,顶风冒雨,挥军强渡海峡。在与风浪博斗了大半夜之后,最终于4月29日拂晓到达鹿耳门港外。

荷军驻守的台湾城、赤嵌城,位于今台南市。当时,这两城之间有一个内港叫台江。从外海进入台江有两条航道:一条是口宽水深、舰船易于驶入的南航道,但港口有敌舰防守,陆上有重炮遏制,必须经过激战才能通过;另一条是北航道,亦称"鹿耳门航道",河道水浅,狭窄迂回,只能通行小舟,荷军也没有在此设防。郑成功之所以挥军直抵鹿耳门港外,一是掌握了该地的潮汐规律,即每逢农历初一、十六两日大潮时,该航道的水位要比平时高五、六尺,大小船只都能通过。郑成功从澎湖冒险而进,正是为了赶在初一大潮时渡鹿耳门。二是何廷斌早已探明了从鹿耳门到赤嵌城的航路。

4月29日(农历四月初一),鹿耳门海潮果然如期而至,水位陡涨。趁此机会,郑军船队在何廷斌的带领下顺利地通过鹿耳门,然后兵分两路:一路登上北线尾,一路驶入台江,准备在禾寮港登陆。

台湾城上的荷军原以为中国船队必从南航道驶入,忙于用大炮拦截。未料郑军却避开火力,从鹿耳门驶入,在其大炮的射程之外。面对浩浩荡荡开进的郑军船队,荷兰侵略者"骇为兵自天降",束手无策。登陆后,郑军一举切断了台湾城与赤嵌城荷军的联系,并在台江沿岸建立起滩头阵地。

在登陆后立足未稳之际,郑成功又作出了两项致敌于死地的决定:一是出其不意地派兵夺占了荷军的粮仓,二是派何廷斌等人率军到民间征粮。这两项措施,既解决了粮食跨海运输困难的问题,又切断了盘踞在台湾城、赤嵌城中荷军的后勤命脉,对荷军形成了反客为主之势。

围城待机,各个击破

在这种情况下,郑成功采用先弱后强、分割包围、各个击破的方针,首先集中力量围攻赤嵌城。台湾百姓见郑军的大炮难于攻下堡垒,就向郑成功献计说:"城外高山有水,自上而下绕于城壕,贯城而过,城中无井泉,所饮惟此一水。若塞其源,三日告困矣。"郑成功依计而行,逼使赤嵌城守军于5月2日挂白旗投降。

此后,郑成功集中力量对付台湾城。该城是荷兰殖民者在台湾的统治中心,因荷军火炮精良,又处于防守的有利地势,而郑军粮弹均缺,地势不利,伤亡较大。为此,郑成功当机立断,将强攻改为长期围困。将大部分兵力分驻各地进行屯田生产,以补充军粮,只留少数兵力继续围城。

台湾城荷军被围数月,军粮得不到补给,疾病流行,士气低落,士兵逃亡,投降事件不断发生。1662年1月25日,兵精粮足的郑军向台湾城发起总攻。已被围9个月,死伤达1600多人的荷军乱成一团,被迫与郑军谈判,"愿罢兵约降,请乞归国"。2月1日,荷军交出所有城堡、武器、物资。包括伤病员在内的约900名荷兰军民,由揆一率领,乘船撤离台湾,至此,郑成功收复台湾之战胜利结束,沦为荷兰殖民地38年的台湾又回到了祖国怀抱。

善谋者先胜。登陆作战作为一种最复杂、最困难的作战样式,不仅是军队实力的对抗,更是军事谋略的大较量。在一定物质条件下,在谋略上占上风的一方将成为战场的最后赢家。340多年前,民族英雄郑成功在力量对比不占绝对优势、

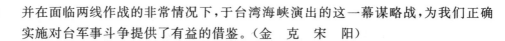

并在面临两线作战的非常情况下，于台湾海峡演出的这一幕谋略战，为我们正确实施对台军事斗争提供了有益的借鉴。（金 克 宋 阳）

"金蝉脱壳"的守与攻

在中国革命战争史上，有一个中共名将粟裕巧计打败杜聿明"金蝉脱壳"之术的故事，回顾其中的攻守之道，将会使我们明了是谁真正把兵法之要玩到了极致。

1948年11月2日，淮海战役打响了，我华东野战军旗开得胜，碾庄一战，一举消灭了国民党军黄伯韬第7兵团，之后，得胜之师挥戈东进，锋芒直指战略要地——国民党军杜聿明集团把守的徐州。

徐州危急，蒋介石如坐针毡，他急令黄维第12兵团火速驰援徐州。但黄维兵团却在途中陷入刘、邓中原野战军的包围，自身难保，另外其他几路援军也分别受

阻。无奈,蒋介石只好忍痛作出放弃徐州、解救黄维、保存实力的决定,为此,他把负责指挥徐州方面军事行动的杜聿明召回南京一起商讨撤退事宜。

杜聿明是黄埔一期学员,在蒋军中是一个颇有魄力与才干的将领,深得蒋介石的宠信和赏识。当他走进总统官邸会议室的时候,军政要员们早已云集一堂,大家显然正在议论着。杜聿明的出现,把一双双充满忧虑的眼睛全都吸引过来了。

"来,光亭!"顾祝同一把将杜聿明拉进小会客室,神情颓丧,"局势危险啦! 我们得另做计议。"

杜聿明也没有了往日的尊卑森严,大声责问:"原来决定再增加几个军,为什么一个军也没有到? 弄到这个骑虎难下的局势,哼!"

顾祝同也有难言之隐:"你不了解呀! 处处受到牵制,调动不了啊!"

"既然无兵可以抽调决战,当初就不该决定打! 现在黄维兵团陷入重围,如何挽救? 惟一的办法就是集中一切可以集中的兵力,否则,黄维完了,徐州不保,南京亦危矣!"杜聿明说。

顾祝同用商量的口气说:"你看如果决定先放弃徐州,出来再打,你们能不能安全撤退?"

既然无兵力可增援,打下去也没多大意思。杜聿沉吟良久,思索着说:"既然这样,从徐州撤出问题应该不

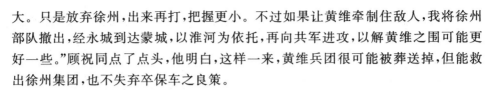

大。只是放弃徐州，出来再打，把握更小。不过如果让黄维牵制住敌人，我将徐州部队撤出，经永城到达蒙城，以淮河为依托，再向共军进攻，以解黄维之围可能更好一些。"顾祝同点了点头，他明白，这样一来，黄维兵团很可能被葬送掉，但能救出徐州集团，也不失弃卒保车之良策。

杜聿明认为徐南河湖密布，极不利于机械化大兵团行动，应该从徐西撤退，他把自己的想法原原本本地向蒋介石汇报了一遍。蒋介石一边称好一边问："三十万大军从徐州撤出，你能保证不被共军咬住吗？"杜聿明胸有成竹地说："校长放心，只要学生略施小计，定能从徐州'金蝉脱壳'"。

杜聿明为什么对他的"金蝉脱壳"之计如此自信呢？原来一个多月以前在东北战场他有过一次成功的经验。当时他把东北仅存的三个军从葫芦岛撤到了上海，连一向明察秋毫的林彪都被他唬住了，看来这次在徐州，他又要故伎重演。

事实上，杜聿明玩弄的"金蝉脱壳"的把戏也确有独到之处，就像在葫芦岛指

挥撤退一样，尽管徐州已满城风雨，可他就是守口如瓶，不仅如此，他还一次又一次地命令徐州东南方向的邱清泉兵团和孙元良兵团，在二十来里宽的正面，集中五个军，全面展开强攻，其目的是要分散解放军的注意力，以便使主力部队悄然脱身，这是他"金蝉脱壳"之计的核心。于是，徐南战场战斗格外激烈，国民党军队的坦克、飞机、大炮制造出滚滚战云，隆隆南下。

华野将士的阻击异常艰苦，他们与敌人逐村争夺，反复冲击，几乎每一个阵地都展开了肉搏战，使敌人的飞机、坦克无法轰击前沿。但双方的伤亡都十分惨重。

这时华野司令员粟裕正要为一线吃紧调整部署，邱清泉也正在为伤亡惨重大发雷霆。谁能想到，杜聿明却已经坐在小轿车里，在夜色中下达命令："撤……"3

个兵团 21 个师近 30 万部队夹杂着从徐州逃出的商人、地主、军官眷属以及上万名学生，甚至还有和尚、道士、妓女……密密麻麻地拥挤在西撤的公路上。

"金蝉"总算从徐州这个"壳"中"脱"出来了。杜聿明坐在西行的汽车里，脸上露出几分得意的神情。他想象着他的对手们还在徐南一线加固工事，准备阻止他的进攻，即便是攻破徐州，发现扑空，再重新调整部署，组织部队追击，恐怕也只不过是夸父追日，空留邓林。他不觉想起说书人常用的一句话：鳌鱼脱得金钩去，摇头摆尾不再来！但杜聿明显然得意得太早了。粟裕的反应是十分机敏的，他已经指挥他的 30 万华野将士，开始了规模宏大的追击。

其实中央军委和华野的粟裕等人早已对徐州之敌的出逃有所预料，而且对敌人的出逃方向也得出了准确的判断。11 月 28 日，杜聿明飞往南京磋商撤退计划这一天，毛泽东电示前线"须估计到徐州之敌有向两淮或向武汉逃跑的可能。"这天晚上，粟裕彻夜未眠，对着地图潜心研究敌人可能的出逃路线。粟裕对参谋长张震说了这样一番话："如果徐州之敌固守不走，于我无害，可以在解决黄维兵团后再打。但蒋介石后方已无机动兵力，因此徐州之敌放弃徐州的可能性极大。其逃窜方向大致有三：一是沿陇海路向东，经连云港海运南逃，但海运受船只和码头限制，遭我尾追必陷入背水作战，更易全军覆灭；二是直奔东南走两淮，这样距离最近，但此地带河川纵横，不利于大兵团行动；三是沿津浦路西侧绕过山区南下，此地域地形开阔，道路平坦，又距黄维较近，还可与蚌埠集团相呼应，实行南北对进，既解黄维之围，又可退守淮河，达到所谓'一箭双雕'之目的。"

粟裕的分析得到大多数人的认同，于是，他将主力纵队全部部署在津浦线两侧，徐东只留下一个渤海纵队。这样的兵力部署对日后追击杜聿明集团是十分有利的。

然而，杜聿明"金蝉脱壳"，弃城而走，粟裕的心情并不轻松，虽然估计到了敌人的撤退方向，可没想到他们动作这么快，粟裕 11 月 30 日得到了敌人放弃徐州的情报，他当时就向部队发出了动员令，可直到杜聿明集团全部撤出徐州后，情报才被完全证实。待下令部队倾力西追时，已延迟了一天时间。如果不能追上并且截住杜聿明集团，而使其与黄维兵团会合，淮海战场将不堪设想。粟裕一面急电命令豫、皖、苏地方部队阻击敌人；一面电报中央军委和总前委刘伯承、陈毅、邓小平，希望在南线支援中野围歼黄维兵团的第 13 纵队；一面又用电报、电话、骑兵等各种通信手段通知各纵队，火速全线追击。

于是，30 万华野将士在百余里的淮北平原上向西席卷，根据命令，他们不仅平

行追击,同时超越追击,拦住敌人的头,渤海纵队留一个师进占徐州,主动向肖县跟踪追击;三、八、九纵队和鲁中南纵队直插祖老楼,截歼逃敌;一、四、十二纵队向西北尾敌侧追歼;二、十纵队奔永城;十一纵队沿固涡公路急追。追击部队不顾敌空军昼夜袭扰拦阻,向徐州西南方向漫山遍野追去。公路两旁留下无数路标,所有的箭头均指向西方,各纵队指挥员的命令如出一辙:路标就是路线!枪声就是目标!!追上就是胜利!!!

国共双方六七十万大军在徐西广袤的黄淮平原上卷起无边无际的烟尘,可谓古今中外战争史上最为波澜壮阔的奇观了。

杜聿明集团经过两个昼夜的强行军,在 12 月 2 日到达徐西一百余里的李石林一带。由于部队建制混乱,又有空军通报说发现大股共军向永城前进,杜聿明考虑夜行军会与共军混乱穿插,于是决定休息一晚,次日再向永城进发。然而第二天一早,却接到了一份总统手谕,命他停止西进,转向东南方向攻击,与蚌埠集团一起共解黄维之围。

"完了!"杜聿明呻吟一声。原先讲好的,打就不走,走就不打,现在已经放弃了徐州,却在半路与敌纠缠,必将导致全军覆灭!"将在外,君命有所不受!继续前进!"可又一想,如按原计划撤退到淮河,再向共军攻击,如真能解黄维之围,尚可将功补过,若沿途遭共军截击,损失惨重,又不能解黄维之围,弄不好要受军法制裁。杜聿明进退两难,苦闷之极。只得召集各兵团司令共商对策。结果,两种意见不一,陷入僵持状态;杜聿明眼看着一天的行程被耽误,马上走也晚了,只好决定照命令攻打,于是作出决定,大军转向淮北方向攻击。4 日凌晨,进攻开始。

这时,我华东野战军各纵队已完成追击,咬住了敌人,并对敌军呈包围之势,插在敌军南翼的部队刚刚进入阵地,就迎来了敌人的大举进攻。在淮北平原这片土地上,由炮火和厮杀形成一股方圆四十余里的战争台风,向南方缓缓移动,"台风"所及,房倒屋塌,草木焦萎,天昏地暗,日月无光。一直打到 6 日,"台风"只能原地打转了,各兵团司令来见杜聿明,要求重新考虑战略部署,最后决定突围。当晚,敌军三个兵团从东、西、南三个方向全线突围,敌人使出浑身解数,华野也拼尽了全力,经过十天十夜的激战,敌军终未能前进一步。

华野将士加固工事,缩紧包围圈,将杜聿明集团紧紧包围在陈官庄这个不起眼的小镇上。不久前还在为自己的"金蝉脱壳"之计洋洋自得的杜聿明,这时彻底陷入了人民解放军的天罗地网,再也逃脱不掉了。

二十日以后,随着华野司令员粟裕下达的总攻击令,蒋介石的这支妄想"金蝉脱壳"的精锐部队最终灰飞烟灭了,杜聿明也成了人民解放军的阶下囚。淮海战役以国民党反动派的彻底失败而告终。

当初,杜聿明主动实行战略转移不失为一条妙计。杜聿明在撤出徐州的过程中采取了典型的"金蝉脱壳"战术,为稳住我华东野战军,他不惜在撤退前一天发动一场大规模的全面进攻,而其主力却乘着夜色悄然脱身。我华东野战军指挥员粟裕在作战略分析时已预见到了敌人的企图,事先做了应对的部署。得知敌人撤退后,我野战军以高效率迅速实行多路平行追击和超越追击,在这场惊心动魄的追歼杜聿明集团的战斗中,我野战军发扬了"一不怕苦,二不怕死"的优良传统,使妄想"金蝉脱壳"之敌,怎么"脱"也脱不了人民解放军的手心,怎么"脱"也脱不了其失败的必然下场。由此可见,**"金蝉脱壳"尽管是历代兵家常用的《三十六计》中的一条妙计,但只要能识别出孰为"蝉",孰为"壳",抓住重点进行追歼,弃"壳"抓"蝉",不为"壳"所迷惑,是完全可以打败"金蝉脱壳"之计而把兵法用活的。**(杜军)

"斩首"失效的玄机

唐代大诗人杜甫在《前出塞》中云:"挽弓当挽强,用箭当用长,射人先射马,擒贼先擒王"。道出了我国古代兵法中的一条重要原则:"擒贼先擒王"。由此而行,古代兵家莫不重视展开"斩首行动"而先发制人。然而,聪明的指挥员却不受这一计谋的束缚,往往能采用灵活的应对措施以变制变,挫败对手的"斩首行动"而做到后发制人。明朝的"救时宰相"于谦就是这样的指挥员。

明朝英宗初年,蒙古瓦剌部首领也先率大军进犯大同,边关告急。明英宗决定御驾亲征,统率 50 万大军从北京出发,浩浩荡荡赶赴边关,试图一举消灭敌军,解决北方边境的外患。

也先听说明英宗亲自出马,不禁喜出望外,心想:如果抓住明英宗,来它个"擒贼先擒王",让大明的朝廷群龙无首,便可轻而易举地入主中原,夺取明朝的江山社稷,做汉人的皇帝!他越想越觉得这条计策完美,于是他命令瓦剌精锐骑兵全力迎战明英宗的大军。

明英宗出征本来就是匆忙之举,由于没有做好充分的准备,明军虽声势浩大,

实际上却不堪一击，打起仗来远不是瓦剌骑兵的对手，几经交战，明军损失惨重，明英宗不得不下令撤军。也先"擒贼先擒王"心切，命瓦剌军紧追不放，终于在土木堡包围了明英宗及其残部。

土木堡是块高地，掘地两丈无水，附

▲ 电视剧《大明王朝》中的于谦（前排中）

近河道皆被瓦剌军控制，明军人马干渴。明英宗知道这样下去维持不了多久，突围也没有什么希望，只好派人向也先求和。也先知道明军虽已丧失战斗力，但要是强攻硬打，自己的人马也难免受损，于是假意答应议和，以此麻痹明英宗，暗地里却令瓦剌军设下埋伏。而明英宗对也先同意议和则信以为真，十分高兴，急忙下令军队移营，几天没喝上水的士兵争先恐后往河边跑，顿时乱作一团。这时，早已埋伏好的瓦剌兵将从四面八方冲杀过来，明军将士丢盔弃甲，四散奔逃，明英宗带领一支禁军几次突围均未成功，最后只得跳下马来，盘腿而坐，束手就擒，瓦剌军大获全胜。

也先活捉了明英宗，达到了"擒贼先擒王"的目的，于是挟明英宗南下，将进攻的锋芒直指北京。

土木堡兵败与皇帝被俘的消息传入北京后，朝野大震。太后和太皇太后偷偷派太监携重金与瓦剌军接头，试图赎回明英宗，结果毫无希望。无奈，太后只得宣布由明英宗朱祁镇的胞弟朱祁钰代行皇帝职权，召集大臣，共商打败瓦剌之策。

大臣们议论纷纷,但都没有一个万全之策。有人说:"瓦剌兵强马壮,怎么也抵挡不住,不如迁都南京,暂避一时,再作打算。"兵部侍郎于谦反驳道:"谁主张逃跑就该砍头,京城是国家的根本,如果朝廷一撤出,大势就完了。难道诸位都忘了南宋的教训吗?"于谦誓死保卫北京的主张得到了太后的支持,太后命于谦负责守城重任。

国不可一日无君,京城没有皇帝不好办!没有皇帝,做什么事都名不正、言不顺,而且军心、民心都不稳定。为了改变这种不利局面,于谦上奏太后,请求正式宣布立朱祁钰为皇帝,遥尊被俘的明英宗为太上皇。太后同意,朱祁钰即位称帝,这就是明代宗。

英宗被擒,就另立代宗,这样一来,事实上就化解了也先"擒贼先擒王"之计。也先怎么也想不到于谦会有这一招,气得暴跳如雷,命令大军昼夜兼程,要踏平北京。

瓦剌军很快就打到北京城下,于谦召集众将商议对策。有人认为明军兵弱,应闭门免战。但于谦认为这样做只会助长敌人的嚣张气焰,我们一定要主动出兵,给他们一个迎头痛击。于是,他命令众将分别带兵出城,在京城门外摆开阵势,严令不许后退。明军将士终被于谦忠勇坚毅的精神感动了,他们士气振奋,斗志昂扬,下决心跟瓦剌军拼死战斗,保卫北京。轮番进攻,均被击退,瓦剌军死伤惨重。此时,各地的明朝驻军纷纷赶来助王,也先担心退路被明军切断,不敢恋战,于是扔下几万将士的尸骨,率领残兵败将向北退去。于谦领导的北京保卫战取得了胜利。

这说明,"王"一旦被"擒",赶紧另立新"王",使被擒之"王"失去"王"的作用,使敌方实施"斩首行动"的如意算盘落空,这就破了"擒王"之计。于谦的计谋和指挥可谓英明果断,对后人巧用兵法具有强烈的示范意义。(陈 刚 杜 军)

"非正规战"缘何"唱大戏"?

美军自伊拉克战争爆发以来在伊的死亡人数已突破1300多人,相当于1990~1991年海湾战争美军死亡人数(382人)的3倍多。截至2004年年底,美军包括受伤、生病在内的总战斗减员已超过21250人,人数超过了美军一个

弥散的硝烟

■不可不知的72个兵家猎秘

装备师。

　　美军死亡的 1300 人中,有近千人是 2003 年 5 月 1 日布什宣布伊拉克战争主要战事结束以后的数字。伊拉克反美武装不但造成了美军的大量伤亡,而且还击落了美军直升机、运输机、无人驾驶飞机 10 余架。这使得军事分析家不得不刮目相看。

　　面对兵力和装备占绝对优势的驻伊美军,重新集结的伊拉克反美武装放弃了堂堂之阵的正规战,转而采取地雷战、伏击战、破袭战、经济战、麻雀战等非正规作战样式,与美军巧妙周旋。据《现代军事》杂志分析,一年多的时间里,这些起初并不起眼的非正规战,逐渐发展成为以弱抗强的有效作战样式,取得了比伊拉克主要战事期间甚至海湾战争中还要大得多的战果。难怪美军惊呼,在伊拉克的正规战已成为继越南战争之后美军陷入的又一个战争泥潭,甚至有人说,美军 10

▲ 美军已有上千人在伊战后的伊拉克死亡

年之内休想走出这个泥潭。

　　伊拉克反美武装采取了哪些非正规作战的手段?

　　冷枪冷炮。冷枪冷炮作为常规战争中以弱制强、以少制多的游击战法之一,又被伊武装人员因地制宜地加以成功运用。主要战法有二:

　　1. 狙击美军人员目标。伊武装人员中有许多是伊拉克前共和国卫队士兵,其中不乏经过严格训练、久经沙场的神枪手。伊反美武装为他们配备了较先进的狙击步枪、机枪。在周密侦察的基础上,他们在美军巡逻的必经之路附近,精心选择易于发扬火力、又易于隐蔽和撤离的阵地,以狙击手段准确杀伤美军士

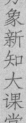

兵。由于准备充分、行动诡秘，往往能够取得较高的狙击命中率。更令美军恼火的是，在大多数遇袭之后，竟连敌人在哪里都无从发现。

2. 以零星炮火打击美军及伊临时政府的权威性，在国内外造成政治影响。 伊武装人员一般并不与守卫上述目标的美军直接交战，多以火箭筒、迫击炮、便携式反坦克导弹和火箭炮进行火力袭击。伊武装人员往往事先化装到现场进行观察和精确测距；并以炮击时在目标附近设置观察员，及时报告弹着点并校正弹道。今年以来，驻伊美军总部在各地的军营、伊临时政府大楼及伊输油管线等重要目标都多次遭到炮火袭击。

巧妙设伏。 伏击是伊武装人员杀伤美军最有效的战法之一。对此，美军退役上将朱利文指出，伊拉克人的伏击战术越来越成熟，往往会取得成功。伊武装人员利用对地形熟悉，隐蔽在暗处的有利条件实施突然袭击，使美军防不胜防，屡遭杀伤。主要伏击方式有：

1. 路边炸弹袭击。 伊武装人员摸清美军的巡逻规律，在公路，街道旁预先埋设地雷、遥控炸弹，或在路旁停放装满炸药的车辆，待美军接近时引爆，往往能取得很高的杀伤率。据统计，路边炸弹已成为对美军杀伤力最强的"夺命杀手"。

2. 巧打空中目标。 美军直升机起降时速度较慢、飞行时距地面不高，盘旋于低空的直升机如同一具活靶子，有利于攻击。伊武装人员一般经过详细侦察后隐蔽设伏，以火箭筒或便携式防空导弹守候待机，一旦机会合适便突然开火。

3. 连环伏击。 伊武装人员经常趁美军士兵离开装甲车之机，从后方、侧面进行火力突袭。特别是美军后勤补给车辆迷路

▲ 伊反美武装人员围看被击毁的美国军车

或出现故障时立即主动出击,不待敌支援部队和攻击直升机赶到便主动撤出战场,并乘敌稍有懈怠时再次伏击其援军。伊武装人员还经常派出少数人引诱美军追赶,使其陷入伏击圈。

固守据点。伊武装人员利用国内反美情绪高涨、美军担心施暴过度激起众怒、不敢轻易伤及无辜的有利条件,将作战样式由游击战逐渐向固守城市据点转变。据点的选择,一是人口密集的城镇。这里有雄厚的群众基础,加之房屋密布、街巷狭窄,美军的重武器无法施展,而反美武装则易守、易撤、易藏。而且一旦美军动武伤及无辜,势必引起有着血亲复仇传统的伊拉克人的坚决报复。二是选择规模较大的清真寺,占据寺院抗击美军的进攻。伊武装人员便于在袭击后混迹于普通教众,美军无从辨认和寻找。美军如对寺院大开杀戒,很容易惹火烧身。如去年8月1日,数百名美国海军陆战队士兵对费卢杰镇发起又一

▲ 伊拉克战争分化了原来的反恐联盟

次攻击时,伊武装人员依托当地民房、街巷与美军展开激烈的巷战。美军的军车在城区的狭窄街巷中行走极为不便,随时都会遭到伊拉克人的火力打击,进攻一再受阻。在付出2辆军车被毁、5名士兵阵亡的代价后,不得不再次撤出费卢杰镇。

自杀性袭击。自杀性袭击是以自身生命为代价攻击对方的行动,与一般的炸弹袭击相比更具主动性、精确性、隐蔽性和突然性,更难防范。伊拉克武装人员将这一袭击手段运用到反美的非正规作战中,不但给美军的人员、物资造成了重大损失,而且也给美军士兵的心理罩上了恐怖的阴影。一个美国记者曾评论说:一颗"肉弹"的威慑作用,抵过一架几千万美元的高科技战斗轰炸机。伊

武装人员采用的自杀性袭击手段主要有 3 种：①汽车炸弹。汽车行驶速度快，便于接近被袭目标。引爆炸药后，车内的汽油会加剧爆炸的威力，因此汽车炸弹便成为最常用的自杀性袭击手段。②人体炸弹。袭击者将炸药捆绑在自己身上并装扮成普通平民，待接近美军巡逻队、哨卡时突然引爆身上的炸药，可有效地杀伤既定目标，也可给敌方心理造成极大震撼。③自杀式小艇。针对美军一度对陆上人员车辆盘查严密的特点，伊武装人员将大量炸药安放在小艇上，快速、隐蔽地接近军舰、码头等军事目标，可产生强大的破坏力。2004 年 4 月 24 日，伊南部港口城市巴士拉的石油输出码头，一天内连续遭到 4 艘自杀性小艇袭击，造成多名联军士兵伤亡，码头也遭到严重破坏。

舆论战与心理战。伊武装人员清楚，仅仅靠军事实力是难以打垮并赶走驻伊美军的。因此，他们把军事斗争与舆论战、心理战紧密结合，以摧毁敌军斗志、瓦解联军阵营，使美军知难而退。采取的做法主要有：①宣传美军的失败和困境。每当伊武装人员在战斗中击毁汽车、直升机或击毙美军士兵，总会通知国内外媒体的记者赶到现场实地拍摄，或自行拍摄录制后在电视台、互联网上播放，使之对世界各国人民发生重要影响。②发出威胁性警告迫使对手就范。如伊拉克反美武装多次绑架外国人质，要挟人质所属国立即从伊拉克撤军、撤销派兵计划。这对有关国家政要和民众心理产生了巨大震撼，为此，2004 年 4 月以来，西班牙、菲律宾、新加坡、波兰等多个国家先后宣布从伊拉克撤军或分批撤军，停止再向伊拉克派兵和参加援建项目。

弥散的硝烟

■不可不知的 72 个兵家猎秘

从中可以得到那些启示？

伊拉克反美武装实施的非正规战是对占领军的对抗，不仅对伊拉克及国际形势产生着重要影响，而且对于我们研究高技术条件下如何以弱抗强有着重要的启迪作用。

首先，在高技术条件下，非正规战或游击战仍然大有可为。美国是拥有绝对技术优势、军事实力最强的国家，曾在近期的多次局部战争中轻易得手。美军提出的"战场透明"、"战场信息共享"、"发现即摧毁"等新观念，曾令不少人感到，在高技术条件下展开游击战越来越不可取。伊拉克反美武装展开非正规战的成功经验为否定这种观点提供了证据。当然，如今的非正规战不能照搬 30 多年前越南战争的模式，而应因地制宜、因时而变。如面对具有先进侦察、信息传输和火力打击能力的强敌，应该将大部队化整为零，以小股兵力灵活开展游

击战;应该综合运用地雷战、伏击战、后勤战、经济战、油管战、舆论战和心理战等多种非正规战手段,打击敌人的"软肋",使强敌难以发挥特长。

其次,民心所向、民众支持是开展非正规战的基础,必须最大限度地唤起民众、团结民众。有了民众的支持,实施非正规战的一方才能如鱼得水,耳聪目明。如针对美军在伊拉克战场上点多线长、兵力分散的特点,伊武装人员依靠民众提供的情报,做到了避实就虚、灵活出击。反过来,通过有效地打击敌人,又可以吸引更多的民众投身到抗击强敌的第一线来,使非正规战的声势越来越大,队伍越战越强。

再次,积小胜为大胜是弱旅抗击强敌的制胜之道。以非正规战的手段消耗强敌,通过战果的不断积累,敌人伤亡数量的不断增多,美国政府被迫于2004年6月28日提前向伊临时政府移交了权力。但这并没有使美军的伤亡情况得以缓解,每天平均的阵亡人数仍在2人以上。8月初,美国被迫将驻韩国第2步兵师第2旅的3600人调往伊拉克,以补充因伤亡造成的严重减员。人们有理由怀疑,伊拉克战事持续下去,美军还能拿什么去补充兵力损耗。

最后,要不断提高非正规战的高科技含量。在高科技条件下实施非正规战,既要强调因地制宜、土法上马,以冷枪、地雷、自制炸药和不怕死的精神打击强敌,也要力争多掌握一些高技术作战手段。如干扰敌GPS卫星定位系统、打击破坏其信息系统的中枢和节点、组织黑客分队实施网络战等,都可以收到事半功倍的效果,对拓宽高技术条件下非正规战的样式和战法能起到重要作用。

(姚　旺)

探秘二战中英军袭炸大坝行动

　　打击对方的水库设施,早已是军事和政治较量的一种手段。前事不忘,后事之师。据介绍,61年前,英国皇家空军就对纳粹德国鲁尔地区几座水坝进行了攻击。

 代号"惩戒行动"

鲁尔地区位于德国西部,是重要的工业区和农业区。德国人在此修建了许多大坝,大坝一旦被炸垮,将对希特勒第三帝国的工农业生产造成沉重的打击。

1943年5月16日晚上,英国斯坎普顿皇家空军司令部,召开了由617中队全体飞行员参加的战前动员会。

皇家空军中校盖伊·吉布森宣布,今晚将要轰炸的目标是德国西部最重要的水坝,行动代号为"惩戒行动"。

他随后向在座人员介绍了英国炸弹设计专家巴恩斯·沃里森。早在1942年,这位花白头发的老头就设计出了专门用来炸毁混凝土拱形水坝的专

▲ 英皇家空军的轰炸机

用炸弹,命名为"跳跃炸弹"。这种炸弹在水坝上游释放,投放前先在炸弹架上赋予它500转/分的自转速度,炸弹投下后会像小孩玩石头"打水漂"一样,在水面上多次跳跃前进,可以越过水坝前铺设的防弹网。在接触水坝时,炸弹利用自身的旋转,向水坝水线下深入,在水线下炸出大洞。拱形水坝一旦在支撑点上被炸毁,强大的水压将使水坝立即溃决。英国皇家空军副总司令科克伦纳随即发表了战前动员讲话。他要求对新型武器的详细情况严格保密,最后说道:"现在,你们即将出发,去实施一次能造成巨大破坏的空袭,你们的行动将被载入史册。"他的预言最终成为了现实。

踏上危险征程

吉布森中校将亲自率领第一编队轰炸两个重要目标——默讷水坝(目标

弥散的硝烟

■ 不可不知的72个兵家揭秘

▲ 英皇家空军技术员在校准飞机上的枪炮

X）和埃德尔水坝（目标 Y），并在力所能及的情况下配合第二编队袭炸另一个目标——索尔珀水坝（目标 Z），剩下的一些次要目标，如利斯特水坝（目标 D）、恩讷珀水坝（目标 E）和迪默尔水坝（目标 F）则由第三编队负责。

第一编队 3 个机群各 3 架飞机。这 9 架飞机将从斯坎普顿出发沿南线飞行，穿过北海，在位于荷兰诺德尔弗兰岛和斯豪文地区之间的斯克尔特河河口进入欧洲大陆，然后飞抵默纳水坝，对其进行攻击，直至确信水坝已遭到完全摧毁。随后，实施首轮袭击的幸存飞机将携带剩余炸弹，轰炸埃德尔水坝。在默纳水坝和埃德尔水坝相继被摧毁后，还剩有炸弹的飞机将

▲ 英国飞机正在轰击水上目标

前往索帕尔水坝执行轰炸任务。

晚上 21 时整，吉布森率领第一编队的第一攻击群循着沃什湾飞去，随后朝

着东南方向穿越英国的绍斯沃尔德海岸线。为了躲避德国的雷达,飞机在北海上空采用超低空掠海飞行,并严格保持无线电静默。在经过荷兰海岸线后,继续朝默纳水坝方向飞去。其间不时遭到德国地面防空炮火的疯狂攻击,探照灯的强光让驾驶员根本看不清地面上的物体。"兰开斯特"轰炸机以近乎掠过树梢的高度急速穿过这些地区。吉布森回忆当时低空飞行的情景说:"我们的飞行高度非常低,以至于领航员不止一次嘶扯着嗓门让我小心高压电线和树。"

月夜五攻大坝

5月17日零时26分,除了一架由于撞到了高压电线铁塔而坠毁的飞机外,吉布森所率领的第一编队8架飞机抵达默讷水库上空。当飞抵鲁尔山上空时,飞行员看见了默讷湖,接着看到了水库。月光下,大坝静静地盘踞在那里,显得庞大而不可征服。

吉布森驾驶飞机俯冲至默讷水坝上方,发现有12门高射炮分布在水闸、大坝坝体以及周围的田地里。吉布森立即呼叫其余飞机进入各自的攻击航线。随后,吉布森的飞机下降至18米的指定投弹高度,并保持370公里的攻击速度。在明亮的月光照映下,险峻的坝体愈发清晰可见,而一个充满跳跃火球的高射炮火力网也正朝着他们迎面扑来。

吉布森在水库上游投下炸弹后迅速将飞机拉起,轰鸣着低空掠过大桥墙体。从机尾炮塔望去,炸弹在水面上跳跃了3次后碰撞到大坝。大爆炸使巨大的圆形水柱腾空而起。然而出乎机组成员意料的是,当水势平息后,大坝依然存在。机组随即向总部发出报告:"炸弹已经爆炸,但未能破坏水坝。"吉布森立即呼叫霍普古德实施第二次攻击。然而当霍普古德距离水坝90米准备投弹的一瞬间,德军地面高射炮火击中了飞机的两台发动机。混乱中投弹手弗雷泽迟了一步,炸弹越过了大坝,将位于水坝下方的电厂炸毁。霍普古德竭力控制并试图拉起飞机,然而飞机却在半空中爆炸,然后坠毁。

眼见两次失利,吉布森接着命令马丁开始第三次攻击。为了引开地面炮火,吉布森的飞机略领先于马丁的轰炸机飞至大坝上空。马丁机上的投弹手顺利投下了跳跃炸弹,几秒钟后,巨大的爆炸再次搅动湖水,然而当水势平息后,大坝依然稳如泰山。

随后,轮到丁海·杨了。他的轰炸同样准确地命中了坝体,然而大坝似乎依然"不为所动"。

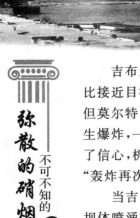

吉布森不得不呼叫 5 号机的驾驶员大卫·莫尔特比准备攻击。当莫尔特比接近目标时发现坝体其实已被丁海·杨机组投下的炸弹炸开了一个口子。但莫尔特比机上的投弹手还是投下了炸弹。炸弹在跳跃 4 次后击中坝体并发生爆炸，一道 305 米高的白色闪光水柱腾空而起。也许是对跳跃炸弹已经失去了信心，机上的无线电报务员斯通中士在确定轰炸结果之前，就已向总部报告"轰炸再次失利"

当吉布森准备组织下一次攻击时，他看到，汹涌的水流已经开始从破碎的坝体喷涌而出。最后，爆炸和水流的共同作用将大坝撕开了一个 70 多米宽的口子，洪水汹涌而下，咆哮着向鲁尔峡谷涌去。吉布森向总部发出"胜利"的信号，很快得到了总部的确认。

短暂的喜悦过后，吉布森立即率领第一编队飞往下一个目标——埃德尔水坝，一次完美的攻击将大坝炸开了一个直径 25 米的大洞，埃德尔水坝随即溃决。另外，第二编队轰炸机投下的炸弹也成功命中了索尔帕大坝。由于该坝为混凝土梯形重力坝，所以尽管被炸开了一个缺口，但并未崩溃。只是缺口使德国人不得不放出水库的蓄水，降低水位修理水坝，损失了对发电至关重要的水。另外，此次负责轰炸次要目标的第三编队最后也是无功而返。

围绕大水坝的攻防总结经验

尽管索尔帕大坝未被摧毁，但这次攻击还是取得了巨大的成功。两个溃决的水坝放出约 2.7 亿立方米的水，淹没了下游 160 公里范围的区域。煤矿和工厂被冲毁，桥梁垮塌。1500 余名工人被淹死。而当洪水退去后，大坝下游的许多村镇又无水可用，水力发电中断。虽然后来修复了水坝，但鲁尔地区工农业生产已是元气大伤。可见，袭炸大坝对水坝所在国的经济、社会和人民生命财产确实会造成相当大的危害和难以估量的损失。

任何事物都是有其优点和弱点的，水坝也是如此。尽管存在着遭受军事攻击的危险，但是在和平与发展已经成为世界主流的今天，大坝的经济和社会价值更受到人们的青睐。但在大坝的设计和安全防护上必须更加周密、更要有前瞻性，特别要加强对敌对势力可能进行的导弹袭击和核弹攻击的防护和反击，用现代高技术提高大水坝和大水库的抗炸抗毁能力，并要有把握地对来犯之敌实施加倍打击，这样才能抵御可能带来的危害。（郑文浩）

放弃中夺取大胜

在第二次世界大战中,法西斯德国运用一种名为"哑谜"的王牌密码,策动数百万德国侵略军横扫欧洲诸国。为了抗击德军的侵略,英国首相丘吉尔花大代价去对付"哑谜",并在掌握其奥妙之后,不动声色地大打"哑谜"之战,痛吃"小亏"去发展对德军的情报优势,终于演出了一出"将欲取之,必先与之"的活剧。

丘吉尔用万人攻关破"哑谜"

1919年9月,德国工程师和发明家奥特·舍尔比乌斯制造出一部能够传送密码的机器,并为它起了一个名字叫"哑谜"。这部机器首次公开露面是在1923年的国际邮政协会大会上,很显然这是在邮政领域里的一项重大发明。当时,这部机器发明的主要目的是为了保护商业秘密。

不久,"哑谜"被德国部队所得。这种机器密码系统仅仅变换编码程序就能够生产出无数的密码字母,并能一天更换一次。

英国人为了准确可靠地获取德国的情报,在二战之前就开始研究如何破译"哑谜"的电报,英国首相丘吉尔曾组织万余人专门进行攻关。然而,一直没有攻破这个密码系统。直到1939年,在曾是德国生产"哑谜"密码机的工程师的帮助下,英国情报局终于成功地研制出一台"哑谜"机。几乎就在英国仿制出了"哑谜"机的同时,法国也成功地研制出另一台"哑谜"机。1940年4月的一天,英军从德国空军的密码通讯中截获了第一批重要信号。从此,英国皇家空军便能及时得到有关德军作战行动的准确情

▲ 冷静"玩"着希特勒的丘吉尔

报,在关键时刻出动作战。很显然,只要德国人未发觉密码被破译,"哑谜"机就会给英国人带来巨大的情报优势。到1940年年底,每3份德军电文,就有一份被英军及时破译。

尽管如此,有效的情报仍然未能赢得战斗,英国皇家空军在同德国空军进行两个多月的激烈空战后,即将精疲力竭。就在这时候,"哑谜"机送来了决定性的情报。戈林宣布9月15日为"鹰日",这一天,德国空军要发动一次摧毁英国皇家空军的强大的、最后的疯狂袭击。如果"鹰日"成功,希特勒就要入侵英国;如果失败,希特勒入侵英国的计划就作罢。

通过"哑谜"英国完全得悉德国人的意图后,英国皇家空军作了充分的准备,击退了德机的进攻。

丘吉尔为"安敌"作出痛苦选择

此后,丘吉尔利用"哑谜"的信息优势多次成功地挡住了德国空军的进攻。当希特勒的空中进攻多次遭受失败后,希特勒开始怀疑密码是否泄密了。

于是,德军在希特勒的授意下决定作一次突袭试验。希特勒把戈林召来,要他快把轰炸计划制订出来,而且把轰炸目标由城市转向市民。几天之后,戈林拿出了他的计划:轰炸伯明翰、考文垂!

此计划得到了希特勒的赞赏,他下令:先拿考文垂开刀!

1940年11月12日,丘吉尔坐在距地面35英尺深的地下办公室里,手里夹着一支大雪茄,一边津津有味地吸着烟,一边在用心思索着什么。他把目光投向了面前的一个"特绝"红色匣子,这里装的全是"特绝"情报。其中一份标有"特急"符号的情报引起了丘吉尔的注意,他马上认真地阅读起来。这是"哑谜"刚刚截获的一份密报:48小时后,德军将突袭英国城市考文垂,代号为"月光奏鸣曲"。届时,德国空军将出动500余架飞机,向考文垂投下4500余枚燃烧弹。

考文垂是一个拥有25万人口的城市,有900年的历史;考文垂在英国的建筑上、历史上和工业上都占有极为重要的地位,考文垂同时还是英国主要的军火库之一。

丘吉尔在办公室里来回走动着,大脑在不停地运转:如果提前疏散人口或加强防空兵力,就可以减少损失。但是,这样做就等于告诉希特勒,我们已经掌握了德国计划的全部秘密,从而"哑谜"的秘密就可能被德国人发现。而掌握德军的"哑谜"系统不仅来之不易,而且,它对于今后英国的前途、命运有着不可估

▲ 空袭考文垂的德军轰炸机群

量的重大意义。

这样，丘吉尔面临着一个艰难的选择。10 分钟后，各军政首脑都接到了通知，立即赶到首相府地下作战室开会。情报局局长孟席斯按照丘吉尔的指示宣读了最新截获的德军关于轰炸考文垂的电文。会场经过短暂的沉默之后，众人纷纷提出对策，大多要求提前发出警报，疏散居民，转移贵重财产，尽量减少损失。

听完大家的发言，丘吉尔却平静地说："不，不！我的先生们，你们搞错了，当务之急应该是如何保护'哑谜'，而不是怎样保护考文垂。很明显，如果我们采取有效的保护措施，那不就等于把'哑谜'的秘密告诉德国人了吗？"

这的确是一个艰难的选择。但鱼和熊掌不可兼得，有选择就有所放弃，丘吉尔心里非常清醒，为了长远利益必须放弃考文垂。因此，他严肃地对军政首脑说："我们在座的每一位都知道'哑谜'对我们的价值。牺牲一座城市，这个代价是大了一点，但与整个大英帝国相比，它算不了什么！"丘吉尔终于说服了众人。

1940 年 11 月 14 日至 15 日的夜间，月光皎洁，整个天空几乎没有工业烟雾，考文垂城沐浴在明亮的月光之中。晚上 7 时零 5 分空袭警报齐鸣，5 分钟后，德国"海因克尔"飞机在头顶发出了嗡嗡的响声。短短几分钟内，燃烧弹和炸弹像雨点般地落遍全城，到处都能听到炸弹的爆炸声。

整个考文垂市顿时变成一片火海，5 万户住房被炸毁，500 家商店遭到破坏，近 600 人丧生，其中 150 人因尸体无法辨认而被葬入一个公墓中。

英国人付出了巨大的代价,但保住了破译德方"哑谜"密码这一机密,消除了德军的疑虑。希特勒这回更加放心大胆地使用"哑谜"了。

此后,英军把破译的德国电报都用在事关战争全局的最紧要的时间和地点上,这对英军和盟军最后取得战场上的胜利发挥了巨大的作用。在保卫英伦三岛的长期作战中,密码机提供情报所带来的利益,的确远远超过一个考文垂市。

▲ 被德军空袭后的英国地铁

1941年和1942年两年中,丘吉尔依靠破译的德军密码,作出了许多重大决策。

1942年6月,丘吉尔将"厄尔特拉"的秘密透露给了盟军统帅艾森豪威尔。在诺曼底登陆战役中,艾森豪威尔对来自英方的每一份情报都非常重视,诺曼底登陆战役后德军的每一次反攻,都被盟军成功瓦解。

1944年8月3日,英军破译了希特勒发给德国西线集团军司令克卢格的一封电报,电报称:"仍在前线作战的装甲师必须全部撤下来,调到左翼,将向东、东南和南部进逼的敌人装甲部队(巴顿的第三集团军)加以歼灭。"每一个参与破译和传递情报的人都立即意识到这份电报的重要性。他们在一小时后,将电报送交盟军最高司令部。随后,他们又破译了希特勒命令德国飞机从巴黎机场起飞,支援装甲部队的电报。

此时,巴顿的第三集团军正沿着莫尔坦至海边的狭长地带向南推进。艾森豪威尔根据希特勒的电报推断,德军很可能通过占领莫尔坦,向西直逼阿夫朗什,切断巴顿的进攻路线,他立即命令美国第12集团军司令莱德雷在莫尔坦组织防御。同时命令美、英两国空军,准备对付从巴黎起飞的德国飞机。

德军果然集中了3个装甲师的兵力准备进攻莫尔坦。但进攻还未开始,就遭到了盟军的猛烈打击,人员损失40%。在盟军强大的火力面前,德军很快败下阵来。但希特勒到底也没明白自己同英、美军队较量究竟败在哪里。

着眼全局择得失

凡事总是有得有失,有时放弃是为了更大的收获。因此,面对选择,不要患得患失,要学会选择,学会放弃。

成大事者,从不争一时长短,高瞻远瞩才能看见更高的山峰。如果能像丘吉尔那样,选择前能超脱于得失之外,为长远利益,为更大的收获而有所放弃,你就能为智慧的选择而获得最大的成功。

"识时务者为俊杰"这句至理名言,历来被视为有逃避、变节的嫌疑。其实不然,小到个人的自我设计,大到国家的大政方针,随着内部条件和外部环境的变化,难免要作出调整、改变,甚至不得不放弃。知难而进固然可喜,审时度势,善于放弃更是难能可贵。这个放弃不是"丢掉",它的特定含义是,提醒自己不要过于迷恋已经取得的成绩和荣誉,不要因对已经取得的成绩和荣誉沾沾自喜而耽误了继续前进。(华 章 陈 刚)

 首战变决战奇招

这是发生在第三次中东战争中的一个故事。

第三次中东战争又称"六·五战争",是1967年6月5日以色列对阿拉伯国家发动的一场战争,只持续了6天时间。此战的直接导火线是埃及宣布重新封锁亚喀巴湾,不让以色列船只通过附近的蒂朗海峡,这给以色列提供了挑起战争的借口。

1967年5月初,以色列发出假情报,要在5月17日对叙利亚发动进攻。苏联截获此情报后,立即转告埃及和叙利亚。5月15日,纳赛尔宣布埃军进入戒备状态,并增兵西奈半岛。5月16日,以色列举行内阁会议,会议判断埃及行动还未构成军事威胁,但也有可能发生不测事态,决定做好应付最坏局面的准备,对部分预备役人员进行了动员。5月18日,在埃及方面要求下,联合国部队从西奈和加沙地带全部撤走。以色列首脑认为,战争可能已为期不远。5月19日,以色列内阁会议后,下达大规模动员令。5月20日,形势进一步恶化。5月21日,埃及在西奈部队达8万余人。5月22日,埃及宣布封锁蒂朗海

峡。以色列已在埃以边界集中 5 个师的兵力。埃叙与以色列面临严峻的局面。

 以劣对优谋主动

　　当时,埃及、叙利亚和约旦三国正规军 29.5 人,飞机 882 架,坦克 1560 辆;埃及有正规军 19 万人,650 架飞机,作战飞机 380 架,1200 辆坦克;以色列有正规军 8 万人,飞机 350 架,作战飞机 196 架,坦克 800 辆。以色列无论与埃叙约三国比,还是与埃及单独比,军事力量处于较大劣势;以色列三面受敌,可能与埃、叙两面作战。然而,以色列军队质量

▲ 以色列机械化部队长驱直入

较高,作战能力强,特别是首次打击能力强,仍有战略主动权。以色列高层作出了最初的战略考虑。

　　从 1967 年 5 月 23 日 9 时起,以色列召开了国防委员会会议。会议讨论了需要紧急决断的问题。首先是如何处理美国建议的以色列 48 小时内暂缓向亚喀巴湾派出船舶进行示威性通航问题。会议的结果是,与会者多数接受了美国的提议,并同意不要求美国海军护航。会议还同意国防军发布预备役全面动员令。其次是关于是否应该立即打通蒂朗海峡和歼灭埃及集结在西奈半岛的军队问题。以总理达扬在会上指出,埃及封锁蒂朗海峡的真正意义不是封锁本身,而是试图显示以色列是不能抗拒阿拉伯世界的,这才是纳赛尔的本意。只要纳赛尔不打消这个念头,形势还会恶化下去。总参谋长拉宾认为,占领沙姆沙伊赫是可能的,但并不可行,可行的方案是摧毁埃及空军和占领加沙地区。事实上,开战日定的是 5 月 25 日晨,根据这个指示,南部军区积极进行了准备。24 日下午 5 时,开战时间被推迟了 24 小时。

　　5 月 26 日凌晨,苏联大使紧急约见埃及总统纳赛尔,告之以色列认为埃及

▲ 准备出击的以色列士兵

马上要开战,劝埃及不要开第一枪,并保证以色列不会发起进攻。并认为以色列处境困难,不一定会采取军事行动,即使有冲突,规模也不会大。在纳赛尔对以色列作出错误判断的同时,以色列就是否进行先发制人的战略打击进行紧张讨论。而美国在关键时刻的默许,促使以色列下定了开战的决心。

5月28日是以色列不得不对和还是战作出决定的日子。从凌晨3时至5时召开了内阁会议。会上出现了主张立即开战和主张48小时后再行决定的两种对立意见。表决结果是9票对9票,谁也没有压倒谁。总理决定推迟作出决定。5月31日,危机又进了一步。以色列谍报部部长耶·阿米特秘密飞往华盛顿。6月1日晚上阿米特回到特拉维夫,并向艾希科尔和达扬汇报了美国默认以色列军事行动的意向。6月4日,以色列高层作出战略决定,不以其他大国为敌,主要敌人是埃及,在联合国和大国介入之前结束战争,最大限度地利用战果巩固国家的存在和消除未来战争的威胁。采取内线作战,各个击破阿拉伯国家军队,力避对叙利亚、约旦同时开战。现代条件下的战争特别是沙漠地区的作战,其胜败取决于制空权的归属,因此战争初期要通过空军的集中运用,摧毁阿拉伯空军。装甲部队是地面战斗的主力,要以奇袭和快速的机动作战席卷战场,不给阿拉伯军队以喘息之机。

先机赖以制空权

战略决定作出时,以色列在具有决定意义的南部战线已取得了军事优势。这种优势主要不是表现在军力的数量上,而是主要表现在作战效率上。开战前,埃及一线兵力10万人,预备队6万人,坦克1000辆,飞机480架。以色列在埃以边界兵力 6.5 万人，坦克 650 辆，作战飞机 196 架。然而，埃及军队缺乏大战准备，西奈埃军已解除最高戒备状态，埃及空军飞机出动率只能达到 50%，而以色列空军作战飞机出动率可达到 96%，以色列为取得首次突袭成功，空军未留任何预备队，把 100% 的飞机都投入首次作战。在首次战略打击的力度上，以色列大大优于埃及。当时，美国参谋长联席会议主席惠勒向约翰逊总统报告说，"如果以色列圆满地完成初步的空中进攻，它将在三四天内赢得战争"。

6月5日早7时45分，以色列开始发动突然空中打击。在开战3个小时内就炸毁埃及 300 架飞机，埃军 100 多名飞行员丧生，20 个防空导弹连的 100 部萨姆－2 导弹发射架大部被毁，使埃军基本丧失了反击能力。对约旦、叙利亚的空袭是在午后进行的，仅 6

▲ 被以军俘虏的埃及士兵

月5日一天就轰炸了26个基地，以色列彻底夺取了制空权，为迅速夺取整个战争胜利奠定了基础。6月7日，以军占领了约旦河西岸。6月8日，以军全歼埃及西奈半岛守军，占领西奈半岛。6月11日，叙利亚战败。以色列仅用6天时间就取得了第三次中东战争的胜利。埃、约、叙三国伤亡被俘 6 万余人，以色列仅死亡 983 人。以色列占领加沙地带、西奈半岛、约旦河西岸、耶路撒冷旧城和戈兰高地，使几十万阿拉伯人流离失所，沦为难民，苏伊士运河被迫关闭。这次战胜，使以色列能在此后数十年内处于有利的战略地位。

创新战法开先河

第三次中东战争，以色列采取先发制人战略，主要运用空中力量和地面装甲部队，对埃及空军和主要目标进行外科手术式的战略打击。首次战略打击，在极短时间内，摧毁了埃及的战略反击能力，奠定了胜局。以色列首战即决战

弥散的硝烟 不可不知的飞 兵家猎秘

万象新知大课堂

212

是一种新的战略,是第二次世界大战后作战样式的一个创新,是武器装备和军事技术发展到一定水平的必然产物,开了现代化局部战争的先例。

以色列战略上的成功,得力于各种条件的汇合,有利用埃及麻痹大意,轻信苏联的保证,军队懈怠的一面,也有以色列依靠作战特长的一面。一是以军作战效率高,空军武器装备先进,具有很强的空中战略打击能力,以军快速动员和机动的能力很强。二是以军处于内线作战,奉行速战速决,各个击破的战略方针,严格限定战争的时间和范围,一定时间内,只以一个对象和一个局部为战略重点。三是有美国强大政治、军事支持,即使出现最坏情况,也会转危为安。这些优势,既是以色列敢于采取首战即决战战略的主要原因,也是其获得胜利的主要条件。

要保证首次战略打击就彻底摧毁对方战略反击能力,首先,攻其不备,出其不意,突然打击。其次,有很强的空中打击能力,敢于集中所有的打击手段,形成攻击能力数倍于敌的优势,抓住决定性的局部。再次,重点打击对方进攻性武器装备和主力部队,一举瘫痪其战略反击能力。(刘 建 陈 刚)

弥散的
硝烟

■不可不知的72个
兵家猎秘

 以竹为兵的"撒手锏"

"一片翠绿的竹林,沁人心脾,不料,其中却暗藏杀机。埋伏于地下的削尖的竹筒群突然破土而出,直指小妹咽喉……"电影《十面埋伏》中这精彩的一幕是导演张艺谋抓牢观众眼球的"法宝"之一,只是不知他是否师法前人,因为早在我国清朝末年,竹器就已经成了抗法名将刘永福杀敌的"撒手锏"。

清朝末年,在抗击法军入侵的战斗中,几次交锋,刘永福率领的黑旗军接连取胜。法国海军舰队司令李威利决定调整策略,改用骑兵对付刘永福。

刘永福很快便探知了法军步兵换骑兵的消息,而且得知骑兵能征善战。靠黑旗军现有的装备和人员去对付法军的骑兵,难能取胜,该如何破敌?刘永福饭吃不香,觉睡不好,陷入了长久的思索……沉重的问题和房间的闷热令他感到胸口发紧,于是顺手推开窗户。雾间,一阵清新的空气飘来,刘永福顿感轻松。他眺望着窗外山上的竹林,一条妙计涌上心头。

这天夜里,刘永福传令:"今晚大家去执行一项特殊的战斗任务,上山砍竹

子，大号、中号和小号的毛竹都要。砍来后，大号毛竹截成段，做成竹筒；中号毛竹破开，编成竹笼；小号的细毛竹削成篾，织成鸡笼。"部属们听了这番话，无不感到奇怪，纷纷议论。但听完刘永福的解释后恍然大悟，连称"妙计"。一切都按刘永福的布置，进行得迅速而有条理。最后，刘永福又让士兵们把做好的竹器搬到指定的地点"待命"。

第二天黎明时分，刘永福指挥黑旗军兵分3路，向法军的骑兵部队发动进攻。法军司令将骑兵分成3路，扬鞭策马，向黑旗军飞奔而来。刘永福见状，不禁喜上眉梢，指挥黑旗军赶紧后退。法军见此情景，更是穷追不舍，一直追到黑旗军逃进的山沟。

这时，只听一声炮响，山岗上滚下来成百上千个竹筒、竹笼和鸡笼。法军的战马踩在圆圆的竹筒上，应声滑倒；踩在竹笼或鸡笼上，马蹄被套住，只要有一只马蹄被套，这匹战马就无法行走。不多时，只见一匹匹战马连人带马摔倒在地上，乱作一团，狼狈不堪。

法军司令大呼上当，正在此时，刘永福率领黑旗军挥动大刀杀出阵来，不多时，法军的"无敌骑兵"全军覆没。

这就是刘永福的妙计：佯装撤退，诱敌深入，最后用竹器瓮中捉鳖。（张晓军　陈　宇）

朝鲜战场上的狙击策略

 史无前例的"冷枪冷炮"运动

参加过朝鲜战争的"联合国军"的一位士兵回忆说：自己作为新兵刚到朝鲜前沿的时候，"老兵就告诉我，没事就乖乖地蹲在工事里，别到外面去乱跑，共军战士个个都是狙击魔王，要打一个人的头就不会打在他的脖子上！"

1951年10月美国陆军步兵学校季刊上有一篇文章呼吁要加强美军的狙击训练，根据该文作者访谈前线美军士兵的结果，其中有95％的人遇到过中国人民志愿军方面的狙击火力，74％的人认为中国人民志愿军的狙击十分有效。

从1952年5月到1953年7月，中国人民志愿军在"冷枪冷炮"运动中共毙

弥散的硝烟

不可不知的88个兵家猎秘

万象新知大课堂

伤以美军为首的"联合国军"和南朝鲜军 5.2 万余人,这一辉煌的战绩,足以使中国人民志愿军的狙击手们载入世界战争的史册。

▲ 志愿军狙击手

从 1952 年 7 月下旬到 10 月底,中国人民志愿军全军狙击歼敌 2506 名,消耗步枪枪弹 5843 发,狙击手伤亡 11 名,对 100 米内目标射击命中率普遍达到 80%。第 15 军守备的五圣山地区狙击活动成效颇大。第 45 师第 135 团守备的上甘岭 537.7 北山阵地,9 个月歼敌达 3558 人,全军歼敌 19921 人,其中 40%以上是"冷枪"造成的,而同时期的第 15 军仅伤亡 35 人,敌我伤亡比例为 569 比 1。后来"联合国军"给上甘岭 537.7 北山阵地起了个名字——狙击兵岭。虽说"冷枪冷炮"是零打碎敌,但能积少成多。一天毙敌两三个,日积月累,战果就相当可观,甚至超出了激烈战斗时期的毙敌数。几个月过去后,一个人打死打伤数十个敌人的志愿军战士不在少数,像打响第一仗的第 40 军第 118 师第 354 团,3 个月下来,就有好几个班的"冷枪"杀敌战果达到数百名。

中国人民志愿军第 67 军第 202 师在两个半月中,"冷枪冷炮"毙伤的敌人近 4000 名,占全师防御作战歼敌总数的 80%。甚至连勤务人员都上了战场,例如第 68 军第 204 师第 610 团第 8 连有个炊事员叫庞子龙,本来是给狙击手送饭的,在阵地上来来去去看人家打得痛快很是眼热,就说:"我也来打两枪试试"。结果一打就收不了手,3 个月内一人用冷枪毙伤敌人 54 名,打出了名声,也打成了英雄。

现代战争史上的这一奇迹是怎么发生的呢?为什么会有那么多志愿军官兵成为令美国大兵和南朝鲜兵闻风丧胆的"狙击魔王"?军史专家最近在接受

弥散的硝烟

■ 不可不知的72个兵家猎秘

记者采访时披露了其中的奥秘。

"鲁莽行为"无意中创造了一种新战法

抗美援朝战争的第二年,敌我双方处于相持阶段,为配合谈判策略,中国人民志愿军司令部号召前线部队广泛开展"冷枪冷炮"活动。当时敌我双方阵地平均距离400～500米,最近处仅有100米左右。一位志愿军战士对此做了最形象的描述:"对面阵地上的美国人,眼睛是黄的还是蓝的都可以看得一清二楚。"这样的距离已经进入了各种轻武器的射程,所以虽然志愿军部队并没有配发专供狙击手使用的狙

▲ 冷炮杀敌

击步枪,但同样能狙杀敌军阵地上的目标。而且在当时的情况下,志愿军不可能也绝不能与美军打火力战,而是必须在战术上下功夫,这就迫使志愿军官兵在"巧打"二字上大做文章,提出了"变死阵为血脉流通的活阵地"的口号。我军的狙击行动便由此应运而生。

起初我军有军令,不得随意开枪。然而每一名志愿军战士都不愿意在这种气氛下永远被动下去。终于,这条军规被一个名叫徐世祯的战士打破了。为了避免暴露目标,徐世祯脱下上衣,用泥土涂满脸部和全身,随后,一个人提着一支枪,悄悄潜入到阵地前沿,他打一枪换一个位置,一天之内,击杀了7名敌军,在无意中扮演了一个狙击手的角色。但徐世祯自己并没有想到,他的鲁莽行为不仅没有招来军事处罚,反而从此为处于被动中的中国军队开辟出一个新的战法。

按理说,作为狙击行动,需要配有专用的射程较远、精度较高,并配备光学瞄准镜的狙击步枪。可当时我国几乎没有军事工业,轻武器五花八门,多是在

以往战争中从敌人手中缴获的,所以在战场上,我军根本没有专用狙击武器可谈。在这种情况下,要想创造狙击记录,就要靠过硬的狙击技术和战术。当年徐世祯所使用的狙击武器是德国产毛瑟 M98K 步枪,志愿军狙击手大都使用这种步枪。该步枪口径 7.92 毫米,有效射程 600 米,由 5 发固定弹仓供弹,全枪重量 3.92 公斤。相对于军中其他武器装备而言,毛瑟步枪射击精度较好,是志愿军狙击手们最为喜欢的武器。相对于威风凛凛的现代狙击武器而言,我国志愿军手中的老旧不堪的毛瑟步枪显得那么其貌不扬。但就是这普普通通、没有任何瞄准设备的步枪,

▲ 被冷枪打死的美军士兵

弥散的硝烟

■ 不可不知的72个兵家揭秘

却在当年的朝鲜战场上创造出了一个个神话——狙击手的神话。

在最初的狙击作战中,驻守朝鲜前线中段金化地区的志愿军第 26 军部队战果最为显著。1952 年年初,该军第 230 团组织全团特等射手,以 29 发枪弹毙伤敌军 14 人,令对面阵地上的敌军魂飞魄散,几天之内没有一个敌人敢在阵地上露面。志愿军总部立即推广了该团的经验,由此,志愿军的"冷枪"活动开始在前线各部队展开。

最高境界——"冷枪冷炮"巧协同

步枪狙击手的出色表现,极大地刺激了志愿军炮兵部队。看着步兵狙击手们每天"吃肉",炮手们也着实心中难受,坐立不住,纷纷请战。到了 1952 年 8 月,根据战场情况的变化,志愿军总部在充分肯定"冷枪"活动成绩的同时,要求炮兵部队也积极行动起来,全面开展"冷炮"运动。

"冷炮"与"冷枪"作战最大的区别在于,火炮目标大,转移慢,发射后极易遭到敌人的火力报复。因此,"冷炮"运动在组织实施上需要更加周密细致。

经过一段时间的摸索,炮手逐步掌握了狙击作战的奥秘,并由此渐入佳境,其中39军的"冷炮"作战战果最为显赫。1952年8月下半月,他们集中军、师炮群的81厘米迫击炮以上各种口径火炮42门,实

▲ 志愿军冷枪杀手张桃芳33天毙敌214名

施狙击作战298次,击毁击伤敌坦克44辆、汽车45辆,破坏敌地堡74个,毙伤敌军人员853名。

"冷枪"与"冷炮"的配合使我志愿军的狙击作战威力越来越大。各种武器依据其性能、目标特点,有着明确的任务区分和射击区域分工,给敌人的阵地罩上了一张死亡之网。狙击战术发展到这种高度,简直就不再是一种消耗敌人有生力量的手段了,而成了一门令人叹服的作战艺术。仅1952年5月到8月,中国人民志愿军一线部队的狙击手共毙伤以美军为首的"联合国军"1.3万余人。这个数字已经接近运动战时期一个重大战役行动的歼敌数字,"冷枪冷炮"运动的威力尽显无遗。

在第二次世界大战的斯大林格勒保卫战中,苏联红军狙击手们神出鬼没,曾令德军闻风丧胆。苏联狙击手的事迹尽管辉煌,但只是一种单兵行动,无法影响整个战役的进程。而在抗美援朝战争期间,中国人民志愿军的狙击作战不再是单兵单炮的零星行动,而发展成为一场现代战争史上规模最大的狙击作战行动,不仅战绩远远超过了苏联红军,而且对整个战争的进程也产生了巨大的影响,这次规模空前的狙击作战行动,被郑重编入了《中国军事百科全书》,并拥

有了一个具有中国特色的名称——"冷枪冷炮"活动。（刘向阳　陈　刚）

"机算"不敌"人算"

在高技术战争中，人脑如何克制和战胜高技术兵器上的"电脑"？在这方面，人类同样是可以以劣胜优、以低制高、大有作为的。请看发生在 20 世纪 60 年代的一个典型战例。

▲ 巧用雷达严阵以待的越南军民

美国入侵越南的战争艰难地打到了 1965 年。美军动用了大批战斗机空袭越南人民武装游击队。为对付这些恶狠狠的空中飞行物，越南如雨后春笋般建造了大批雷达网，时时刻刻监视空中，紧盯敌机，一旦发现，游击队的炮火便迅速出击。于是，飞机不断被击落的坏消息一个接一个地传到了美国统率部，叫老美吃够了苦头。统率部给军事科研机构下达命令：必须从速研制出消灭雷达的武器。

战争的急需往往促进科学的发展。很快，美国专家们便使出了"绝活"，发明了一种专门摧毁雷达的导弹，给它取了个温柔而可爱的名字，叫"百舌鸟"。这家伙的本质却一点也不温柔可爱，对付雷达是一把好手。雷达工作要发出电波，而"百舌鸟"对雷达电波具有"天生"的识别功能。一经捕获，它就像被电波深深吸引一样，自动跟踪电波攻击而去，给雷达一个爆炸性的"响物"，把雷达捣个粉碎。

这东西还真灵。越南的好多雷达没有逃脱它的"死亡之吻"。一时间，越南人对它束手无策。在美国军营里流传着一首顺口溜表明了它的威力："'百舌鸟'不是鸟，

▲ 美国机载导弹

飞来一颗受不了,躲不过逃不掉,越南雷达没有招。"真的就没招儿了吗?

找准"机算"盲区让导弹"瞎眼"

有时奇招不是想出来的,而是在无意中所得的。有一天,一个越南雷达兵又发现了美国飞机前来袭击,并发射了"百舌鸟"。他清楚"百舌鸟"的厉害,不知是害怕还是为保全雷达,鬼使神差地立即关掉了雷达。结果奇迹出现了。"百舌鸟"一下子失去了电波的引路,成了瞎子,找不到目标的方位。导弹从雷达头顶掠过,在山谷里爆炸了。这一偶然发现使雷达兵长了智慧,欣喜若狂,原来"百舌鸟"并非无懈可击,经过技术分析和再次观察,他们找到了"百舌鸟"的盲区:飞机发射这种导弹时,要盘旋寻找目标,在搜索到雷达电波之后才能精确地命中目标。这个过程有个短暂的空隙时间。

▲ 机动雷达

只要雷达兵把握好，操作及时，就能把"百舌鸟"变成一只盲鸟，飞越雷达之外给自己找个坟墓。

对付"百舌鸟"的办法迅速在各雷达站中推广使用，使"百舌鸟"总是扑空。越南军营里也编了一首顺口溜："'百舌鸟'并不神，我一关机就不灵，丢了炮弹费了神，活活气死美国人！"

人造"混乱"让导弹"失忆"

美国人显然并没有被气死，你有高招，我有绝活。一帮专门吃研究饭的也不是饭桶。他们抓紧时间研制对策，对雷达突然关机失去电波的情况进行突击

▲ 依赖"机算"的美国导弹

攻关。一种"记忆"系统随即出台，给"百舌鸟"配备了一项新的"智能"功能，即一旦雷达关机，电波消失，"百舌鸟"导弹里的"记忆"依然留在电路里，仍可以向既定目标方向准确飞去。

如此这般，越军即使关了机也关不了死亡的大门。"百舌鸟"威力再现，不少雷达又被它巨大的胃口所吞灭。

道高一尺，魔高一丈。雷达兵经过技术分析之后，认为"百舌鸟"虽然具备"记忆"功能，但仍有分辨角度的范围。在这个角度范围之内，采取新的手段，照样有可能给它制造误区，把它引向偏离雷达的地方。根据这一论证，办法便形成了：利用多部雷达迅速无规律地关开机，一会儿你开我关，一会儿我开你关。时有时无、时这时那的电波把"百舌鸟"搞得晕头转向，不知该攻向哪里。或者用干扰机制造一堆假电波，两部雷达的功率不等，导弹拿不准具体方位，只好向着能量的中心地带飞奔而去。只要科学地设置两部雷达的间隔距离，在导弹杀伤半径之外，雷达就安然无恙。

这一新举措实施后，第一次就获得了成功：3 架敌机同时对雷达进行了攻击，在空中搜寻一阵，嗖嗖地发出 3 枚"百舌鸟"，结果都受骗上当。价值昂贵的 3 枚导弹在误区中报废，雷达却丝毫无损。人与武器的较量最终是"机算"不敌"人算"。（曾有情）

海滩制高点上的"空城计"

1944 年 6 月由布莱德雷将军指挥的一支美军奉命从法国的奥马哈海滩登陆，配合盟军在诺曼底的行动。

高倍望远镜缓慢地移动着，美军的侦察员纤毫不漏地辨别着德军阵地上每一个细微的变化。突然，一个奇怪的情况引起了他的警觉。在奥马哈海滩地势险要的三角形海岬奥科角的空地上，几天之间"长"出了一片"茂密的树丛"。肯定有情况！美军侦察员睁大双眼，不敢放过任何蛛丝马迹。经过仔细的观察，那片"茂密的树丛"果然有诈。重重树枝遮掩下，6 门巨炮伸着黑洞洞的炮口，守护神般护卫着这片海域。从外观看，这是 6 门大口径火炮，火力肯定小不了。"狡猾的德国鬼子，差点让他们蒙混过关。"美军侦察员小声嘟囔着，收起望远镜，悄无声息地返回了指挥部。

美军指挥部马上意识到情况的严重性。德军新增设的这一炮兵阵地恰巧控制着美军预先选定的登陆区域。也就是说，如果仍按原计划近距离登陆的话，美军的舰艇、人员、装备，以至一举一动，将毫无遮拦地暴露在敌人的炮火控制之下。到那时，人为刀俎，我为鱼肉，后果不堪设想。布莱德雷一咬牙，下令将登陆点改在离原定登陆区域 18.5 公里的地方。

总攻开始了。巨浪无情地吞噬了美军 33 辆坦克中的 27 辆。大炮更惨，竟无一门逃脱葬身海底的厄运。人员的情况稍好一些，但也有不少士兵被风浪卷入大海一去不复返。

当登陆部队挣扎着冲上海滩时，立即遭到德军密集火力的压制与猛烈反扑。毫无屏障的美军士兵犹如被割稻草一般倒下了一批又一批。最后是空军飞机挽救了登陆部队的命运。它们猛烈地轰炸，暂时压制住了德军的火力。劫后余生的美军士兵连滚带爬地躲进德军的射击死角，才重重地松了一口气。

登陆不久，一支小分队按照事先安排，偷偷迂回到奥科角，执行摧毁敌炮阵地的任务。当他们费尽九牛二虎之力从峭壁攀上崖顶时，不由惊愕地瞪大了眼睛，谁也不敢相信眼前一幕竟是真的：迫使布莱德雷将军放弃近距离登陆计划的 6 门大口径火炮仅仅是 6 根精心伪装的普通电线杆而已。

原来，穷途末路，日薄西山的德国纳粹明知奥科角地势险要，却已无力分兵把守，于是精心设计了这出"空城计"，让一代名将布莱德雷将军吃了一个"哑巴亏"。（宋向明　房红彦）

"胡志明小道"上的智慧战

1966 年，深陷在越南战争泥沼中的数十万美军，对于如何制服隐蔽在热带丛林中的北越人民军，的确到了无可奈何的地步。两年的昼夜轰炸，把美军当时配备的世界上最先进的武装装备全甩出来了，可是根本挡不住北越人民军的渗透和进攻。美国空军对"胡志明小道"使用"空中霸王"B－52 战略轰炸机，同样无济于事。到 1966 年晚些时候，五角大楼得出结论说，对北方进行直接轰炸没有任何威慑作用，惟一的解决办法是切断"胡志明小道"。

"胡志明小道"是一个 13000 多公里的道路系统。它与越南南方同老挝和柬埔寨接壤的 1000 公里边界相平行，在地图上看起来像是以越南北方为加油站的、弯曲的汽车燃油泵管子。这个网状系统环绕着几国边界，是北越军民从 1959 年开始构筑的，接下来经过了扩建和现代化，成了一个战略交通网络，为前线的每个地区输送北越人民军和给养。

弥散的硝烟

■ 不可不知的72个兵家猎秘

🖋 **美军迷惑：每天900次密集轰炸为啥炸不掉"胡志明小道"？**

　　1964年末，侵越美军总司令威斯特摩兰的指挥部估计，每年来自北方的增援部队至少有9万人。华盛顿在重新修改其电子战计划的同时，下令对"胡志明小道"的空中打击从每天300次逐步增加至3倍。

　　随着轰炸的加剧，北方把它的精锐师用来永久性地保卫小道。这支部队有25000人，代号为559，它充实了大本营，经常随着B—52轰炸机的轰炸而调动，配备有观测点和火炮阵地。据估计，北越有10000门大炮不知怎么被拖运进了数千公里的群山之中，还分布有同样数量的卡车，它们在同轰炸机比赛，从北方征募来的青年志愿人员在修复和重修道路。

▲ 北越"青年志愿者"在炸不烂的"胡志明小道"上把给养资源不断送往前线

　　一名执行突击任务的美国特种部队士兵伊凡·德尔比克说："胡志明小道经常像高峰时期拥挤的长岛高速公里一样。"另一名特种部队军官戴夫·克里斯蒂安上尉根据自己的经历说："那并不是一条小道，而有数千条小道，沿路有数千个休息点，是越军为了寻求庇护而建立起来的——我不得不称赞他们：北越军人是第一流的士兵。"可是，当他回到美国人中间时，人们还是会不断问他："为什么美军堵不住胡志明小道？"

　　对越南进行的空战据保守的估计，一年要花费10亿美元。而当时对北方经济的破坏，估计少于1亿美元——而东方集团提供的援助是这个损失数目的几倍。无论多少工厂和设备在硬破坏中被摧毁,北越都会源源不断地把援助送到南方。

除了这些估价外,连续 5 年的轰炸使美国损失了总数约 1000 架飞机,800 名飞行员在北方上空丧生。

据估计是美军每 300 枚炸弹或 100 吨炸弹、耗资 14 万美元才杀伤一名北越渗透者。美国军方的记录表明,在高峰时期,估计北越派出了 15 万人到南方,而投放在"胡志明小道"上的炸弹有 17 万吨。大约 1 吨多炸弹炸来了一个北越军人。

美军组建"贾森"小组在"小道"上大打电子战

面对如此丧气的战况,急于挽回败局的美国约翰逊总统下令组建"贾森"小组。该小组是由大学的高级科学家、诺贝尔奖获得者、政治专家、计算机专家和军事战略家组成的。但是,到 1967 年这个小组大大地扩大了,并且秘密地隶属于华盛顿新的"国防交流计划小组"。观察家、《电子战》一书的作者保罗·迪克森说,这个小组拥有国库出具的空白支票,与那些制订生产原子弹的"曼哈顿计划"的人相比,这个小组的人谈吐优雅,富有热情,其速度、胆略、热情程度和非官僚主义的自由都堪称第一流。"贾森"小组——如他们自己所称呼的——一直工作到 5 年以后美国结束卷入越南之时,其任务是发展和完善电子战。他们设计的传感器现在也与小型地雷一起投放到了小道上,伪装得看上去像树叶、树枝和自然之物(这些东西接下来被国际恐怖分子所利用)。

作家迪克森援引一位"贾森"成员的话说:"你听说过我们提供的像狗屎形状的传感器吗?"它就是一种"地震干扰探测器",而"我们把它叫做'粪团'"。贾森小组还恰如其分地发明了"龙齿"——重量仅有大约半盎司的炸弹,通过母弹播撒在小道上,在空军的帮助下,它建立了一项更大的"雏菊切割者计划",由于其混合了一切爆炸物,又把它叫做"乳酪酵母"。

但是,到 1967 年年底,"贾森"小组已经发现了一种超声武器,它夸口说这种武器将改变常规战斗的力量均衡。其代号是"白色圆顶建筑",是一种遥控作战系统,其组成部分包括地面传感器和不断监视着交战地区、把传感信号传递给远方计算机的中继飞行器。由"隐形"降落伞投放、悬挂在高高的树叶上的声波传感器,记录下了人和车辆的声音,地震传感器能像极小的树木和植物那样探测到它们所感到的地下的挖掘声,记录下地表上成群的人或机器的压力波。

弥散的
硝烟

■ 不可不知的72个
兵家揭秘

还有"人迹嗅探器"——一种悬挂在直升机、有一个长鼻子的雷达，能记录人体的体温和气味。它的正式名称是"人员探测器"，可以靠它们探测到的气味而引起对丛林中的人的注意，而不必用肉眼看见那些人。但是，德普伊将军说："它们从来不那么成功。那些嗅探器能探出人体机能中排出的氨，而问题在于，动物和其他分散目标的东西都能使它们失效。"其他分散目标的东西包括北越人反探测的天然本领，据悉，北越军民沿着被废弃了的小道地区悬挂水牛的尿包。据报道，尿包引来了像苍蝇一样的B－52轰炸机进行无效果的轰炸。

纪律和忍耐使北越军民在"胡志明小道"上越战越强，终获胜券

侵越美军总司令威斯特摩兰将军在谈到活跃在"胡志明小道"上的北越军民时，不得不承认说："他们是顽强的士兵，非常不屈不挠。""上至河内的政治局，下至普通士兵，这个特点都很突出。他们纪律严明，训练有素；但是他们冷酷无情地要求严格服从。"威斯特摩兰将军清楚地认识到了，电子战没能改变"胡志明小道"上力量的均衡。

据河内《人民军队报》的记者庆文报道说，无论是行军还是作战，北越成排的部队都被划分成3人小组，他们经常要在一起抵抗疾病、作战，或在作战疲劳和怀念家乡时保持士气。士兵们很年轻，通常不到17岁，而3人小组的方式显然融和进了家长和兄长的传统。"胡志明小道"的运行，是由于有熟练的信号操作过程。在一天之内，一个营地"要收到或发送600条消息"。在一次象征性的炸弹袭击之后，在监视道路上"电话兵修复了286处被炸断的电话线"。有各种作用的专门队伍。道路修复组——"抗美救国青年突击队"——有5万多人，年纪在15岁左右，志愿在小道上服务3年。由于男子18岁就被召入伍，所以"突击队"绝大多数是年轻女人。

每个控制点有一群50或60人的部队，守卫着每3英里一个、在丛林中开辟出来的卡车停车场，以及散布在各处的燃料、食品和弹药库，以把损失降低到最小限度。卡车在中转站加油，沿着小道上的一段路来回开，没有一辆卡车向南开过全部路段——这还是为了减少损失。有些道路铺平了，而大多数道路中途都要停留。如果一段路遭到轰炸，那么卡车就将尽力开到隐蔽的停靠处。直到道路被修复。河内的战略家何文洛说："在每个路段，我们都建有简易棚屋，以供我们的驾驶员休息。这些棚子周围总是有菜园、鸡和猪，那里的生活差不多是正常的，而且非常活跃，因为在打仗——一直在打，但却非常正常。"

到 20 世纪 70 年代初,美国准备了新的自动导航炸弹和由激光制导的"灵敏"炸弹,将在美国侵越的最后日子里使用。但是,苏联的"萨姆－2"式导弹也部署在了"胡志明小道"的丛林中。在这个竞技场进行电子战的结果,将永不会有人知道。决定性的因素依然是:有多少卡车能通过交叉火力网。1967 年,五角大楼曾作出估计说,北方对南方进行的战争,每天只需要 60 吨补给品就能维持下去(尽管有些专家争辩说远远用不了这么多)。在 1970 年间,随着美国地面战斗的势头减弱,空军部长援引的数字是:"68000 吨物资通过了(胡志明)小道,只有 21000 吨到达了最后的目的地"——几乎正好每天 60 吨。

这是一场典型的人民战争:"胡志明小道"上到处都表现出了人类的忍耐力——但只是刚刚表现出来。也许,在一场重要的常规战争中,人最后一次比机器活得更长,或者最后一次用智慧战胜了机器。(石 扬)

来自"山大王"的启示

"敌进我退,敌驻我扰,敌疲我打,敌退我追。"这一游击战术"十六字诀",是毛泽东同志在井冈山斗争实践中提出的,但这来自"山大王"的启示。

1921 年 12 月,驻湖南的粤军连长朱孔阳因不满上司扣军饷,率部进入井冈山做起了"山大王"。

为对付官军的围剿,朱孔阳利用熟悉地形环境等有利条件,机动灵活地在群山中与官军周旋。他有一句名言:"不需能打仗,只要会打圈。"寥寥数语蕴藏着极其朴素的游击战术道理。

井冈山革命根据地初创时期,敌强我弱。为了战胜强敌、巩固并扩大革命根据地,毛泽东注意从过去井冈山绿林武装的游击战术中吸取营养,为我所用。

1927 年 12 月,他对攻打茶陵的部队说:"战无常法,要善于根据敌我情况,在消灭敌人、保存自己的原则下,抛掉旧的一套,来个战术思想大转变。"他还告诉大家:"从前,井冈山有个'山大王',叫朱聋子(朱孔阳的绰号),和官兵打了好多年交道,总结的'打圈圈'是个好经验。当然,土匪'打圈圈'是消极的。我们工农革命军既要会打圈,又要会打仗。打圈是为了避实击虚,歼灭敌人,使根据地不断巩固扩大。""总之,打得赢就打,打不赢就走,赚钱就来,蚀本不干,这就

是我们的战术原则。"

1928 年 5 月,朱毛两军会师后,湘赣两省敌军向井冈山发动了第一次联合"围剿"。红四军主力采取"集中优势兵力歼敌一路"的作战方针,第一次攻克了永新县城。几天后,毛泽东召开干部会议,并首次正式提出了"十六字诀"。从此这一游击战术成为红军克敌制胜的法宝,载入了中国革命的光辉史册。(许 秀)

拿破仑的一个常胜要诀

在西方军事名帅中,最注重消灭敌军有生力量的是法国的拿破仑。拿破仑这样说过,欧洲有很多优秀的将军,但他们一下子期望的东西太多,而"我只看到一点,那就是敌人的大量军队。我力图消灭他们,因为我相信,只要把军队一消灭,其他一切就会土崩瓦解"。

拿破仑的这一消灭敌军有生力量的思想,贯穿于他所进行的全部战役中。他在指挥作战时,从来不先去抢占敌人的领土,而总是首先寻找敌人的军队,并力图在一次或多次会战中把他们消灭,从而夺取胜利。例如,在意大利战役中,拿破仑为寻找一切机会歼灭敌军主力,曾以一支 3 万人的装备很差的军队,同反法联盟进行了 14 次会战,70 次战斗,先后歼敌 20 余万人,粉碎了第一次反法联盟的武装进攻。

▲ 油画拿破仑

又如,1796 年至 1797 年的曼图亚争夺战。曼图亚要塞位于波河和明绍河交汇处,地形险要,有"意大利锁钥"之称。当时流传一句名言:"曼图亚在谁手,意大利归谁有。"由于曼图亚为奥军在意大利的惟一重要基点,势在必守,以阻扼法军。而法军为控制北意大利,并打通德奥之路,也志在必得。对于这样一个处于关键地位的要塞,拿破仑不是花费高昂的代价去直接强攻,而是采用围点打援的方法来获取。为解曼图亚之围，奥军曾不遗余力地连续四次派兵加以援救，均被法军粉碎，拿破仑正是借此大量消灭了奥军。其中，法军在第一次包围曼图亚时，总兵力约 4.2 万人，仅以约 8000 人围攻曼图亚，却以 3.4 万人待机迎击奥军的援兵。而在奥军企图第四次为曼图亚解围时，尽管拿破仑手中可以用来对奥军作战的机动兵力只有 3.1 万人，却仍以消灭敌人军队为主要作战目标。他于 1797 年 1 月通过巧妙组织利沃里战役，又一次以少胜多，获得了大量消灭敌军的辉煌胜利。拿破仑在给当时督政府的报告中宣称："在四天内打了四次战役和六次遭遇战。总共杀伤敌军六千人，俘虏二万五千人。"曼亚图要塞是 1796 年被拿破仑包围的，到 1797 年 2 月，前来解围的奥军名将先后被拿破仑打败，其军队被大量歼灭，守军待援无望，粮弹将罄，终于向法军投降。

为达到消灭敌军的目的，拿破仑惯于采取打掉一个再打下一个的方法，将敌各个击破之。如 1814 年 2 月，当施瓦岑贝格的奥军主力和布吕尔的普军主力分别沿塞纳河和马恩河向巴黎挺进时，拿破仑利用敌军两路隔绝的弱点，先于 2 月 10 日全歼普军中的一个俄国军团，于第二天重创普军的另一支部队，又于 14 日击溃布吕尔直接指挥的一支部队。接着，拿破仑又调过头来，连续击溃奥军的三支部队，迫使施瓦岑贝格提出停战的要求。（夏征难）

弥散的
硝烟

■ 不可不知的72个
兵家揭秘

美丽的"蝴蝶隐身术"

1941 年 8 月，纳粹德国数十万人的军队兵临列宁格勒城下，耀武扬威地叫嚣半个月内攻下苏联这个战略要地。但是在苏联红军的顽强阻击下，德军接连发动几次疯狂进攻都没有得逞。恼羞成怒的希特勒下令调集上千架飞机，企图进行大规模的空中轰炸。但是，让希特勒始料不及的是，在他发动轰炸之前，其作战方案就已被苏军高层获悉。但是，当时苏军的防空作战能力并不强，如何对付德军轰炸一时之间成了难题。

一天清晨，苏军总参谋部一位将军到野外炮兵阵地上视察，突然他看到一群美丽的蝴蝶在花丛中飞来飞去，煞是好看。但因为与花朵的颜色很相似，蝴蝶在花丛中时隐时现，令人难辨其踪。这位将军看得入了神。突然他灵机一动，自言自语道："有办法了，有办法了！"

依照这位将军的奇妙想法,苏军统帅部找来了蝴蝶研究专家施万维奇,要他设计一套蝴蝶式的防空迷彩伪装。施万维奇接受任务后,立即参照大量蝴蝶标本,开始设计伪装图案。他先后研究了几十种蝴蝶翅膀花纹与色彩的图案和构图,将保护、变形和仿造3者伪装方法结合起来,对地面上的活动目标都涂上了同地形地貌相似的多色巨大斑点迷彩,改变了外形轮廓,对固定的军事目标则用遮障法伪装,在遮障上涂上与背景相似的迷彩图案。研究成功后,苏军按照这个办法给列宁格勒数百个重要军事目标披上了神奇的蝴蝶式的"迷彩服",特别为了保卫纳粹分子急切想要炸毁的列宁墓,依照施万维奇的蝴蝶翅膀花纹伪装术,在其附近用亚麻布景伪造了一幢两层楼房,巧妙地把列宁墓掩饰了起来。几天后,德军飞机开始了轰炸,但是当它们飞临列宁格勒上空时,却无法找到原来侦察好的轰炸目标,无奈之下,便胡乱投下炸弹后返航了。德军这次轰炸行动的结果可想而知。

正是因为美丽的蝴蝶,苏军才想到了蝴蝶"隐身术";由于蝴蝶"隐身术"的巧妙伪装,德军轰炸行动才无果而终。而德军轰炸行动的失败为苏军取得列宁格勒保卫战的重大胜利奠定了基础。(吴开胜　田颜昭)

拿破仑的保密奇招——"泄密"

那是在1800年5月底,当拿破仑率领法国预备军团冒险翻过阿尔卑斯山的第一个险道——圣伯纳德山口突然出现在皮埃蒙特平原上奥军的后方时,奥军统帅梅拉斯才如梦初醒,他又一次被拿破仑欺骗了。原来,梅拉斯和他的情报机构一直都认为,拿破仑的预备军团只不过是一支只有几千人的杂牌部队。那么,"几千人的杂牌部队"何以变成了越过天险、攻势如潮的数万人的大军呢?这要归功于拿破仑"以高明的泄密手段达到了保密的目的"。

在1799年法国"雾都政变"后,奥军重新占领了意大利北部,这不仅使拿破仑在意大利之战中所取得的胜利前功尽弃,而且对法国本土也构成了极大的威胁。拿破仑认为,法国必须及早投入新的强大军团,才能打败奥军。由于其他军团无力向意大利战场机动,拿破仑决心秘密组训一个6万人的预备军团。尽管已经采取了许多严格的保密措施,但英奥等国的间谍还是发现了这支预备军团的蛛丝马迹。对此,拿破仑意识到:要对预备军团的组训绝对保密已无法办到。如果"辟谣",反而欲盖弥彰,倒不如顺水推舟,设法造成敌人错觉。于是拿破仑断然决定,不仅由军政大臣亲自把组训预备军团的消息公之于众,而且把预备军团的编制、实力经加工后泄露出去。1800年4月,拿破仑又在巴黎正式宣布:预备军团正在第戎地区集结,他将亲自前往检阅这支新的生力军。与此同时,拿破仑把预备军团的主力秘密转移到新的便于隐蔽的集结地,第戎只保留少量供间谍"刺探"的部队。

为了达到预期目的,拿破仑不断采取欺骗措施,以至在政府《通报》上登载"要闻",在报刊上编发消息,引得大批间谍从欧洲各地赶到了第戎。虽然他们"证实"了预备军团的存在,却没有发现值得一提的正规军。除了刚刚招募来的、连军事常识都不懂的新兵,剩下的全是不堪一击的老弱残兵。至于那些所谓的军、师司令部,更是编制不满、装备不齐、未经训练、军纪松懈。总之,这支预备军团毫无战斗力可言,根本不值得重视。拿破仑倒是言行一致,如期赶到第戎检阅了他的预备军团。检阅刚一结束,拿破仑的预备军团就成了国内外绅士们的谈笑资料。拿破仑又下令法军谍报人员对此推波助澜:有的贴出讽刺画,上有12个童子军和一个装有木腿的残疾人,下标"拿破仑的预备军团";有的则散发传单,披露拿破仑组训预备军团时的一些可笑故事。这样,许多人认为,预备军团只不过是拿破仑为了牵制奥军、别有用心编造出来的圈套。就连奥军统帅梅拉斯也一再强调,"用来威胁我们的预备军团只不过是一群乌合之众","法国人把我们看得太简单了"。

然而,就是这支预备军团,已在法国南部做好了进攻意大利的准备,并在拿破仑的亲自指挥下,于1800年6月进行的马伦戈决战中击败了梅拉斯,将奥军逐出了意大利北部,胜利又一次成了拿破仑筑就威望的基石。(仁　杰)

"城市绞肉机"的胜负之道

2003年3月,伊拉克战争爆发前,面对装备先进和战斗力强大的美国的进攻,伊拉克总统萨达姆曾煞费苦心准备仿效二战期间的斯大林格勒战役,在首都巴格达与美军打一场巷战。这种鱼死网破的求生战法让美军很是紧张了一

阵子,美军一向奉行"零死亡"作战理论,短兵相接的交锋和死人是其不愿意看到的。为此,从 2002 年 6 月开始,美海军陆战队进行了为期 5 周的巷战训练。同年 8 月,美军又在代号为"千年挑战－2002"演习中模拟了一场 96 小时的城市战争,演练了部队机动、佯动、为直升机空降开辟机场、攻占建筑物等科目。

不过,美军的精心准备和对巷战的忧惧担心最后都变成了多余,军心涣散的伊拉克武装力量或降或逃,美军不费吹灰之力即占领了巴格达,战前围绕发生巷战的种种猜测和预想全部落空,美军也大大松了口气。

尽管如此,美军仍然害怕打巷战,何以如此?这是因为在地面作战中巷战最难打。巷战需要贴身近战,要付出重大伤亡代价,故而被称之为"城市绞肉机"。巷战是在街巷之间逐街、逐屋进行的争夺战,发生的地点通常都是在城市或大型村庄内。巷战具有两个显著特点:其一,是敌我短兵相接、贴身肉搏,残酷性大。由于战斗几乎都是以步兵轻火力突击为主,又都在视距内进行,地形复杂莫测,因此在巷战中重武器没有用武之地。其二,是敌我彼此混杂、犬牙交错,危险性强。由于没有一条清晰的战线,敌我混杂、敌与平民混杂,形成了你中有我、我中有你的互相胶着状态,而进攻一方在明处,抵御一方在暗处,则更增加了巷战的难度和风险。高大的建筑物和构筑在地下的掩体正是藏匿狙击手的好地方,因此,巷战是双方狙击手竞技的最佳场所。

▲ 斯大林格勒巷战的双方决战

一般说来,入侵者最怕打巷战。这是因为,在反侵略的巷战中,保卫者不仅占有正义的道德力量,而且很容易占有"地利"、"人和"之利,所以巷战最适宜打人民战争,而只要组织得好,坚持人民战争的保卫者往往都是巷战的最后胜利者。而入侵者在巷战中大多落入失败境地,其奥秘正在于他

弥散的硝烟

不可不知的 兵家猎秘

万象新知大课堂

们难以占到"地利"、"人和"和"得道"之利。让我们看一看二战以来的几场著名巷战，就不难悟出这一奥秘。

入侵者寸步难行的"活地狱"——斯大林格勒巷战

斯大林格勒保卫战，这是现代战争真正意义上的第一次大规模的巷战，也是名副其实的"城市绞肉机"。其惨烈程度可谓举世无双，空前绝后。1942 年 7 月，德军以优势兵力攻入斯大林格勒。骄狂的德军企图用屡试不爽的闪电战碾平这座象征苏联最高统帅的城市，但不久他们就发

▲ 斯大林格勒巷战的双方决战

弥散的硝烟

■ 不可不知的72个兵家猜秘

现掉进了一个满布死亡的深坑。在斯大林"不准后退一步"的严令下，"得道多助"的苏联红军在广大市民的支持下，依托市内复杂地形和众多人工建筑，同敌人展开殊死博斗。一层楼、一间房、一座水塔、一段铁路路基，甚至一堵墙、一堆瓦砾，都能引发激烈的争夺战。德军往往付出极大代价攻下的残垣断壁，转眼又被苏军重新夺回。火车站反复易手 13 次之多。整个斯大林格勒烈焰升腾，血肉横飞。敌我双方拼死对垒，子弹打完了，就贴身展开白刃格斗，坦克上来了，身上绑着手榴弹冲过去与之同归于尽。在苏联军民的拼死抵抗下，德军死伤惨重，寸步难行，随后而来的严冬恶劣天气使德军更加虚弱不堪。1943 年 2 月苏军发动反攻，被巷战消耗得筋疲力尽的德军溃不成军，德国第 6 军团遭受到毁灭性打击。斯大林格勒战役成为二战的转折点，从此纳粹德国开始节节败退。

意义非凡的短促突击——摩加迪沙巷战

1993 年 10 月 3 日，驻索马里的美军维和部队出动"黑鹰"直升机和突击队员围剿索马里最大军阀艾迪德，此前艾迪德领导的反美武装利用伏击游击战术，让美军吃够了苦头。这次美军又遭暗算，在摩加迪沙街头巷尾陷入他们最害怕的巷战泥淖，成千上万的群众瞬间几乎全部变成杀手，连一些妇女和儿童也并不熟练地拿着武器射击。由于狭窄的街道被路障堵死，美军后续部队无法及时赶至增援。半天的战斗结束后，19 名美军突击队员丧生，2 架"黑鹰"直升机被击落。次日，索马里民众拖着一名美军的尸体到街头示众庆功。这个镜头被记者拍到，在美国国内播放后引起一片哗然，迫于各方压力，美国总统克林顿不得不很快宣布从索马里撤军。

血腥无比的"迷宫宰熊"——格罗兹尼血战

这是越战以后最残酷最血腥的巷战。俄罗斯军队和车臣非法武装从 1994 年开始，先后在车臣首府格罗兹尼爆发两次较大的巷战。格罗兹尼当初建城时即是按照作战要塞的要求来设计的，故而城内堡垒星罗棋布，密如蛛网。俄军人入城恍若进了迷宫，摸不着北，空有优势武

 参加费卢杰之战的美军在踹门

器和装备却无从发挥。而车臣武装的狙击手却可以凭借熟悉的地形，藏在暗处好像练习射击一样，逐一射杀目标。1995 年第一次巷战结束时，据说突入该市的俄军一个千余人的团，仅剩 1 名军官和 10 名士兵活着离开。26 辆俄军坦克

被击毁了 20 辆,120 辆装甲车也损失了 102 辆。俄军死尸甚至被车臣武装用来当作沙包,垒在一起筑成"人体碉堡"。第二次格罗兹尼巷战发生在 1999 年 12 月 25 日至 2000 年 2 月,俄军更是尸横遍野,1173 名士兵死亡,甚至俄军前线总指挥马洛费耶夫少将也被射杀。无可奈何的俄罗斯总统普京接下来命令轰平了格罗兹尼,但这块弹丸小城,却成为俄罗斯军人心中永远的痛。

依赖高技术"惨胜"的近身肉搏——费卢杰巷战

2004 年 11 月,入侵伊拉克的美军对以扎卡维为首的反美武装盘踞的费卢杰市发动了大规模进攻,以死亡 50 余名海军陆战队士兵的代价,打死和俘获了大批伊拉克反美武装人员(其中相当一部分是无辜平民)。这是美军在 21 世纪打的首次大规模城市巷战,凸显了在信息化条件下实施城市作战的许多新特点。首先,打击手段趋于高科技化。美军为了将伤亡风险降至最低,使用了大量适合城市巷战的新技术。如开发"多维监视系统",使反美武装人员无法藏身;利用反狙击手和机器人技术,搜寻隐蔽在各种建筑物后的敌狙击手,在步兵发起攻击前组织火力予以清除;使用新型装甲防护技术,使坦克能够进入城区有效作战。有了高科技手段的支撑,现代化巷战将不再是进攻者的梦魇。其次,打击方位趋于立体化。美军动用远程精确制导导弹、战斗机、轰炸机以及特种作战力量,从陆、海、空、天四维对城内反美武装所占据的目标进行全方位打击和摧毁。再次,打击目标趋于精确化,费卢杰之战,美军在比较精确打击反美武装力量的同时,没有更多地摧毁市内建筑,减少了无辜平民的伤亡,表明新型的城市巷战将更强调运用攻击与保护并重的原则。

美军宣称在费卢杰之战中打胜了,但他们在伊拉克人民中依然不得人心,他们与伊斯兰教民众的仇恨越积越深,把越来越多的伊拉克人赶到了对立面,美军在伊拉克的伤亡越来越大。从总体上看,美军在高技术支撑下虽然比较会打"巷战",但当地人的反美情绪不是高技术能战胜的。(葛亚文 金岩林)

丘吉尔"导演"苏德战争揭秘

在纪念反法西斯战争胜利 60 周年之际,西方战史学家相继抛出一些刚解密的档案材料,让人们惊奇地发现,杀得天昏地暗的苏德战

争，竟是当时的英国首相一手导演和挑唆的。

 丘吉尔施行离间计瓦解苏德同盟

　　1939 年 9 月 3 日，英法两国对德宣战。当时的情况是：法国已经沦陷，英国正面临着德国的入侵，而此时苏联已成为德国的盟友……

　　当时，希特勒发动战争所需的生铁、棉花、粮食、硫磺和锰等，都是从苏联源源不断地运往德国的。而更令人担心的是，斯大林一旦允许德军自由地通过苏联边境，向印度这个英国的大后方发起进攻的话，结果会怎样？还有，苏联一旦加入德国阵营，与德国一道反对英国的话，结果又会怎样？所以，离间苏德同盟、实施祸水东移计划，就成了事关当时英国政府生死攸关的头等大事。

　　现在比较流行的说法是，苏德同盟早在 1940 年 12 月就已经不复存在了。

　　另外，人们还普遍认为希特勒是在 1940 年 12 月 18 日，制订了将于 1941 年 5 月对苏联发起进攻的巴巴罗萨计划。但丘吉尔却在其《二战回忆录》中称：直到 1941 年 6 月 12 日，也就是苏德战争爆发的前 10 天，他还没有得到任何有关德国企图进攻苏联的情报。

　　那丘吉尔又散布了什么假情报，导致了苏德战争的突然爆发呢？军史专家纲瓦罗佐夫的研究表明：1941 年 4 月 19 日，丘吉尔曾命令英国驻苏联大使克里普斯向苏联人民外交委员会递交了一份备忘录。他在这份备忘录中警告斯大林说："如果英国与德国之间的战争拖得时间太久的话，那么英国就可能因受到某种引诱，而与德国达成一个立即结束战争的和平协议。"

　　除此之外，克里普斯还私下向一些苏联官员透露说："近来，在有影响力的德国人圈子中，已经谈到了签署这样一份和平协议的各项条

▲ 各怀心计的丘吉尔和斯大林

件,西欧将回复到二战以前的状况。而此协议一签,德国势必掉头东进,以便在那里获得更大的生存空间。"

丘吉尔和克里普斯的这一唱一和,很明显就是要让斯大林觉得,如果他不是一个傻瓜的话,现在就应该向德国发起进攻,因为当时德军的主力都在对付英国,容易一击得手。而真等到英德和平协议签署之后,再想进攻德国恐怕就不那么容易了。

英方离间计把希特勒激跳起来了,却让斯大林麻木了

▲ 德军坦克在丘吉尔"导演"下压过苏联边境战壕。

然而,事情的发展却是谁都不曾想到的。对于丘吉尔的假情报,斯大林和他的同事们根本就不相信,倒是引起了希特勒的高度紧张。他想万一要是斯大林相信了丘吉尔的鬼话,那他一定会对德发动战争,那么与其让你来打我,还不如我先去打你。如此一来,竟使得丘吉尔的假情报变成真情报。

同时,丘吉尔也想明白了,社会主义的苏联是绝对有可能成为英国抗击法西斯德国的盟友的。但令人遗憾的是,当丘吉尔得到准确情报——德国人就要对苏联发起进攻——再次提醒斯大林一定要严加防范时,斯大林的惯性思维仍使他觉得这不过是丘吉尔的又一个离间计罢了。

除斯大林去世前的苏联出版物外,在所有有关二战的历史书中,都提到了丘吉尔是如何向斯大林发出警告,说希特勒就要向苏联发起进攻,而斯大林又是如何忽视了这一警告,结果几乎输掉了整个战争的情节。

特别是早在一个月前,苏联潜伏在西方的王牌间谍佐尔格也向莫斯科发来了报告,但就是这样一份在二战史上被认为是最有价值的情报,仍被斯大林怀疑是丘吉尔的假情报。佐格尔在报告中不仅具体写明了希特勒在 6 月 22 日对

苏联发起攻击,甚至还注明了德国将会投入 170 个步兵师的兵力和主攻方向为莫斯科。

其实,斯大林即便认为这些情报都是假的,按正常逻辑,那他也应该做出这样一个决断:即明确告知希特勒,苏联并不打算对德发动战争,也就是说要尽一切力量打消希特勒的担心,如果能再适时裁减一些军队的话,则希特勒断不至于因担心苏联会听信丘吉尔的鬼话而发动对德战争,那他也就不会在准备尚不充分的情况下毅然下令德军向苏联发起进攻了。

1941 年 6 月 22 日凌晨,德国人动手了,他们向苏联发起了进攻,大约在 3 点 30 分左右,斯大林被人从睡梦中叫醒,有人向他报告说德军的轰炸机正在轰炸"我们的城市",斯大林几乎难以置信。这时,有人建议立即下令边防军做好战争准备,而还未彻底弄清是怎么回事的斯大林却又插话道:"发布这道命令的时机还不成熟。"

但命令还是下达了,一份苏联边防军正在进行战前动员工作的报告迅速送到了希特勒手上,想必希特勒一定在想:毕竟丘吉尔的意见是对的,看来我们首先发起进攻还是对的。殊不知莫斯科下达给边防军的命令却是:即使德军发起进攻,我们的边防军"也不应对这些挑衅行为做出反应,以免节外生枝"。

斯大林觉悟得实在是太晚了,直到苏德战争爆发 11 天后,也就是 7 月 3 日,斯大林才通过广播向全国军民发表了一次迟到的抗德演说。

大崩溃与大混乱,莫斯科竟无一名德国特工

面对德军的突然袭击,毫无防备的苏联边防军一触即溃,他们在撤退时的混乱不堪,与 1940 年法国有秩序的撤退形成了鲜明对比。德军在不到 20 天的时间内,彻底击溃了苏联部署在其欧洲领土上的军队,120 万苏军将士成为德军的俘虏。

7 月中旬,德军已挺进到离莫斯科大约 200 公里的地方。但不知为什么,希特勒的将军们却突然停止了向莫斯科的推进,他们在这里花了两个半月的时间来进行部队休整,这无疑是向斯大林献上了一份厚礼。斯大林当然不会丧失时机,而希特勒也没罢免任何官员。但尽管德国送了两个半月的时间,使苏联得到了喘息的机会,可在德军 10 月 2 日恢复向莫斯科推进,并占领一座直通莫斯科的铁路小镇后,斯大林手里还是没有多少军队来保卫莫斯科。

虽然人们现在对当时莫斯科市内的情况仍不甚了解,但从俄罗斯政府 20

WAN XIANG XIN ZHI DA KE TANG

世纪 90 年代至今陆续公布的一些原苏联档案资料看,还是可以知道一些情况的。其中一份1941 年 10 月 17 日(抑或是 18 日)斯大林向国防委员会和苏共中央政治局的演讲记录是:今天就立即离开莫斯科,我们惟一的希望是我们的军队能很快从西伯利亚和远东赶来,用火车运送军队的工作已开始。

▲ 1941 年 6 月 21 日夜间,出乎斯大林意料德军率先向苏联发起进攻。

可是,当时莫斯科城中确无一名德国特工。所以希特勒根本就不知道莫斯科在西伯利亚和远东

▲ 1941 年春,丘吉尔的假情报逼使希特勒密谋抢先攻英。

弥散的
硝烟

■不可不知的72/
兵家猎秘

的苏军赶来之前,就已经被苏联高层领导放弃了。

结果是德军统帅部最终也没有下达进入不设防的莫斯科的命令。号称世界上战斗最强的西伯利亚和远东苏军终于在1941 年 12 月初赶到了莫斯科,并一举击溃了包围着莫斯科的德军。

总的说来，由于丘吉尔的假情报，希特勒本应在苏联赢得胜利，但是他却一而再再而三地错失了通过占领莫斯科来征服苏联的最佳时机。

事实上，早在德军被迫从莫斯科撤退时，希特勒就已亲口对其死党说过，德国已经输掉了这场战争。（周　峰　金岩林）

中国"兵圣"为何能长期"指挥"美军作战？

被称为"兵圣"的中国春秋时期的军事家孙武创作的《孙子兵法》，是我国也是世界最古老的军事理论著作。美国对《孙子兵法》的研究是从二战后开始的，到20世纪80年代，研究已经非常普遍和深入。全美著名大学中，凡教授战略学、军事学课程的，无不把《孙子兵法》列为必修课。美国西点陆军学院、印第安纳波列斯海军学院、科罗拉多空军学院、国防指挥参谋学院等著名军事院校的必修课程中，都列有《孙子兵法》。美军的最高学府国防大学，更是将《孙子兵法》列为将官主修战略学的第一课，位于克劳塞维茨《战争论》之前。美军军校不仅把《孙子兵法》作为教科书来学习，而且，在推进新军事变革中，美国国防大学还开办了"孙子兵法与信息战"论

▲ 1972年2月崇拜"孙子"的尼克松来到了孙武的故乡

坛,要求全军和地方学者就该主题发表文章,广泛讨论。美国人将孙子的思想创造性地运用于理论创新和军事斗争实践,掀起三次学用热潮,并取得了一系列令人瞩目的成果。

第一次热潮源于美国军政各界运用《孙子兵法》对越南战争失败原因的分析

1961 年美国发动的越南战争,前后持续 14 年,是美国历史上历时最长的国外战争。在这场战争中,美国想利用强大的军事优势和高新武器置越南于死地,但最终却没能赢得胜利。

越战结束不久,沮丧的驻越美军最高司令官威廉·威斯特摩兰和他的越南对手在河内有过一次谈话。谈话中,威斯特摩兰坚持认为,北越人从来没有在战场上打败过美国。虽然北越人勉强承认了这一点,但他们又补充说:"这无关紧要,战争的胜负并不完全取决于战场上的成败得失。"

▲ 没学《孙子兵法》的美军在越南战场上连打败仗

威斯特摩兰听后心头一震,开始认真反思越战的败因。一天,他的一位越战战友来看他时,随手拿出一本英国军官卡尔思罗普于 1905 年翻译的中国兵书《孙子兵法》,告诫他说,只要认真研读,肯定

弥散的硝烟
■ 不可不知的72个兵家揭秘

会有收获。

在认真研读这部来自东方的兵书后,威斯特摩兰终于大彻大悟。在他生命的最后几年,他给美国人民留下这样的文字:越南等东方国家的军事战略源于孙武。《孙子兵法》言:"夫兵久而国利者,未之有也","兵贵胜,不贵久"。美国 14 年的越战无疑犯了兵家大忌。"上兵伐谋",美国人也忽视了孙子的这一英明

忠告，愚蠢地在越南以大兵团直接投入了战斗。

此外，《孙子兵法》中提出"知己知彼，百战不殆"，而美国人仅仅从军事与政治方面了解对手，忽视了更为重要的文化、历史和心理因素，为了减少伤亡，一直热衷于部署大规模的高新武器和超级火力，却没有灵活运用战略。

美国前总统尼克松赞同威斯特摩兰的观点，他在《真正的战争》一书中，直接运用《孙子兵法》的思想，批判美国当时盲目追求武力效应，而没有认真对待越南的特殊历史、地理和心理因素。

越南战争引发了美国人对《孙子兵法》的强烈兴趣，形成了美国人研究《孙子兵法》的第一次高潮。在许多研讨会和讲习班上，人们都可以看到《孙子兵法》的影子。从20世纪70年代末到80年代初，美国举办了上千次《孙子兵法》培训班，直到现在，美国人仍保留了定期召开《孙子兵法》研讨会的传统。

第二次热潮源于美国陆军1982年版《作战纲要》的制定

▲ 孙武画像

1982年，美军在《空地一体战》和《作战纲要》以及美军作战条令和国防部重要文件中，多处引用《孙子兵法》的名言。也就是从这一年开始，美军在作战条令和国防部重要文件中引用孙子格言的做法，成了一个不成文的模式沿袭下来。美军的《作战纲要》开宗明义地将孙子的"攻其不备、出其不意"作为其作战指导思想。此时的美国出现了第二次学用《孙子兵法》的热潮。1991年1月17日，美国总统老布什宣布向伊拉克发起代号为"沙漠风暴"的军事行动，第一次海湾战争爆发。在这次战争中，许多美国海军陆战队官兵都带着《孙子兵法》走向战场。这件事引起了世界媒体的极大兴趣。战争期间，《洛杉矶时报》记者在采访老布什时，发现其办公桌上摆着两本书：一本是《恺撒传》，另一本就是《孙子兵法》。一位美国记者调侃说："是一位看不见的中国指挥官在指挥美军作战。"

战争的总指挥汤米·弗兰克斯评价说："孙子,这位中国古代军事思想家的幽灵,似乎徘徊在伊拉克沙漠上向前推进的每架战争机器的旁边。"

美国前陆军军官马克·麦克利尼分析了伊拉克战争中美军对《孙子兵法》的运用后总结说："的确,西方的战争方法,尤其是美国的战争方法,常常是直截了当,建立在优势技术之上。不过大家现在看到的情况正是西方的军事优势和东方的间接方法的结合。"

孙子在《孙子·兵势篇》中提出了"奇正"的灵活作战思想："凡战者,以正合,以奇胜。"孙子认为,军事行动不存在一定的套路,各种兵力的运用也绝没有固定的格式,指挥者必须根据战场的具体情况,灵活应变,出其不意,以常规兵种为正,非对称兵种为奇。美国人也学习了这种灵活作战思想,最著名的是美军中央司令部司令施瓦茨科普夫将军组织实施了著名的"左钩拳"行动,以实践验证了孙子的"奇正"思想。美国第 7 军和第 18 空降兵及配合部队共 25.5 万人两周内迂回 300 多英里,从左翼切断了科威特前线伊军的退路,迫使数万名精锐的伊拉克共和国卫队士兵缴械投降。此后,美军多次将灵活反应和灵活机动的战略运用到战斗中,一改过去的按部就班的战争部署方法。

第三次热潮源于"9·11"事件,研究的重点转向了信息战领域

2001 年 9 月 11 日,美国遭遇史无前例的恐怖袭击。"9·11"事件后,美国国内出现了第三次学用《孙子兵法》的高潮。

2003 年 3 月 20 日,美国及其盟国对伊拉克发动军事打击,伊拉克战争再次爆发。战争中,美国再次充分运用《孙子兵法》中的"奇正"思想。而这些军事行动之"奇",令众多军事评论家大跌眼镜,连呼"看不懂"。

3 月 20 日,在收到伊拉克总统萨达姆正与高级官员秘密开会的情报后,美军立即发动"斩首行动",F—117 隐形战机直扑会议现场,投下精确制导炸弹,拉开了战争的序幕。尽管后来证实情报有假,但美军想以"奇兵"致胜的观念可见一斑。

在随后的行动中,美军更是上演了一系列的"奇"招:没有大规模的"电子轰炸",没有对伊拉克基础设施进行灭绝性摧毁;没有大量消灭伊拉克军队有生力量之前就派出地面部队;利用媒体大打心理战;奇兵突入巴格达市中心等。

这场美军谋划已久的战争,始终贯穿着孙子"以奇制胜"的战术思想。在专

弥散的
硝烟

不可不知的72个
兵家猎秘

门研究《孙子兵法》的网站上,一位专家写道:"在得出任何最终结论之前,我们还需要更多的观察。以现有的结果来判断,尽管有关战争的批评层出不穷,但是(美国军事战略家)对孙子兵法的应用出人意料地好。毫无疑问,伊军已经受到了沉重的打击。萨达姆政权的崩溃只不过是时间问题。"

而事实也印证了这位专家的话,在被日本《朝日新闻》称为"孙子兵法"现代版的伊拉克战争中,美军仅用40余天,就宣布大规模军事行动结束,真可谓"速战速决"!

在第三次学习《孙子兵法》热潮后,美国人已将《孙子兵法》的运用领域大大扩展。除了政界和军界,在伊拉克战争前后,美国民间有近百个研究《孙子兵法》的学会、协会和俱乐部。他们把昔日战场上的对决运用到社会上广泛存在的竞争中,如商战、外交、体育,乃至人际关系和婚姻家庭等。许多美国《孙子兵法》推崇者曾在媒体上发表评论说:"如果人的一生只能读一本书的话,那就应该是《孙子兵法》。"美国通用汽车公司董事会主席罗杰·斯密斯说,他成功的秘诀就是"从《孙子兵法》中学了许多东西",使他获得了一个"战略家的头脑"。营销大师菲利浦·科特勒也在其著作中,探讨《孙子兵法》在营销领域的应用。

（金点强 陈 刚）

值得深思的"众不敌寡"

道光二十年(1840年)八月初四,鸦片战争即将开始,英国人已经出兵了。林则徐给道光皇帝上了一道奏折。他认为。英国人来了,我们能打胜他们。奏折写道:"彼之所至,只在炮利船坚,一至岸上,则该夷无他技能,且其浑身裹缠,腰腿僵硬,一仆不能复起,不独一兵可以刃数敌,即乡勇平民竟足以制其死命,况夷人异言异服,眼鼻毛发皆与华人迥殊,吾民齐心协力,歼除非种,断不至于误杀。"

今天人们会认为这是笑话,可这在当时是我们民族最先进的人,站在第一线的力量。民族最清醒的力量对世界的认知尚且如此!

最后,整个鸦片战争中国军队没有守住一个英国人攻击的地点,没有夺回一个英国人占据的地点!

中华民族近代以来一败再败，一次比一次败得惨，一直到八国联军侵华。我们常说，8个国家打败我们一个国家，好像败得还有点道理。那么8个国家打我们，到底来了多少人？

我们看历史，研究历史，关键就是细节，只知道结论的话，事实上你不知道历史，你很难把握历史发展的脉络。

1900年8月3日，从天津出发进攻北京的八国联军，人数最多的是日军，8000人；第2俄军，4800人；第3英军，3000人；第4美军，2100人；第5法军，800人；第6奥地利军，58人；第7意大利军，53人；还有7000人的德军在海上，来不及登陆。真正登陆作战的加起来总共18811人，就这么点兵力！

京畿一带是我们的重镇，天时地利人和我们全都占尽。此处清军十五六万人，义和团团民五六十万人。从兵力对比来看我们平均40个人在家门口战他一人。我们堵住了没有？没有，10天之内，八国联军攻陷北京！

如果不知道这个人数细节的话，我们很难了解近代以来我们所面临挑战的严峻性，正如李鸿章所言："三千年未有之变局，三千年未有之强敌！"

▲ 侵华八国联军在大沽口登陆

60年之后，辛亥革命爆发，清廷崩溃。辛亥革命诞生了中华民族历史上第一个现代国家——中华民国。可中华民国建立之后，我们的灾难停止了吗？

1931年9月18日，日本关东军1.9万人发动"九一八"事变。我国东北军19万人不战而退。关东军3天占领沈阳，1周控制辽宁，3个月控制东北三省。

弥散的硝烟

■ 不可不知的72个兵家猎秘

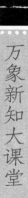

后来人们都说是蒋介石的一纸不抵抗命令把整个东北给丢掉了，如果蒋介石不下令，东北军还能顶得住。事实并非完全如此。

1991年5月，在纽约，张学良回忆那段历史。他说："是我们东北军自己选择不抵抗的，我当时判断，日本人不会占领全中国。我没有认清他们的侵略意图，所以，尽量避免刺激日本人，不给他们扩大战事的借口。打不还手，骂不还口，是我下的指令。"

到了"七七"事变，日本在华北驻屯军8400人，我们宋哲元部29军10万人。8400人，这是查遍了这段历史所有的记录所采取的最高的数字。29军的军歌《大刀向鬼子们的头上砍去》我们今天还在唱，很豪壮。可我们10人砍他一个，也没有顶住。区区8400人就在我们北京的宛平，发动事变，挑起了中日之间的战争。这就是我们近代的屈辱史。近代以来中国为何一而再、再而三地"众不敌寡"？这里的奥秘曾被以毛泽东为代表的中国共产党人悟透了，因而以崭新的战略改写了中国现代史，但其奥秘至今仍值得中国的年轻人深思！（金一南）

新锐武器

XIN RUI WU QI

武器装备是影响战争的胜负的关键因素，而进入 20 世纪后，武器的先进与否在战争中显得尤为重要，因此世界各国都在武器研发方面费尽心思，而一对新锐武器的出现，更是极大地改变了现代战争模式，下面就让我们对新锐武器略作了解。

"爱国者"为何常"卖国"

2003年4月的一天深夜,美国航母"小鹰"号正在海湾地区的洋面上巡游。一架"大黄蜂"战斗机滑向弹射器,蓄势待发。夜幕中,身穿黄衫的引导员手臂向上一举,通知"大黄蜂"飞行员,准备弹射。飞行员左手将油门向前推到尽头,手指伸向弹射把柄。立刻,"大黄蜂"像箭一样飞离了甲板,冲向夜空。今晚,这架"大黄蜂"要再次侵入伊拉克去执行攻击任务。

夜里11点30分,"大黄蜂"进入伊拉克上空。突然,"大黄蜂"机载告警系统"嘟嘟"作响。"不好,战机已被雷达锁定,会是谁呢?难道伊拉克还有能力派出飞机迎战?""大黄蜂"飞行员急忙拐弯想躲避,但是雷达的告警系统仍然作响。飞行员仔细一看,顿时气歪了鼻子,原来锁定它的竟然是美国的"爱国者"导弹。

"怎么回事?自家人不认自家人了?"生气归生气,但是怎么办呢?飞行员脑海中立刻浮现出不久前刚刚发生的一件事。那是伊拉克战争开战之初,美国"爱国者"导弹误将英国皇家空军的一架"狂风"战斗机当成了伊拉克导弹,结果在科威特边境地区将其击落,造成两名英国飞行员死亡。他又想起,当时美军的一架F—16战斗机在伊拉克中部城市纳杰夫附近被美国地面部队的"爱国者"导弹的雷达锁定,但是这架飞机的驾驶员毫不含糊地向着"爱国者"导弹阵地发射了高级反雷达导弹,将"爱国者"的雷达摧毁。事后,这位飞行员对调查人员说,如果他不把其雷达摧毁,他就将遭到地面火力的攻击。

"大黄蜂"的飞行员想:自己是不是也应该采取同样的措施呢?就在他犹豫的几秒钟内,飞机猛地一颤,美军"爱国者"导弹击中了他。他的飞机在空中爆炸了。这架"大黄蜂"成了美军在伊拉克首架被本国导弹击落的飞机。

据《中国国防报·军事特刊》报道,事故发生后,美军舆论大哗。"爱国者"导弹是十几年前在海湾战争中升起的一颗明星,当时它大出风头。在海湾战争的头10天中,伊拉克向沙特先后7次发射"飞毛腿"导弹25枚,其中20枚被"爱国者"导弹所拦截击毁。后来,伊拉克向以色列先后4次发射"飞毛腿"导弹10枚,结果也是大部分被"爱国者"导弹成功拦截。"爱国者"导弹第一次上阵,就被当时美国总统老布什赞扬为"当代第一流的防空武器系统"。

　　而实际上，"爱国者"导弹并不像人们吹嘘的那样神。它的计算机软件系统存在重大缺陷，计算机软件的这些问题在 10 年前就已经被揭露，但是它的光环掩盖了它的缺陷，一直没有引起人们足够的重视。一位美军专家讲，如果"爱国者"导弹无法达到军方的要求，甚至反过来对付自家兄弟，这实在是让人无法想像的损失。事后，在美军中有传闻说，有人问布什："'爱国者'导弹怎么击落了自家飞机？"这位总统回答："它大概不爱国。"（浩　琦）

"网络战"紧联你我他

　　今年 2 月 12 日，美国华盛顿州刘易斯堡美军基地一名国民警卫队士兵遭军方逮捕，原因是这名士兵涉嫌试图向"基地"组织恐怖网络提供军事情报。

▲ 我军开设的网上政工

现年 26 岁的瑞安·G·安德森 2 月 12 日登陆恐怖分子在互联网上设立的公共聊天室，并试图与"基地"组织成员取得联系，以提供美国军事装备、作战能力等情报。

　　事实再一次警示人们：网络在极大地改善社会生活的同时，也给恐怖分子提供了新的活动手段，更给军事领域带来了巨大变化，"网络战法"已经成为现代战争的基本战法之一。在网络时代，战争不再只是在战火纷飞的战场上远离社会上的人群进行，而是把战场与整个社会直接联成了一体，通过网络进行的战争紧密联系着你我他。

参加战争如今已不再是军人的专利。西装革履的计算机专家,精通电脑的十几岁的中学生都可以通过网络"在家中打仗"。科索沃战争中,南联盟的"网军",就是利用网络对北约进行了全面抗击。他们在网上揭露北约狂轰滥炸的行径,通过窃取北约情报实施及时的空袭预警,还对北约的计算机系统进行病毒攻击,导致白宫网站一整天无法工作,"尼米兹"航母的指挥控制系统也被迫停止运行达 2 小时。

坐在家中上战场

在"网军"中,"黑客"占了很大比例。但不是所有的"黑客"都是"网军"。一些经常在绝密军事核心领域游来荡去的"黑客",有的只是出于好奇,有的是为显示神通,有的仅仅是顺路"拜访",但他们的破坏作用令人吃惊。

早在 1979 年,年仅 15 岁的美国少年"黑客"米尼克就闯进了"北美防空指挥中心"网页,将美国瞄向苏联核弹头的绝密数据资料一览无余。1998年正当美国忙着为"倒萨"作准备时,一名 13 岁的以色列小孩又潜入了美

▲ 美军正在部署的网络中心战

国国防部的绝密网站,致使其电脑网络瘫痪了整整 3 个星期。小家伙甚至拥有了调动美国舰队、号令核武器发射、指挥 B－2 轰炸机紧急起飞的能力。此类"闹剧"不胜枚举。五角大楼专家认为,目前美军军用计算机每天受到"黑客"的刺探不下 500 次,其中被发现的仅有 25 次,而向安全保密官员报告的只有 2－3 次。

网上泄密敲警钟

现年 45 岁的马克·瓦利上校是英军驻北爱尔兰利斯本司令部参谋长助理,系驻北爱尔兰英军第三把手。然而,为了取悦于自己的网上情人,瓦利却在

网上泄露军事机密。在出席国防部长参加的晚宴时,他要急忙给情人发电子邮件,吹嘘自己;在军事行动中,他也不断地与情人在网上联系,通报自己所在的位置;甚至在出发前往伊拉克参战的前夜,他还不忘发出电子邮件,上面写道:"我们刚刚确证,船在明天13时前来接我们的人去伊拉克……我仍在办公室,但特意溜到上网室跟你道个好。"

▲ 美国早期使用的北极星弹道导弹

瓦利网上泄密事件成为近10年来英军遇到的最大一桩泄密丑闻。也给人们的头脑再次敲响了警钟。

作为一名身居要职的高级军官,瓦利也懂得保密的重要性,在与情人网上聊天时,他还知道叮嘱对方不要到处去讲。但他自己为什么会在网上随意泄露军事机密呢? 显然,他沉迷在虚幻的网络世界里,以为可以在里面随心所欲,以为网上聊天只是两个人的悄悄话,只是你知我知……孰不知虚拟的世界里却存在着真实的陷阱,实实在在地断送他的前程。

每天,看不见的"战争"都在网上悄悄进行。某些国家利用垄断的硬件、软件技术无孔不入地偷窃机密。比如,通过在信息系统里安装 BO 等特洛伊木马,就可以时时监视系统操作,甚至直接截取键盘输入来窃取信息。一些在涉密岗位工作的人在网上聊天时把自己的工作情况搬上了毫无防护的页面。殊不知,这些信息很有可能顺着网络成了情报机构的囊中之物。

还有更不可思议的。1998 年 5 月,印度在核试验前后一星期中生成的数千页绝密资料和电子邮件不翼而飞。印度官方对此事矢口否认。不久后互联网上竟戏剧般地公布了其中部分核资料。最近国际地下"核黑市"更是令布什政府毛骨悚然。这个"核黑市"组织严密，能出售生产核武器所需要的材料和技术。"基地"组织号称拥有的核武器就是通过这条通道获得的。

此外，互联网上能订购的民用产品也可用于军事目的。美国媒体报道称，伊拉克曾从互联网上花几十美元一件订购干扰器，该干扰器可以影响精确制导炸弹的命中精度。从互联网上轻易获得的民用夜视仪、瞄准镜等装备也可以直接用于军队提高"夜战"能力。

网络世界烽烟滚

美国微软公司近日宣布，为了帮助当局尽快将散布"悲惨命运"电脑病毒的元凶绳之于法，他们将悬赏25万美元，凡能提供线索并最终协助警察擒获罪犯者，不管任何国籍，都可以获得上述奖金。

随着信息网络的规模不断扩大，网络安全问题变得越来越突出。目前，每年全球由于病毒、黑客攻击造成的破坏和泄密损失高达590亿美元。上网人员的保密观念也直接影响到网络安全，大部分网络安全事件是由内部人员因思想麻痹、工作疏忽引起的。今年1月30日，几百页的

▲ 我军某部官兵在进行网络信息战观摩

弥散的硝烟 ■ 不可不知的72个兵家猎秘

下一年度美国国防预算计划出现在五角大楼网站的主页的审计员栏目中，数小时后才被发现，匆匆撤下。就是这短短的时间内，成千上万的普通网民看到了布什总统还未审定的机密文件。实际上，网上到处是窥视的眼睛，它们一刻不停地四处张望。有一个公司的科研人员经常上网搜集资料，并把搜集到的重要信息存放在移动硬盘。而在这块移动硬盘里，同时还存放着他自己设计的产品的技术图纸。他并不知道，他常登陆的电子阅览室早被对他设计的产品感兴趣

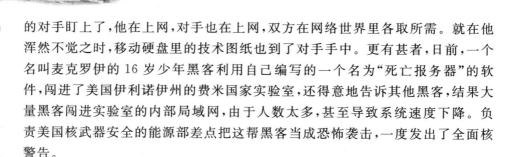

的对手盯上了,他在上网,对手也在上网,双方在网络世界里各取所需。就在他浑然不觉之时,移动硬盘里的技术图纸也到了对手手中。更有甚者,日前,一个名叫麦克罗伊的16岁少年黑客利用自己编写的一个名为"死亡报务器"的软件,闯进了美国伊利诺伊州的费米国家实验室,还得意地告诉其他黑客,结果大量黑客闯进实验室的内部局域网,由于人数太多,甚至导致系统速度下降。负责美国核武器安全的能源部差点把这帮黑客当成恐怖袭击,一度发出了全面核警告。

 "易攻难守"好藏身

破坏力惊人的网络恐怖主义正在成为世界的新威胁。借助网络,恐怖分子不仅将信息技术用作武器来进行破坏或扰乱,而且还利用信息技术在网上招兵买马,并通过网络来实现管理、指挥和联络。这是因为网络战场"易攻难守"好藏身。

1997年泰米尔伊拉姆"猛虎"组织就曾利用网络来进攻斯里兰卡驻世界各地的使、领馆,致使这些使、领馆的电脑死机。而本·拉登"基地"组织更是筹建了电脑信息网络,依靠互联网电子函件和电子公告板进行通信联络。被美国列入恐怖组织的哈马斯经常利用"聊天室"进行沟通,通过电子函件协调其在加沙、约旦河西岸和黎巴嫩等地的行动。哈马斯认为通过因特网传递信息是安全的,因为对手不可能准确地监视因特网上的所有信息。

网络的发展渐渐揭开了军事王国的神秘面纱,使百姓前所未有地靠近战争。但与此同时,社会与军事系统也随之变得越来越易损和脆弱。

我国的计算机技术仍处于发展阶段,并也逐步进入军事领域,对网络安全问题也要重视。

为了保护网络的安全,我国规定了严格的网络保密制度。其中,最重要的有3条:①不能在国际联网的计算机或网络中存储、处理、传递涉及国家秘密的信息。②涉及国家秘密的计算机或网络不能进行国际联网。③进行国际联网的单位和个人不能利用计算机国际联网从事危害国家安全、泄露国家秘密等违法犯罪活动。只要认真遵守这些规定,网络安全是完全有保障的。(汪　瑛　郭风华　钟　灵)

"夜鹰"折翼南联盟之迷

"夜鹰"即美国的 F—117A 隐身攻击机。在 1999 年的科索沃战争中,美国共投入各型飞机 650 架,从 3 月 24 日至 6 月 9 日向南联盟发动了 78 天的大规模连续空袭。双方在空袭与反空袭的激烈较量中,南联盟人民军巧施战术,击落了美军的 1 架"夜鹰",在防空作战史上书写了光辉的一页。

"夜鹰"成了南人民军的战利品

F—117A 隐身攻击机全身涂成黑色,主要在夜间活动,因而取名"夜鹰"。在科索沃战争中,美军共有 24 架 F—117A 隐身攻击机部署在意大利的阿维亚诺空军基地,并参加了北约对南联盟的空袭作战行动。1999 年 3 月 27 日,北约空军对南联盟发动

▲ 成了南军战利品的"夜鹰"

了第四轮空袭。当天下午,以 F—117A 隐身攻击机为主组成的飞机编队,由意大利的阿维亚诺空军基地起飞,执行对南联盟轰炸任务。其中 1 架 F—117A 向南斯拉夫首都贝尔格莱德目标投下了 1 枚 908 千克级激光制导炸弹。当地时间晚上 20 时 45 分,这架飞机飞过贝尔格莱德西北约 60 千米的村庄布达诺夫齐上空,正掉转机头返回基地时,突然,1 枚俄制萨姆—3 防空导弹腾空而起,橘

黄色的火焰升上黑暗的天空,导弹在离这架黑色角形飞机几米的地方炸成碎片,飞机失去控制像"落叶"般飘落坠毁。飞行员跳伞落地后,在离飞机坠毁的地点以西约16千米的地方躲藏起来。时隔不久,美军电子侦察机收到了飞行员的求救信号。随后,由美军驻扎在意大利的伞兵组成的一个特别行动小组,立即乘3架武装直升机潜入F—117A飞机出事地点。大约7个小时之后,美军营救小组找到并救走了跳伞的飞行员。美国虽然救走了跳伞的飞行员,但F—117A飞机的残骸却永远留在了南联盟,成了南人民军的战利品。

"小羚羊"何以成了"夜鹰"的克星

在近几场现代局部战争中,武器的相生相克变化激烈,经过反复的较量,隐身飞机也遇到了克星,在科索沃战争中,南军巧施战术,抓住战机,使用萨姆—3第二代防空导弹,一举击落了不可一世的美国隐身攻击机。

▲ "夜鹰"的克星"小羚羊"导弹

萨姆—3防空导弹是俄罗斯研制的第二代全天候中程、中低空防空导弹,俄罗斯称之为"涅瓦",其代号为C—125,北约称为"小羚羊"(或"果阿")。该动力装置为固体火箭发动机加固体助推器,制导方式为全程无线电指令制导,或4

联装阵地发射方式,2枚导弹同时发射杀伤概率大于95%,反应时间30秒。

萨姆－3导弹通常4部发射架沿圆周等距离疏散配置,不管目标从何方向来袭,都有2－3个发射架可对目标射击,每个发射架4枚导弹,因此,进入萨姆－3导弹防区的F－117A飞机,面对的是8－12枚导弹的瞄准和攻击,只要有2枚导弹发射,它就有可能被击中。

还有,萨姆－3导弹其后的改进型因为采用变频、动目标显示、雷达或光学和雷达/光学混合三种制导方式,增强了对隐身目标和电子干扰条件下的攻击目标能力。而F－117A飞机通常是利用其隐身性能进行攻击行动,没有装备电子干扰设备,当时又没有得到EA－6B电子侦察干扰飞机的直接掩护,因而被防空武器捕捉后,也就在劫难逃了。

关键在于南军掌握了"夜鹰"的"死门"

F－117A飞机自身有"死门",其一,F－117A飞机的隐身特性一般是用于对付微波制导雷达或引导雷达的,而对长波雷达则效率降低。普通雷达远距400千米无法发现F－117A飞机,但距离60千米左右仍然可以发现其踪迹。南军的俄制低频雷达未能探测到正面飞来的隐身飞机,但隐身飞机的侧面和后面,特别在飞机投弹打开弹舱门时,机身的雷达反射面要增加许多,会让雷达逮个正着。虽然舱门打开的时间只有几秒钟,但对于有经验的防空射手来说就足够了。其二,F－117A飞行速度较慢(巡航时速840千米),机动性差。该机为达隐身效果其外形设计采用多面体,削弱了对飞行性能的要求。其一般在4575－7625米的高度投弹,投弹时战术又比较呆板,一旦被防空武器捕捉,较易被击中。其三,F－117A不是绝对看不见的飞机。F－117A飞机虽然对雷达可以隐身,但仍可被光学系统发现。特别是在昼间飞行极易受光学跟踪系统的跟踪。

F－117A被击落前,南人民军已预先得到北约飞机活动情报,包括F－117A要打击的目标(贝尔格莱德以北贾诺维奇的国防研究设施)以及预定的飞行航线。随后,南联盟用3部经过改装的苏制P－12型"汤匙架"长波预警雷达,探测到一架沿已知航线飞行的F－117A飞机。再经过"维拉"无源探测雷达的精确定位,等到美军飞机来临之际,他们将导弹制导雷达突然开机,迅速捕捉目标,使用萨姆－3防空导弹2枚齐射对其进行攻击。就这样,不可一世的美国"王牌"隐身飞机终于粉身碎骨。

在科索沃战争期间,除美军F－117A攻击机被击落和击伤各一架外,还有

一架 F－16CJ 反雷达飞机被击落。这说明，美军空袭力量再强大，防空作战仍然是大有作为的。只要采取积极措施，再先进的隐身飞机也能找出它的"死门"，让它有来无回。（董长军）